"立德树人"导向的内涵及实现策略研究

——以卓越法治人才培养为视角

龙卫球　等 著

北京航空航天大学出版社

图书在版编目(CIP)数据

“立德树人”导向的内涵及实现策略研究 ：以卓越法治人才培养为视角 / 龙卫球等著. -- 北京 ：北京航空航天大学出版社，2021.4

ISBN 978-7-5124-3177-5

Ⅰ. ①立… Ⅱ. ①龙… Ⅲ. ①高等学校－法律－人才培养－研究－中国 Ⅳ. ①D926.174

中国版本图书馆 CIP 数据核字(2020)第 263555 号

“立德树人”导向的内涵及实现策略研究
——以卓越法治人才培养为视角

龙卫球 等 著

策划编辑 董宜斌 责任编辑 江小珍

*

北京航空航天大学出版社出版发行

北京市海淀区学院路 37 号(邮编 100191) http://www.buaapress.com.cn

发行部电话：(010)82317024 传真：(010)82328026

读者信箱：copyrights@buaacm.com.cn 邮购电话：(010)82316936

北京九州迅驰传媒文化有限公司印装 各地书店经销

*

开本：710×1 000 1/16 印张：13.5 字数：288 千字

2021 年 4 月第 1 版 2021 年 4 月第 1 次印刷

ISBN 978-7-5124-3177-5 定价：79.00 元

本书系北京市教育科学“十二五”规划重点课题(优先关注)《“立德树人”导向的内涵及实现策略研究——以卓越法治人才培养为视角》[ADA15160]之成果。

前　言

立德树人导向下的高科技时代法学教育

人类历史上历经了三次教育革命：历史早期，在家庭、族群、部落中“向他人学习”构成了第一次教育革命。第二次教育革命与人类文明社会的形成有关，新兴文明的复杂性呼唤一种更为系统的教育形式，于是人类迎来了以学校为标志的“制度化教育”。第三次教育革命以“大众化教育”为特征，教育资源不再为某些特殊阶层所独有，而推动这一变革的关键力量就是技术发展，从早期的印刷技术到近现代的计算机、互联网技术，都是与第三次教育革命的内涵密切相关的技术方式。网络教学实际上是第三次教育革命的体现。但以智慧化、数字化为特征的第四次工业革命，却被认为不会如同前三次工业革命那样继续嵌入第三次教育革命的体系之中，而是会带来真正意义上的新一轮教育革命，也就是“第四次教育革命”。

言及第四次教育革命的特征，人们较为容易想到的是学科交叉，但实际上学科交叉在第三次教育革命中已经开始显现，而非第四次教育革命所独有的。我们认为，第四次教育革命的核心特征是智慧时代的人类教育。相应地，法学教育需要在“适应”与“回应”两个层面上展开思考并作出安排。“适应”是指法学教育要顺应时代大势，拥抱和融入前沿科技发展，在教育内容交叉化和教育方式信息化两个维度上深入探索。“回应”则涉及高科技大潮之下人的主体性、独立性、主导性问题，法学教育在结构上应以“人的教育”为核心引领，建构相应的培养模式、培养方案与具体课程。基于这样的理解，探索立德树人导向下高科技时代法学教育的框架逻辑，亦应沿循“适应”与“回应”两条线索展开：一方面，“回应”高科技时代智慧化、数字化给人类自身意义相关价值判断带来的挑战，突出通识教育在本科教育体系结构中的独立性和重要地位；另一方面，“适应”高科技时代国家与社会发展对跨学科、跨领域人才的培养需求，在教学体系的各个层面（通识教学、专业教学、实践教学）增强交叉元素。

北京航空航天大学（简称北航）的立德树人导向下高科技时代卓越法治人才培养模式以习近平法治思想和习近平总书记关于高等教育的重要论述为指导思想，以教育部《关于加快建设高水平本科教育 全面提高人才培养能力的意见》、教育部和中央政法委《关于坚持德法兼修 实施卓越法治人才教育培养计划2.0的意见》以及“新文科”建设要求为指引，根据北航“打造一流精品新文科学科群”发展战略，构建“法律与科技融合教育”的框架逻辑，具体包括三个层面。

第一，通识教育中的文理基础。北航“长城行动计划”的“通识＋专业”培养模式是在文科试验实践基础上确立起来的，法学院是较早进入北航通识教育改革深水区的专业学院。目前该经验已成功复制到北航所有学院。在大一阶段的大类培养中，自然科学、社会科学和人文素养三位一体，有机融合。从根本的意义上讲，大学并非旨在培养知识的容器，而是致力于培养对人生意义和使命有着深刻理解与坚守的未来一代。面对科技发展带来的时代巨变，高等教育格外需要强调回到大学教育的使命本源，通过教育使学生深入思考人与人、人与社会、人与世界、人与科技的关系，进而对“人的意义”“人的条件”保持清醒。

第二，专业教育中的交叉机制。首先，结合教学规律，交叉机制采用阶段化布局方式推进。本科阶段主要体现于课程，即科技与法律融合的低年级通识课、空天信特色模块高年级选修课；硕士阶段，注重个性化空间提升，协同校外资源开展项目式人才培养；博士阶段，探索跨学院双导师联合深度培养模式。其次，在交叉机制的资源孵化方式上，采用介于依赖模式与自主模式之间的第三条道路——智库孵化。目前北航建有八个省部级战略智库型研究基地，让高校智库发挥“知识中心”作用，成为抓取和汇聚人才培养资源的平台，在建设知识集散枢纽的过程中，实现对学生的知识引领，培养具有战略视野和持续学习能力的复合型法治人才。

第三，实践教学中的融合协同。近年来，为了强化特色化复合型人才培养，北航法学院关注提升实践教学的特色化基地建设，与中国航空工业集团公司（简称中航工业集团）、北京知识产权法院、北京互联网法院、国家网信办等单位建立合作关系，探索面向实践复杂问题的项目团队联合培养机制。

近年来，立德树人导向下高科技时代卓越法治人才培养模式的培养效果在北航毕业生中开始逐步显现，这主要体现在三个方面：一是公务员队伍的复合型、创新型人才。为数众多的北航法学院毕业生选择奔赴国家和地方各级党政机关、司法机关，为国家治理与国家建设贡献力量，有些毕业生的工作岗位和业绩同样在相当程度上体现了复合型、创新创业型人才培养的成效，涌现出了众多积极建功新时代的党政系统骨干和深耕司法行业的杰出代表。二是国家战略行业领域的复合型、创新创业型人才。北航法学院近年来毕业生就业于航空航天、IT、网络等国家战略行业领域的，约占就业总人数的45%，有些毕业生已经在所在单位担任重要职务。此外，北航法学院毕业生中还成长起了一批创新创业型人才，其中有些已成为行业领域的知名创业精英。三是高校科教领域的复合型、创新型人才。近年来，北航法学院的毕业生开始为我国高校科教工作注入新鲜的复合型师资力量，这些学校中不乏传统法学强校，也有众多推进文理交叉科研教学的高校。

未来，立德树人导向下的新时代卓越法治人才培养可在以下方面做更多探索，以为"新文科"建设提供强大助力：

第一，结合"新文科"建设的指导精神，从探讨人文社科所涉对象的规律性转向对社会价值观的重塑和形成国家软实力，为国家和社会发展提供指导思想，致力于提升法学学科对大学人才培养的贡献度，在培养法治思维的课程供给侧持续发力提升。

第二，进一步强化智库反哺教学的课程化建设，紧密结合科教融通、知行合一的教育改革趋势，致力于把科研成果总结提升为体系化课程和新形态教材，探索新时代卓越法治人才培养的资源协同模式。

第三，以高科技增效教学效果，更好地实现第四次教育革命的核心议题"个性化教育"，在线上课程、虚拟仿真课程以及课程智能管理领域加强教学改革和教育研究。

科技发展使得大学可以更好地成为学生未来职业的应许之地，但回归大学的使命本源，大学不应当仅仅是未来的应许之地。习总书记强调："人才培养一定是育人和育才相统一的过程，而育人是本。"育人是大学之本，好的教育应当从"人"的意义上加以理解。在世界处于百年未有之大变局的当下，如何以立德树人为使命，探索新时代中国特色社会主义法治人才培养之路，是每一名法学教育工作者都应予深入思考的课题。

龙卫球[①]

2021年3月

① 北京航空航天大学法学院院长，教育部"长江学者"特聘教授，博士生导师。

目　　录

上篇　导向内涵

下篇　实施策略

上 篇　导向内涵

第一章　我国法学教育的现状与未来

翟志勇[1]

改革开放40余年，我国法学教育事业从逐步恢复到快速发展，从筚路蓝缕到繁荣昌盛，取得了丰硕的成果。在建设社会主义法治国家的大环境的推动下，我国的法学教育得到长远的发展，显示出勃勃生机。从以往受到“特殊待遇”的学科，一下子成为世人瞩目的“显学”，法学教育为我国的法治建设培养了亟需的法律人才。但是各高校的普遍扩招，尤其是法学院系数量的急剧增加，引发了备受争议的法学教育规模问题，特别是法科毕业生就业问题的爆发，让我们不得不思考当前法学教育所面临的难题，反思法学教育的改革方向。

一、我国法学教育的历史回顾

追根溯源，中国法学教育和法制的现代化是同步的，现代法学教育的源头可以追溯到1861年同文馆开设的“万国公法”课程。[2] 民国时期，法学教育盛极一时，在高等教育中占据重要席位。中华人民共和国成立初期，全国高等教育开展院系调整、合并运动，综合性大学的法律院系大规模撤销，新组建西南政法学院、中南政法学院等政法院校，政法学院以培训政法干部为主，综合性大学以培养法学人才为主，法学教育初具形态。[3] 1958年后，我国法学教育停滞不前，于1978年方得逐步恢复。改革开放40余年，我国的法学教育发展历程经历了全面恢复阶段、逐步发展阶段、规范化发展阶段、规模化发展阶段、稳步发展阶段。在不同的历史阶段，国家法治建设的需要和社会生活方式的变革不断对法学教育提出新的要求，法学教育的形态也积极回应着国家与社会的期待。

毋庸置疑，我国法学教育已经取得了巨大的成就，是我国高等教育的重要组成部分，是法治中国建设的智识支撑。最大的成就莫过于法学教育培养了大批优秀的法律人才投身于法治建设事业中，在数量层面，1978年刚恢复法学教育时仅有“五院四系”，招生人数不足200人，至今法学院系数量已达650家之多，当前法学本科生招生

---

① 北京航空航天大学法学院副教授，博士生导师。

② 徐显明、黄进、潘剑锋、韩大元、申卫星：《改革开放四十年的中国法学教育》，载于《中国法律评论》2018年第3期，第4页。

③ 李龙、刘青：《改革开放四十年中国法学教育的回顾与展望》，载于《武汉科技大学学报（社会科学版）》2018年第6期，第647页。

规模稳定在每年 8 万人左右，在校法学本科生超过 30 万人；在人才层次方面，已形成相对成熟的本科教学层次与研究生教学层次，至今累计培养法学博士 3 万余人，硕士 46 万余人，为社会各行业法治建设输送大量高层次法律人才。[①] 一批又一批的法律人才在毕业后又投入到法学教育和法治实践当中，在法治中国建设的事业中担当不同的角色，发挥多样的功能。[②]

我国法学教育的发展历程起步于学习模仿西方国家，逐步搭建起法学教育体系，并不断探索中国特色的法学教育模式。徐显明教授称，经过四十余年的发展，我国法学教育已经完成了多个转变：第一，从数量发展阶段转向质量发展阶段；第二，法学教育的指挥棒从专业教育、学科教育转向职业教育；第三，从多元、非正规法学教育转向质量一元的正规法学教育；第四，从模仿西方法学教育转向本土的法学教育，中国风格和中国特色的法学教育模式正逐步成熟。[③] 然而，必须承认的是，我国法学教育模式仍在探索之中，需要不断回应时代的要求以满足成才的期待。

二、我国法学教育的主要短板

尽管我国法学教育已经取得了重要成就，经历了几次重大的变革，但是，在法学教育领域还存在一些模糊不清之处甚至认识误区，这些误区一方面阻碍着我们去深层次地认识法学教育本身，另一方面也时刻阻碍着法学教育制度的改革。通过观察当前的法学教育，我们可以发现法学教育远未处理好学生数量与培养质量、理论教学与实践教学、法律知识与人文理念之间的关系，也面临着专业热门但就业率低的困惑。

(一) 教育规模大，但教学质量参差不齐

我国法学教育发展至今，教育规模庞大是有目共睹的，但教育资源的分布不均、培养质量的参差不齐也是众所周知的。法学教育本身应该是一个高门槛的专业，非有相当的条件，如一定水准和数量的师资、足额的图书资料、一定的硬件条件以及相关学业氛围的烘托，不足以兴办。在法治国家建设、金融危机的社会背景下，不少高等院校受到 20 世纪末高校扩招的政策影响，在整合思想政治教育专业、政治学专业等基础上开始法学教育。据统计，2001—2007 年新设了法学专业的高校有 402 所，在已有数量上增加了 2 倍，使得开设了法学专业的高等院校突破了 600 所。新设法学专业的院校主要是高等学校的独立学院、理工科大学、师范类大学、农林类高校等。

---

① 张守文：《法治人才培养的目标与路径》，载于《中国高校社会科学》2017 年第 4 期，第 17 页。

② 胡明：《改革开放以来法学教育的成就与展望》，载于《中国高等教育》2018 年第 24 期，第 9 页。

③ 徐显明、黄进、潘剑锋、韩大元、申卫星：《改革开放四十年的中国法学教育》，载于《中国法律评论》2018 年第 3 期，第 9－10 页。

与高校数量增加相伴而来的是，法学本科招生人数的增加，2005 年便超过了 7 万人。[①] 然而，在院校数量与招生人数剧增的同时，师资力量根本没有办法在短时间内相应增加，众多高校面临着师资严重不足的问题。为了填补法学教师的空缺，由非法学专业的教师或者辅导员转任或兼任法学专业授课教师的现象屡见不鲜。此种状况下，师资力量不足导致一名教师每年讲授五六门课的情况大量存在，而且部分教师自身欠缺法学专业训练，这导致他们难以胜任专业化的法学课程授课任务，不少教师疲于应付，致使教学质量难以得到保证，很难培养出品学兼优的法律人才。

在我国法律教育资源严重缺乏的同时，教育资源的分配也极不合理。以目前 600 所法学院为计算依据，每个学院需要 20 名左右的师资，全国一共需要 1.2 万名左右的师资，所以出现一个任课老师讲授五六门课的情况也实属无奈(这绝对超出老师的学术能力)。但即使这样统计，我国法律教育所占用的资源与美国相比还是有不小的差距。美国的法学院都为全日制教授安排了固定的办公室，同时还有小型讨论室、模拟法庭、法学图书馆和计算机等辅助设备。以乔治城大学法学院为例，其法学藏书已超过 86 万册，有各种法学期刊 9000 种；在密歇根大学法学院，1998—2000 年度该校有教授 90 余人(其中副教授 10 余人)，包括客座教授 30 余人，同时还有助理教授 28 人、讲师 2 人，各教员之间也有合理的分工。[②]

(二) 侧重理论教育，实践教育不足

法律是实践理性的体现，法学是一门实践性较强的学科。即便是法学中最具理论性的法理学、法哲学，其实也是一种实践哲学。[③] 长久以来，我国法学教育方法相对落后，止步不前。大陆法系的很多国家长期以讲授为主要授课方式，也就是我们常说的“填鸭法”，这种方法在大量传授知识的同时，却忽视了学习的效果，忽视了学生和教师之间的互动。王晨光教授曾总结我国法律教育方法存在的两大弊端：第一是我国法学教育中概念化、教条化和形式化的色彩太浓厚，即我国法学教育主要是解释概念、注释条文、阐释理论、抽象议论；第二是法学教育内容上的诸多忽略，比如，它忽视如何发现、证明和重构事实，忽视法律与其他社会规范和现象的相互关系，忽视法律思维的训练，忽视宏观正义与微观或个案正义的关系，等等。[④] 正是因为看到教学方法层面的短板，法学界也认识到加强实践教学的紧迫性与重要性。鉴于有理论脱离实践的趋向，有的法律院系尝试聘请法官和检察官给学生上课，特别是与诉讼法和程序法等相关的课程。更多的法律院系开始引入模拟法庭、法律援助等课外活动以

---

① 王德新：《改革开放四十年来高校法治人才培养的探索与实践》，载于《法学教育研究》2019 年第 2 期，第 5 - 6 页。

② 杨明成：《美国的法学教育》，载于《西南政法大学学报》1999 年第 6 期，第 25 - 29 页。

③ 【英】约瑟夫·拉兹：《实践理性与规范》，朱学平译，中国法制出版社 2011 年版，第 4 - 5 页。

④ 王晨光：《法学教育的宗旨——兼论案例教学模式和实践性法律教学模式在法学教育中的地位、作用和关系》，载于《法制与社会发展》2002 年第 6 期，第 40 页。

帮助学生了解司法实践、参与司法实践，并尝试开设法律诊所方面的选修课程。通过课堂内外对实践教育的补充，法学专业学生的实践能力得到了一定的提升。

然而，不容忽视的是，时至今日，实践教学不足问题仍然是我国法学教育发展的瓶颈，如何妥当处理理论教学与实践教学之间的关系始终是我们面临的难题，如何创新实践教学的方式方法依然使得我们感到困惑。实践教学的困境之所以难以摆脱，与我们对法学实践教学的认识不够清晰不无关系。对于法学专业的实践教学具备什么内涵、有什么要求、与理工科实验有何区别等基本问题，其实尚没有得到准确的回答与界定。比如，对于模拟法庭这一实践教学方式的认识，大多停留在修建模拟法庭、购置一些服装等硬件设施。场所、设施、服装等条件固然重要，但却并非全部。实际上，很多院校并未充分利用已有设施，没有有效开展辩论、模拟法庭等实践方面的教学与训练。即便是开展相关活动，也大多是通过比赛的方式进行，仍然存在学生参与范围较小、缺乏系统的训练等缺陷。实践教学的困境还反映在将其等同于社会实习、社会实践等教学环节。“实践教学作为课程的实践化，不是单纯的实践，其目标不在于具体问题的解决，而是知识及其可能应用的展示和体验。”①

（三）强调知识教育，忽视职业伦理教育

目前，法律职业伦理教育的缺失或乏力，是全国法学教育的普遍现象。不论是各个层次的院校，还是专业的政法院校，都更加注重法律知识的传授，而相对忽视法律职业伦理教育。在一份针对首批卓越法律人才基地院校的法学本科人才培养方案与课程体系的调查中，培养方案中有法律职业伦理教育要求的占比为48.78%，课程体系设置中有法律职业伦理课程或相关课程的占比为36.59%；在41个样本院校中，仅有4所院校将法律职业伦理明确规定为法学专业本科生必修课程。② 在另一份针对8所“立格”联盟③政法类院校的调查中，5所高校将法律职业伦理课程设置为法学本科学生的必修课程，2所高校将其设置为选修课程，这些课程的学分分别为2分或1分。④ 毋庸置疑，上述两份调查中所涉及的法学院系，在全国法学教育行列中是处于上游的。因此，从这些数据出发，我们可以合理地推演出法律职业伦理教育在全国法学教育中的处境。

法律职业伦理教育所遭遇的困境，主要表现在如下几个方面：第一，法律职业伦理教育的重要性未得到充分认识。教育部高教司在1998年颁布的《普通高等学校本科职业目录》以及后续出台的法学专业教学指导文件等，并没有将法律职业伦理方面

① 蔡立东、刘晓林：《新时代法学实践教学的性质及其实现方式》，载于《法制与社会发展》2018年第5期，第96页。

② 刘坤轮：《“学训一体”法律职业伦理教学模式的实践与创新》，载于《政法论坛》2019年第2期，第33－34页。

③ “立格”联盟是于2017年7月成立的全国政法类大学联盟，包括中国政法大学、西南政法大学、华东政法大学、中南财经政法大学、西北政法大学、甘肃政法大学、上海政法学院、山东政法学院。

④ 高琳、刘坤轮：《我国法律职业伦理教育现实性再审视》，载于《法学教育研究》2019年第2期，第379页。

的课程纳入核心课程体系中。随着高校招生人数的增加，法学专业的办学规模迅速扩大，但是，很多高校在制定培养方案时，完全忽视了法律职业伦理的要求。近年，对法律职业伦理教育的认识得到改观，2017 年 6 月，教育部高等学校法学类专业教学指导委员会对我国法学本科专业的核心课程设置加以改革，明确将“法律职业伦理”定位为必修课程；2018 年出台的《法学类专业教学质量国家标准》亦将“法律职业伦理”课程纳入法学专业核心课程体系之中，成为法学专业“10＋X”模式下的 10 门专业必修课之一。不少高校纷纷修订法学专业人才培养大纲，重新设置法学课程体系，但在实际操作中仍面临不少困难。第二，“法律职业伦理”课程设置不合理。尽管越来越多的高校在新的培养方案中为“法律职业伦理”课程留有一席之地，但是，“法律职业伦理”课程如何更好地融入法学课程体系仍然是一个需要不断探索并通过实践进行检验的难题。对于“法律职业伦理”课程的课程特征、教学方式、开设学期、学分学时、考核方式等具体问题，其实尚未形成普遍有效的做法，以至于各校表现出较大的差异，甚至于无法凸显“法律职业伦理”课程的特性。第三，“法律职业伦理”教学中面临较大困难。不少高校逐步开设“法律职业伦理”课程或者相关课程，但却面临诸多操作性困难，其中包括专业师资力量薄弱，因为不少高校是由法学理论或者诉讼法学专业的教师，甚至由伦理学专业的教师兼职讲授①；该课程教学内容不够明确，有的高校尚未充分认识到“法律职业伦理”课程的特性，这使得教学过程趋同于“意识形态”的宣讲或者道德说教，忽略了法律实践的实际情况。②

(四) 法学专业热门，但就业形势严峻

近年来，出现了一幅吊诡的景象：在高校招生时，法学成为一门“显学”，是莘莘学子与众多家长热衷的专业；但在就业时，法学专业屡屡登上就业“红牌榜”。面对越来越严重的就业问题，有学者归诸法学专业毕业生人数与社会需求数量之间的矛盾，认为是法学专业过热、毕业生人数过多导致了就业难问题。因此，甚至有人提出我国应该取消本科层次的法学教育，参照美国将法学教育的层次限定为研究生教育。取消法学专业的本科教育真的是解决法学专业毕业生就业难问题的科学途径吗？答案似乎不言而喻，不应该以“一刀切”的方式来回应此问题。真正的症结在于市场需求与毕业生数量、职业要求与毕业生素质之间的矛盾，特别是法律教育的“口径”问题。21 世纪以来，本科法学教育规模迅速扩张，法科毕业生人数出现暴增，但是，社会各行各业并没有增加与之相匹配的法律人才需求，这确实是当前法学毕业生就业困难的重要原因。不过，法学毕业生本身的素质与社会实际需求脱节、法学毕业生无法满足用人单位的要求、法学毕业生的就业意向过于狭窄等，也是“就业难”问题的重要起因，其根源仍然在于法学教育定位不够明确、全国各地法学教育同质化等痼疾。

---

① 郭剑平：《我国法律职业伦理教育存在的问题与对策》，载于《高教论坛》2018 年第 3 期，第 63 页。

② 曲玉梁：《论我国法律职业伦理教育学科体系的构建》，载于《法学》2019 年第 6 期，第 55 页。

三、我国法学教育的目标

我国法学教育在历经40余年的恢复发展后，既取得了令人瞩目的成绩，也面临着巨大的挑战。当前法学教育所面临的诸多问题，以及现代社会日新月异的变革，都迫使我们不断反思法学教育的定位，以在法治建设的浪潮中找准法学教育的目标。从根源上说，教育规模与教育质量、理论教学与实践教学、知识教育与职业伦理教育、专业热门与就业困难之间的矛盾，都应回溯到法学教育的基本定位与根本目标。只有准确把握法学教育的定位，才能够基于教育的本质和法学教育的特质，培养出卓越的法治人才。

（一）以人为本是法学教育的本质要求

以人民为中心，既是法治建设的指导思想，也是法学教育的指导思想。对于法学教育的根本问题、法治人才培养的基点问题，怎么样才能做到以人民为中心、以学生为中心？[①] 紧紧抓住我们要培养什么样的法治人才这一核心目标，才能找准法学教育的位置，明晰法学教育的目标与任务。

培养人才是教育的第一目标。关于法学教育目标的表述，40多年来发生过多次转变，这意味着对于法学教育的育人目标一直有着新认识、新要求。1977、1978年恢复高考时，招生专业为政法专业，培养目标是“政法人才”。随着政治学、法学专业分离后，法学教育的人才培养定位为“法学人才”。鉴于法学人才偏重理论，而我国法治实践需要大量的专业人才，所以培养目标再次调整为“法律人才”，以表明人才兼具理论和实践等多个层次。十八届四中全会作出的《中共中央关于全面推进依法治国若干重大问题的决定》率先在党政重大文件中提出“法治人才”的概念，在习近平总书记于2017年视察中国政法大学并发表重要讲话之后，法学教育的人才培养目标明确为培养德才兼备的高素质的“法治人才”。[②] 我国法学教育要将以人为本、以学生为本贯彻到教育实践中，就应紧紧抓住法治人才培养这一核心目标。

法治人才应具备哪些特质呢？2011年出台的教育部、中央政法委《关于实施卓越法律人才教育培养计划的若干意见》针对我国高等法学教育还不能完全适应社会主义法治国家建设的需要，社会主义法治理念教育还不够深入，培养模式相对单一，学生实践能力不强，应用型、复合型法律职业人才培养不足的情况，提出要培养造就一批信念执着、品德优良、知识丰富、本领过硬的高素质法律人才。2018年出台的教育部、中央政法委《关于坚持德法兼修实施卓越法治人才教育培养计划2.0的意见》

---

① 张文显：《中国法学教育的改革发展问题》，载于《北京航空航天大学学报（社会科学版）》2018年第2期，第3页。

② 徐显明：《高等教育新时代与卓越法治人才培养》，载于《中国大学教学》2019年第10期，第7页。

(以下简称“卓越法治人才培养2.0意见”)所设想的法治人才是宪法法律的信仰者、公平正义的捍卫者、法治建设的实践者、法治进程的推动者、法治文明的传承者。从“卓越法律人才”到“卓越法治人才”的目标升级,需要我国法学教育充分结合法治建设的内生需求,在培养理念、课程设置、师资配备、教学方法等方面进行有的放矢的改革。[①] 人才培养目标的升级、培养体系的转型,都离不开挖掘“卓越法治人才”的丰富内涵。首先,法治人才是全面发展的专业人才,有学者将法治人才的特质解释为具备法律职业伦理、立足本土兼具国际视野、掌握法治知识与技能、具备法治思维的高素质专业人才[②];更简约地说,“法治人才是兼具法律之德性、法律之知性、法律之技性的‘三性’全面发展的法律工作者。”[③]作为法律领域的专业人才,法治人才应该具备深厚的法学理论功底,熟稔于法律知识及其运用技艺,也能坚守法律职业伦理。其次,法治人才是有信念、有担当、有志于法治事业的人。法律是实践理性的体现,良善法律蕴含着人对美好生活的想象与期待。不可否认的是,良法善治的实践过程是一个荆棘密布的征程,法治建设事业离不开数代人的默默付出。只有抱持着法治信仰的人,才能够在法治实践中克服困难,肩负起追求公平正义的责任。再次,法治人才是法治的践行者。如果说法律主要表现为静态的规范体系,那么法治则是一个动态的运作系统。徒法不足以自行,这个系统依赖于法治人才来维系,而且,法治人才的成长也无法脱离法治实践系统而得到实现。质言之,法治不是等到培养出一批法治人才之后就会自动实现,法治人才也无法在法治实践之外得到训练与培养,其实,法治人才的培养与法治实践是密不可分的,是相辅相成的。只有参与到法治事业的建设当中,才可能锻炼成合格的法治人才;只有在法治实践中不断反思、学习,才可能符合法治时代的要求。

(二) 立德树人是法学教育的根本原则

培养卓越法治人才是我国法学教育的根本目标,培养卓越法治人才的根本路径、根本原则便是立德树人。党的十八大将立德树人写入大会报告当中,将其明确为新时代教育的根本任务。党的十八届四中全会作出的《中共中央关于全面推进依法治国若干重大问题的决定》将立德树人作为法学教育、法治人才培养的根本原则,明确规定:“要创新法治人才培养机制……坚持立德树人、德育为先导向,推动中国特色社会主义法治理论进教材进课堂进头脑,培养造就熟悉和坚持中国特色社会主义法治体系的法治人才及后备力量。”2015年12月27日第十二届全国人民代表大会常务委员会第十八次会议通过关于修改《中华人民共和国教育法》的决定,在第6条中增

---

① 谢伟:《论从卓越法律人才到卓越法治人才培养的转变》,载于《社会科学家》2019年第10期,第116页。

② 董娟、赵威:《从法律人才到法治人才:法律硕士培养目标的新转变》,载于《学位与研究生教育》2019年第5期,第21-22页。

③ 何跃军、陈淋淋:《从法律人才到法治人才——卓越法律人才培养计划实施六年检讨》,载于《宁波大学学报(教育科学版)》2018年第5期,第69页。

加一款，列为第1款，其内容为：“教育应当坚持立德树人，对受教育者加强社会主义核心价值观教育，增强受教育者的社会责任感、创新精神和实践能力。”至此，立德树人转化为我国教育法制的基本原则，成为我国法学教育的基本原则。2017年，习近平总书记在中国政法大学视察时，明确提出法学教育要坚持立德树人，不仅要提高学生的法学知识水平，而且要培养学生的思想道德素养。这一指导思想在“卓越法治人才培养2.0意见”中得到了贯彻，法学教育、法治人才培养应坚持立德树人、德法兼修，践行明法笃行、知行合一。

立德树人对于我国法学教育的升级转型、卓越法治人才的培养提出了怎样的新要求呢？《教育法》第6条对立德树人原则的陈述，牵涉到社会主义核心价值观教育，爱国主义、集体主义、中国特色社会主义教育，理想、道德、纪律、法治、国防和民族团结教育。就该条的立法本意而言，立德树人是各个层次的教育的根本原则，因此，所涉领域极为广泛，所提要求较为抽象。作为一项根本原则，立德树人鲜明地将“树人”作为教育的根本任务，将“立德”看作是“人”的基本属性和“树人”的根本途径。至于立德树人的具体要求，一方面，鉴于教育活动的普遍性质，立德树人蕴含着一些普遍性的要求，适合于所有教育活动；另一方面，立德树人的贯彻落实也需要结合教育的类型、层次、对象等现实因素进行精准化操作。就高等学校法学教育而言，立德树人原则的实现，必然要求法学教育应包括社会主义核心价值观教育、爱国主义教育、理想信念教育、现代公民教育、实践能力教育等高等教育的共同要素，也包括法律职业伦理教育等法学专业的特定内容。

在法学教育中实现立德树人的根本任务，一方面，需要将德育工作贯穿于整个教学、科研、管理过程中，通过在课程教学、社会实践、思想政治工作、日常管理、校园文化培育中植入德育要素，构建全方位的立德树人体系，促进学生思想道德的发展和人格的提升；另一方面，也需要因应法学教育的特点，通过建设和完善法律职业伦理课程，让学生理解从事法律职业过程中为维护正常的职业关系需要遵循的行为准则，为维护法律尊严、公平正义须恪守的基本伦理规范。① 立德树人原则在法学教育中的具体体现，至少表现在三个层面：第一，在成人成才层面，以培养德法兼修的卓越法治人才为教育目标，以高等教育的通识课程涵养学生的公民德性，使其成人，以法学教育的专业课程培养学生的法律知识、技能与“法治之德”，使其成才，同时也关注公民德性与“法治之德”之间存在千丝万缕的联系、无法全然割裂；第二，在理想信念层面，以“社会主义法治理念”为卓越法治人才培养的核心要素，法治信仰、人民主权、党的领导是指导相关教育工作的关键词；②第三，在教学体系层面，人文通识课程是培育公民德性的重要载体，法律职业伦理课程是养成法治之德的基本途径，法律专业课程

① 胡明：《改革开放以来法学教育的成就与展望》，载于《中国高等教育》2018年第24期，第10-11页。

② 龙卫球、初殿清：《“立德树人”视野下的大二见习课程》，载于《北航法律评论》2016年第1辑，第353-354页。

是成长为法律专业人才的必经之路,实践类课程是成长为卓越法治人才的必备要素。

四、立德树人对法学教育的基本要求

(一) 反思法学教育的定位

谈到法学教育的定位,一般会涉及以下几个“热点”词:职业教育、素质教育、国民教育、精英教育。围绕着这些“热点”词,法学教育界关于法学教育的定位的争论从未停息。早在21世纪初期,在全国高等教育规模迅速扩张的背景下,法学教育的定位就已经引起诸多关注。彼时,王晨光教授在认识到法学教育二重性的基础上,认为法学教育应当以能力、素质,特别是法律思维的培养为宗旨,而不应以某些僵死的知识的传授为其宗旨。① 焦富民教授认为高等教育中的法学教育应该根据素质教育的整体要求设立和确定以后发展的走向,素质教育应该成为法学教育的目标。② 周永坤教授认为法学教育是多维的,从实在的意义上讲,中国的法学教育应该既是精英的,也是大众的:博士教育和研究生教育应该是精英的,本科教育和法律硕士教育则是大众的。但是无论是哪个层次的法学教育,都应该是精英的精神加大众的知识。③ 从以上的论述中,不难发现学者关于法学教育目标的阐述有一定的差异,但是精英化逐渐成为共识。④

法学教育具有自身的复杂性,世界各地的法学教育模式各有千秋,我国法学教育也因应时代需求而不断探索,但是,法学教育有一个不变的宗旨,即为法治建设培养人才。就此而言,法学教育必然具备职业教育的维度。然而,职业教育并没有穷尽法学教育的属性。法学教育属于高等教育的重要组成部分,高等教育所具有的人文教育、素质教育属性也应在法学教育中有所体现。因此,对于法学教育的合理定位,应从“树人”的角度出发,如果说法学教育的目标是培养高素质的卓越法治人才,那么,法学教育就必然是一种综合性的教育,既包括人文素质教育,也包括法律职业教育和精英教育。第一,素质教育是大学教育的基础,也是法律教育的基础。在任何一所大学,基本的人文素质的培养都是必不可少的。柏林大学的缔造者、德国著名的教育家洪堡曾指出:大学教育是要培养兼具个性和理智的“完人”,既要掌握经验知识,又要掌握道德科学,从而发展出完善的人格,在精神上“成人”。⑤ 在美国,学生在进入法学院之前必须具备一定的学历,这为保证法律职业教育的质量奠定了基础。第二,法

① 王晨光:《法学教育的宗旨——兼论案例教学模式和实践性法律教学模式在法学教育中的地位、作用和关系》,载于《法制与社会发展》2002年第6期,第33-44页。

② 焦富民:《地方综合性大学法学素质教育的目标与法学教育的改革》,载于《法学家》2003年第6期,第37页。

③ 周永坤:《法学院扩大招生应尽快结束》,载于《法制日报》2007年6月3日第15版。

④ 江平:《中国法学教育的历史与际遇》,载于《中国政法大学学报》2008年第1期。

⑤ 洪浩:《法治理想与精英教育——中外法学教育制度比较研究》,北京大学出版社2005年版,第66页。

律职业教育是法学教育的重中之重。法治人才必然具备法律知识和适用法律的技艺，具体包括丰富的法律知识、娴熟的资料查阅能力、独立思考能力等。法律职业教育着力于培养认识问题、分析问题、运用法律去解决问题的能力。

（二）以德育人

法学教育旨在培养专业的法治人才，必然蕴含着职业教育的属性。但是，一旦将眼界完全局限于职业教育，走入职业教育的狭隘胡同，法学教育将可能步入工具化、纯粹技术化的陷阱。在此种境遇下成长的法学学子，即使掌握了丰富的法律知识和娴熟的法律技巧，也终究难以成为德法兼修的法治人才。因此，要真正实现“树人”的教育目标，就必须在法学教育中强调立德，将德育贯彻于教育全过程。

法治人才并非仅仅是一个“法匠”，法律实践并非“依葫芦画瓢”，一个法治文明的传承者、法治实践的推动者必须深刻理解法治事业本身的特殊价值，必须有志于法治事业建设。德性作为法治人才的必备素养，德育作为法学教育不可或缺的组成部分，其实早就为法学教育者所明晓。民国时期孙晓楼教授的评述颇为经典：“教育的目的，是为国家培植人才；法律教育的目的，是为国家培植法律人才；不过怎样叫做人才……我所说的法律人才，不是在于做律师的大小，也不是在于官职的高低，更不是在于赚钱的多少，而是在于他所做的事业于社会公众的福利上到底有多少的努力和贡献。因为法律是社会组织的纤维，所以法律的事业，是公益的事业，是社会的事业。研究了法律，不能为社会服务，为公众谋利益，而专为自己个人寻好处求享用，这不能叫做人才，更不能算做法律人才。”①

德育在法学教育中具备基础地位、优先地位。教育的本质是育人，这是所有教育的终极目标。单从概念上而言，法学教育偏重于培养作为专业人才的人，即有能力从事法治建设的人。然而，这更多的是从职业技能的角度来界定一个人，而更为前提性的是，这个专业人才首先应是一个真正的“人”，一个具有德性的主体。因此，法学教育的目标逻辑应当是先培养人，再去培养专业人才。犹如韩大元教授所言：“未来的法学教育还是要坚持价值优先，人文的关怀与人文教育是法学教育的基本目标。在这个前提下我们可以实现法学教育的精英化、专业化、国际化，再加一个综合化，强调跨学科教育，强化跨学科知识体系对未来法学教育的影响。”②

德育在法学教育中的贯彻，既需要综合考虑高等教育的现实情况，也要准确把握法学教育的特殊要求与特殊途径。从综合视角来看，倘若我们认可法学教育不单单是要培养法律职业人，也要把法科学生培养成合格的现代公民，那么，在课程设置中，就既要设置法学专业课程，也需要有人文教育的课程。然而，教育部法学专业教育指

---

① 孙晓楼等：《法律教育》，中国政法大学出版社 2004 年版，第 11 页。

② 徐显明、黄进、潘剑锋、韩大元、申卫星：《改革开放四十年的中国法学教育》，载于《中国法律评论》2018 年第 3 期，第 26 页

导委员会只是规定了法学的核心课程，对于公共课程到底应占多少比例的问题则没有规定。只关注专业课程设置而忽视其与公共课程之间的有效衔接，其实是忽略了高等教育的整体性与综合性。“所以在对培养什么样的学生方面，不能单单从法律课程的角度来进行设计，还要考虑可持续的发展，尤其是考虑学生应当具备的相关人文素质、写作能力、逻辑能力，这些方面应当一并加以考虑。”[①]从法学专业角度而言，德育在法学教育中的重要抓手是法律职业伦理教育。法律职业伦理教育的缺失，使得法科学生无法清醒地认识现实问题的复杂性，无力面对法律实践所遭遇的伦理困境。在现实中，不少法科毕业生走上法律工作岗位后，不再是单纯的学生身份，而会承担起诸多社会身份，在不同情境下扮演不同的角色。然而，现实生活时常迫使一个人处于同时背负多重身份与角色的境地，而且这些角色对行为人提出了不同的甚至相互冲突的伦理要求。如何解决这些角色和利益冲突问题，如何在公共角色与私人身份、一般社会道德与法律职业伦理之间作出抉择，这类议题属于法律职业伦理的范围，理应在法学教育的过程中向学生传授，与学生探讨，让学生能够设身处地地预想此类境况并正视其可能带来的困境。长久以来，法律职业伦理课程不受重视，未能成为法学专业核心课，尽管近年来这种情况有所改观，但关于法律职业伦理教育的课程体系、教学内容、教学方式等仍显粗糙与简陋，尚未形成成熟的体系。不少高校不断摸索法律职业伦理教育的新模式，例如，中国政法大学推行“学训一体的法律职业伦理”教学模式，努力将法律技能教育和法律职业伦理教育融为一体，将法律职业伦理融入法律知识的传授与法律技能的训练当中。[②]

(三) 人才的多元化

立德树人原则对我国法学教育提出了整体要求和普遍要求，即所有的法学教育都应注重以德育人，合格的法治人才应当是德法兼修的。对法科人才的德性教育，首先是强调其“成人”，其中蕴含着其成为一个具有道德自主性的人。同理，在“成才”的层面，也应尊重法科学生的自主性，将选择权交给学生。易言之，立德树人原则确立了法治人才培养的基本框架，但法治人才的具体养成则依赖于学校、学生、社会的协同合力。卓越法治人才的培养目标不是要求所有法学院系均以同一个模式来培养法科学生，不是要让每年入学的 30 多万名法科学生成长为同一种模型下的人，而应是对“法治人才”抱持一定的开放程度，让学生拥有选择成为具有某种专长的法治人才的权利，实现卓越法治人才的多元化。

法治人才的多元化，是我国法学教育从规模扩张模式走向内涵式发展的必由之路。在教育规模扩张阶段，不少院校只注重教学规模、学生人数的竞争，忽略了社会

---

① 胡玉鸿：《法学教育内涵式发展的问题与理解》，载于《北京航空航天大学学报(社会科学版)》2018 年第 2 期，第 24 页。

② 刘坤轮：《“学训一体”法律职业伦理教学模式的实践与创新》，载于《政法论坛》2019 年第 2 期，第 35 页。

发展的实际需求、学生的个性特征。其背后的根源在于人才培养模式的同质化，教育评价相对简单刻板。从过去的规模扩张转为内涵式发展，法学教育应以提高教育质量为核心，把法治人才培养质量、科学研究水平、服务社会能力、文化传承创新结合起来，将规模扩张转换为稳定教育规模，将强调学生数量转换为注重人才素养，将人才培养方案雷同转换为各具特色的人才培养模式。

法治人才的多元化，是在立德树人原则的基础上，强调法治人才应具有更加精细和独特的专长。不同层次院校的法学教育应各有侧重，对于人才培养的预期也应有所不同。例如，时任中国政法大学校长的黄进教授强调中国政法大学的法学教育应注重国际化："国际化讲的就是通过国际交流合作提升我们师生的国际视野、世界眼光、国际交往能力和国际竞争能力，尤其是熟悉国际规则并善于处理国际法律实务，提升学校的国际影响力和竞争力。"①而具有强大的理工科教学研究能力的清华大学，在法学教育中则极为注重交叉学科的研究与教育。清华大学法学院立足本校既有的科学和技术学科优势，发展"法律＋科技"，回应新兴科技发展与运用所引发的新问题。其中的热点方向包括生命科技、信息科技等，以信息科技为例，它促成现代社会演变为网络社会，现代社会治理大量采用大数据、云计算、人工智能等新兴技术，而这些科技的运用也引发了新的法律问题，鉴于此，清华大学法学院设立了"计算法学"硕士培养项目，培养专门的法律人才。②

多元化法治人才的培养，依赖于各个院校具有相对自主的办学权利。多元化法治人才的培养的质量，取决于各个法学院系能否建构起各具特色的办学风格，以及能否将特色转化为自己的优势。特色化办学有赖于高校办学的创新意愿与创新能力，以及外部环境。就外部环境而言，各级教育主管部门应赋予高校更多的自主权，高校应该尊重法学专业的特殊性、法学院系的自主权。就创新意愿而言，应该宽容和鼓励法学院系结合地方特色、社会实际需求、学生个性等多方面的因素进行人才培养模式的创新。就创新能力而言，法学院系应改变模仿抄袭的做法，避免亦步亦趋，不断探索差异化办学模式。相对而言，越是高水平的大学，越是在外部环境、创新意愿与能力方面具有优势，进而应不断探索自身的人才培养新模式。例如，上海交通大学凯源法学院针对培养卓越法律人才的需求进行了专精化本硕贯通培养，推出了人才培养模式的创新举措"三三制(3＋3)"法科特班，其基本定位是主要面向司法和涉外法务的高层次法律职业教育。③

---

① 徐显明、黄进、潘剑锋、韩大元、申卫星：《改革开放四十年的中国法学教育》，载于《中国法律评论》2018 年第 3 期，第 24 页。

② 徐显明、黄进、潘剑锋、韩大元、申卫星：《改革开放四十年的中国法学教育》，载于《中国法律评论》2018 年第 3 期，第 27 页。

③ 季卫东：《中国法学教育改革与行业需求》，载于《学习与探索》2014 年第 9 期，第 86 页。

第二章　立德树人的内涵

泮伟江[1]

一、导　论

党的十八大提出，“把立德树人作为教育的根本任务，培养德智体美全面发展的社会主义建设者和接班人”。党的十九大报告进一步强调“要全面贯彻党的教育方针，落实立德树人根本任务”。习近平总书记也多次就高校立德树人的问题作出了重要指示。例如，习近平总书记 2018 年 5 月 2 日在北京大学师生座谈会上就指出：“要把立德树人的成效作为检验学校一切工作的根本标准，真正做到以文化人、以德育人，不断提高学生思想水平、政治觉悟、道德品质、文化素养，做到明大德、守公德、严私德。”要落实总书记和党中央关于立德树人的指示和要求，一个重要的基础就是要对立德树人的内涵和意义形成正确深入的理解和认识。只有把握立德树人的本质内涵，才能真正回答培养什么人、怎样培养人、为谁培养人这一教育事业的根本问题。例如，2020 年 11 月 3 日，教育部官网发布了《第五轮学科评估工作方案》，拟启动第五轮学科评估工作。据了解，本轮学科评估工作将聚焦立德树人。要构建以立德树人成效为根本标准，以“质量、成效、特色、贡献”为价值导向，以定量与定性评价相结合为基本方法的评估体系，在保持一级学科整体水平评估基本定位和评估体系框架基本稳定的基础上，坚持继承创新；同时要突出诊断功能、强化分类评价以及彰显中国特色。无论是日常的高校教育管理、学科评估，还是教师的日常教学实践，都应以深刻理解立德树人的内涵为基础。本部分拟就立德树人的内涵问题，结合古今中西方的教育思想和实践的历史展开探讨。

二、“立德”与“树人”的关系是辩证的

关于理解“立德树人”的含义，通行的做法是将“立德”和“树人”拆分开来，从两个概念的词源来着手探讨。立德的概念可以追溯到《左传・襄公二十四年》中关于“立德、立言与立功”之“三不朽”的说法。“树人”的概念则可追溯到《管子・权修》中的“一年之计，莫如树谷；十年之计，莫如树木；终身之计，莫如树人”。[2] 这种对立德树

---

① 北京航空航天大学法学院教授、博士生导师。

② 刘娜、杨士泰：《立德树人的理念和历史渊源》，载于《教育评论》2014 年第 5 期，第 142 页。

人的概念进行拆分，并分别进行词源学考证的做法没有错，也是非常富有启发性的。例如，从"三不朽"的角度切入到对立德概念的理解，就能够非常清晰地将立德与立功、立言的概念进行对照，从而非常有助于我们形成对立德的根本性与重要性的把握。但这样做的缺点也是很明显的。因为《左传》里关于"三不朽"的对话并不是从教育的角度来阐述的，而是从生命的意义，即如何流芳千古的角度来切入对立德的讨论。这与立德树人中的立德，虽然含义基本上是一致的，但侧重点仍然有非常明显的差异。相对来说，立德树人中的立德，主要是从教育和培养人的角度来说的，而不是从个人品德的自我塑造，以及个人通过品德的臻于完善，达到圣人的境界，从而达到流芳千古的角度来说的。显然，后者不但需要教育者付出努力，同时更强调个体的自我修炼和终身的品德培养，同时此处的"立德"，恐怕比我们日常所说的立德树人中的立德，对品德修养的水准、层次和要求，也要高得多。这并不是说，我们在教育学生的过程中不应该着眼于对此种接近于完美的圣人品德的追求，而是说，能够达到如此美妙高远的圣人境界，毕竟需要很多的条件，并且需要付出很多的努力，经过一个相当长的过程才能够实现。但我们在教育工作中，面对的是大量不同个性、不同层次的学生，我们对他们品德的培养究竟要着重于哪个层次，就成了一个需要细致分析的问题。这个问题尤其重要，因为中国是一个超大规模的国家，根据教育部 2019 年全国教育事业发展统计公报，2019 年，除港澳台地区之外，全国共有各类学校 53.01 万所，各级各类学历教育在校生 2.82 亿人，专任教师 1732.03 万人。就高等教育来说，2019 年全国各类高等教育在学总人数达 4002 万人，高等教育毛入学率达到了 51.6%，全国共有普通高等学校 2688 所，普通高等学校校均规模 11260 人。要将这些人都培养成"三不朽"中"立德"层次的圣人，显然并不现实。可能更现实的做法还是着重于培养这些人最基本的政治素养和道德水平，例如在大是大非面前能够坚持党的领导，能够做到言而有信、诚实待人、守法敬业等。

至于"树人"的概念，管仲"十年树木，百年树人"的说法是非常深入人心的。但管仲这句话的重点仍然是强调人才培养过程的漫长，虽然里面也包含着立德的内涵，但侧重点仍然是强调人才之难得的含义。但无论是十八大、十九大报告，还是习近平总书记的讲话，在谈到立德树人时，都包含了人才培养过程之漫长和不易，同时也对人才培养提出了一种规范性的要求及人才培养的核心内涵与标准。这当然是有针对性的。首先，它针对的是中国传统大学人才培养的一个弊端，那就是重视专业教育，而忽略通识教育。新中国成立之初，国家百废待兴，同时又面临着复杂的国际环境，在技术、设备和人才等各方面都受到西方资本主义国家的封锁，因此急需各种类型的专业技术人才。在这种情况下，国家通过调整高等学校的院系，建立了一大批行业性和专科性的大学，培养国家急需的各个层次的专业技术人才。应该说，从历史的角度看，这种做法是符合当时的需要的，同时也对我国的工业化和社会经济发展作出了重大的历史贡献。但随着改革开放的深入，我国的社会和经济建设取得了巨大成就，社会也变得越来越复杂了。这个时候传统的仅注重专业知识和技能的教授和学习的制度就变得有些落后和不适应时代发展的需要了。尤其是当前中美贸易战爆发,以美国为首的一批西方国家在关键技术方面对我国实施各种禁令,企图卡住我们的脖子,这就要求我们能够培养具有更宽视野、更强创新能力的更高层次的一流领导领军人才。这就对人的综合能力提出了更高的要求。更重要的是,随着经济建设取得巨大成就,社会也变得越来越复杂和多元化。个人在成长以及进入社会过程中,面临的挑战和压力也越来越大,所面临的各种环境也越来越复杂。这就要求学生能够在复杂的社会生活和工作环境中形成坚定的理想信念、健康的心理素质、宽广的知识视野与较全面的能力,从而能够正确地认识个体在家庭、学校、工作单位、抽象社会、国家中的定位,具有较强的自我反思能力和适应、学习及自我调整能力。这些都不是通过条块分割的专业教育所能够实现的。因此,立德树人中的"树人",同时还包含着纠正传统专业教育之偏,增加或增强通识教育,通过对学生人格的塑造和品德的培养,使其能更好地面对和适应现代社会中的挑战。正如习近平总书记在全国教育大会上指出:"要深化教育体制改革,健全立德树人落实机制,扭转不科学的教育评价导向,坚决克服唯分数、唯升学、唯文凭、唯论文、唯帽子的顽瘴痼疾,从根本上解决教育评价指挥棒问题。"

因此,当我们试图从历史中去理解立德树人的含义时,概念的拆分虽然有一定的帮助,但正确的做法仍然是把立德树人作为一个整体的概念和词语进行理解,从而更加直接和清晰地把握和理解立德与树人之间的内在关联。这就要求我们一定要把"立德"放到"树人"的语境中理解,从而更清晰地理解立德是为"树人"服务的,既不能放弃理想,降低标准,也不能不切实际,不顾现实。反过来说就是,必须深刻体会"树人"的本质是"立德",而不是简单的专业知识或者技术的传授,要培养学生的品德,提升他们的思想境界,从而使他们明白"德在才先"、以德为本的道理。

三、立德树人的传统文化渊源

当然,强调不能将立德树人的概念割裂开来,通过分别进行词源学考证的方法来理解立德树人的含义,而应将两个概念结合起来,通过对立德与树人之间辩证关系的考察来理解立德树人的含义,并不意味着对立德树人内涵的理解可以脱离中华民族传统文化的根源。立德树人的教育理念是十八大以来党中央重点强调的,是习近平总书记和党中央通过总结中华民族传统教育思想和实践而得出的深刻结论。在这方面,孔子作为中华民族教育的奠基人和祖师爷,他关于人才培养的实践和论述,特别值得我们参考和借鉴。

孔子的教育思想集中体现在《论语》之中。《论语》的第一章就是重点谈教育和学习的,定下了全书的基调。正如钱穆先生所指出的:"孔子一生重在教,孔子之教重在学。孔子之教人以学,重在为人之道。"[①]《论语》第一章,重点就是指出为学的根本——正所谓"君子务本,本立而道生。"也是在这一章,孔子教导他的弟子说:"弟子入则孝,出则弟,谨而信,泛爱众,而亲仁。行有余力,则以学文。"什么意思呢?就是说:"弟子在家能够做到孝顺,出门在外能够尊敬兄长,谨言慎行,具有仁慈的同情心,能够以仁德之人为友。只有做到这些,同时还有余力,才能够读书为学。"由此可见孔子对立德的重视。因此,孔子的弟子子夏说:"贤贤易色,事父母能竭其力,事君能致其身,与朋友交,言而有信,虽曰未学,吾必谓之学矣。"也就是说,如果一个人能够亲近贤德之人,能够在侍奉父母方面尽心尽力,忠诚地辅助主政之人,并且能够诚信地与朋友交往,那么他即使没有受过专门的教育,其实也已经达到了受过教育的效果和境界。用我们现代的话说,这其实已经达到了立德树人的效果了。

除了强调教育以品德的培育为根基之外,孔子也特别强调教育要帮助学生树立远大的理想。例如,同样也是在《论语》第一章中,孔子还说过这样一句话:"君子食无求饱,居无求安,敏于事而慎于言,就有道而正焉,可谓好学也已。"这句话是说君子不以能够吃饱饭,有安定舒适的住所为自己的理想,而是敏锐而谨慎地交友和做事,因此总是能够找到有德有智慧的人来指点自己,校正自己的行为和方向。这样的人就是好学的人。

另外,孔子的教育思想给我们当代立德树人教育的一个特别重要的启发就是不把品德的塑造和培养当成一种外部约束或一件痛苦的事情,而是要通过各种方法培养学生对道德的热爱,并在遵守道德的过程中不断地体会到践行德性的快乐。这尤其体现在孔子与子贡的一段对话之中——子贡曰:"贫而无谄,富而无骄,何如?"子曰:"可也。未若贫而乐,富而好礼者也。"这段话特别有智慧。能够做到处于贫穷状态而不谄媚,处于富裕状态而不骄横,这已经很不容易了,但孔子又进一步指出,如果勉强做到这一点,其实还不是处于很高的境界,真正的至高境界是贫穷的时候安贫乐道,富裕的时候知书达礼。怪不得孔子最欣赏的学生是颜回。因为颜回能够做到"一箪食,一瓢饮,在陋巷,人不堪其忧,回也不改其乐。"这才真正学到了孔子一生所学的精髓:"饭疏食饮水,曲肱而枕之,乐亦在其中矣。不义而富且贵,于我如浮云。"而后人也以孔颜乐处来形容这种至高境界。

我们当下强调在教育中贯彻立德树人的理念,就要学习孔子的这种注重以德育为先,培养学生具有宽广胸怀和远大理想,并且能够在德育之中培养兴趣,从而促使学生主动亲近德育,进而能够不断地将道德内化于心,最终孜孜以求地追求道德崇高境界的做法。

当然,我们在参考借鉴孔子的教育理念和教育实践时,也要注意批判性地继承,去粗取精,去芜存菁。例如,孔子所理解的德的核心是封建社会的忠和孝,这是与传统社会中的等级制度相联系的,强调人与人之间的不平等关系,后来逐渐发展成为以

① 钱穆:《论语新解》,生活·读书·新知三联书店 2002 年版,第 4 页。

“父为子纲，君为臣纲，夫为妻纲”为核心的三纲五常的封建道德观。而社会主义国家打破了等级制度，强调人人平等，因此对于这些传统封建社会的愚忠思想，我们就不能毫无反思地吸收，而是要取其精华，将它们转化成对长辈的应有尊重和对领导权威的必要尊重。[①]

四、当代中国高等教育立德树人的深刻内涵

立德树人的教育理念扎根于中国五千年传统文化和教育传统之中，吸收其中的养料，具有丰富的内涵，也贴合中国人的生活。同时，更重要的是，在新时代，立德树人又有了更新和更重要的内涵。现代高等教育虽然与中国古代以书院等形式为载体的教育具有一定的相似性，但也具有其自身的独特性。例如，传统书院制并没有学科区分，教学的主要内容就是传授儒家的经典，而儒家经典的核心就是以仁为核心的一整套道德和伦理；现代大学则注重学科和专业的划分，强调各种自然科学、精神科学和社会科学的研究与探索，不同学科既相互独立又彼此交叉，进而形成对交叉学科的研究。同时，更重要的是，自从鸦片战争中国与西方正面遭遇以来，中国一度沦为半殖民地半封建社会，人民的生活也陷入了水深火热之中。无数仁人志士抛头颅，洒热血，在中国共产党的领导下，推翻了帝国主义、封建主义和官僚资本主义三座大山，建立了新中国，才真正使得中国人民站起来，实现了国家独立。新中国成立以来，中国共产党又带领中国人民进行艰苦卓绝的探索，确立了改革开放的基本国策，经过40多年的改革开放，社会经济和文化建设都取得了巨大成就，人民群众的生活大大改善了，国家变得越来越富强和文明。

因此，新时代中国高校的立德树人教育，首先就要教育学生理解中国的传统和历史，尤其是理解中国近代史，学习中国共产党领导全国各族人民反帝反封建的伟大光荣的斗争史，在此基础上形成爱国爱党的情怀，懂得今天的生活来之不易，从而更加珍惜当下繁荣稳定的局面。习近平总书记在全国宣传思想工作会议上强调：“育新人，就是要坚持立德树人、以文化人，建设社会主义精神文明、培育和践行社会主义核心价值观，提高人民思想觉悟、道德水准、文明素养，培养能够担当民族复兴大任的时代新人。”

这就要求我们在高校的教育中，突出党史教育，突出社会主义核心价值观教育。同时也要求当前中国高校的立德树人教育，必须以马列主义的科学理论为指导，以毛泽东思想、邓小平理论为指导，以“三个代表”、科学发展观、习近平建设中国特色社会主义的新思想和新理论为指导，突出思想政治的内涵，帮助学生树立正确的世界观、人生观、社会观和自我观并掌握基本的科学方法论，从而能够在复杂的世界局势中坚持正确的政治方向，建立健康活泼的生活方式和学习氛围。

---

① 郑静：《浅析优秀传统文化与高职院校思政教育的结合》，载于《黑河学刊》2018年第1期，第163页。

总而言之,立德树人,就是要坚持正确的政治方向,明确中国特色社会主义教育必须培养合格的社会主义建设者和接班人。"立什么德""树什么人"是贯彻立德树人根本任务必须回答的问题。我国是中国共产党领导的社会主义国家,这决定了我们的教育事业必须为社会主义培养合格的建设者和接班人。明确了这个目标,也就明确了坚定理想信念和爱国情怀是立德的基本内涵。共产主义远大理想和中国特色社会主义共同理想,是共产党人精神上的"钙",也是所有共产主义事业建设者的"钙",只有把理想信念作为道德的最高内涵贯穿教育全过程,才能塑造有信仰有力量的民族未来。爱国主义是中华民族绵延千年的民族精神,"天下兴亡,匹夫有责"素来是中国人最认可的大爱大德,只有厚植爱国情怀,引导学生立志扎根祖国、报效人民,教育才能实现百年树人、一树百获的实效。

同时,我们也要认识到,当前中国高校的教育以立德树人为根本,并不是要回归传统儒家教育。鸦片战争带给我们的教训是深刻的,光讲道德而没有实干精神、科学精神,缺乏专业的技术人才,在激烈的国际竞争中就会落后,而落后就要挨打,就要被人欺负。因此,立德树人强调教育以德为先,同时也强调人的全面发展,这就要求,无论是中小学教育还是大学教育,都必须做到德智体美劳全面发展。立德树人,就是要求培养德才兼备、德智体美劳全面发展的人。实现人的全面发展是马克思主义的基本立场,也是社会主义教育的根本目标。激烈的国际竞争和技术创新决定了人才培养的极端重要性,人才是创新的关键,是发展的第一资源。国家发展需要的人才不仅要具备丰富的知识、优秀的技能,更需要拥有坚定的理想信念、高尚的道德情操、健康的人格品质。当然,德智体美劳是内在相关的,而不是彼此割裂的。德智体美劳教育不能简单拼凑,而应是一个统一的整体。习近平总书记在全国教师大会上指出:"要把立德树人融入思想道德教育、文化知识教育、社会实践教育各环节,贯穿基础教育、职业教育、高等教育各领域,学科体系、教学体系、教材体系、管理体系要围绕这个目标来设计,教师要围绕这个目标来教,学生要围绕这个目标来学。"

当前中国教育也存在着只重知识技能传授而轻道德价值培养的现象,导致虚无主义、功利主义大行其道,"精致的利己主义者"甚至成为很多大学生的追求。我们必须认识到,那种家国情怀淡薄、责任担当缺失、德行操守败坏的"人才",就算技能再高,也只是没有灵魂的专家,他们绝不是社会主义教育培养的目标。

五、立德树人是循序渐进的

立德树人虽然很重要,但也不是一蹴而就的,而是需要循序渐进进行的。我们在上文已经强调指出,立德树人中的立德,既有很高的"达致不朽"的层次,也有作为社会交往底线的基本道德的层次。对于任何社会来说,道德追求都是无止境的,因为它代表了人类对美好的追求。但同时,对我们当代学生尤其是大学生的教育,我们又要面对现实,面对当下学生教育所面临的各种挑战,着重解决最基础的道德教育问题。

因此，无论是中小学教育还是大学教育，立德树人的第一步就是教育学生形成基本道德底线。类似《盲井》这样的电影启发我们，光有道德教育往往是不够的，因为在残酷的现实生活面前，有时候道德往往显得有些无力。这就意味着，立德树人的教育必须同法治教育结合起来。立德首先必须守法。可以说，法律是道德的最底线。如果能够在教育中加强和贯彻法治教育，使学生从小就能够懂得法治的基本概念和内涵，懂得法律的基本原理，那么就一定能够加强学生遵守法律的意识。同时，法治教育也并不仅仅是教育学生懂法和守法，同时也要教育学生在遭遇不法时，能够运用法律的手段来捍卫自己的权利，与各种各样的不法行为做斗争。如果学生在面对各种不法行为和不法现象时忍气吞声，委曲求全，迫于各种现实的压力而选择妥协，那么就容易形成谨小慎微的性格，也容易被各种不道德和不正义的现象所腐蚀，从而大大打击立德树人的成效。“法不应该向不法妥协。”在这方面，德国法学家耶林的著名演讲《为权利而斗争》为我们树立了一个光辉的榜样。①

当然，强调法治教育和道德底线的教育并不是说要放弃更高层次的道德理想的教育和追求。如果道德教育仅仅局限于最低层次的底线道德，那么道德教育就一定不会成功。中国古人也有“取法乎上，得乎其中”的说法。而美国法学家富勒也有“愿望的道德”和“义务的道德”的区分。② 这启发我们，尽管把所有的人都教育成为圣人是不可能的，但我们仍然要努力帮助学生培养伟大的理想、高尚的情操。我们尤其需要帮助学生们明白，不能因为自己很难做到或者很难实现这种境界就认为世界上不存在具有如此伟大境界和高尚情操的道德伟人。一定要帮助学生认识到，不但在成绩和专业领域人外有人，天外有天，在道德领域也同样是人外有人，天外有天。世间自有高人在。因此，要像孔子所讲的那样，对这些伟大的脱离低级趣味的人保持一种钦慕和追求的态度，见贤思齐，努力向他们学习，并以此来完善自己的人格，促进自己的道德进步。

六、立德树人是讲究方法和手段的

许多学校和老师都很重视立德树人工作，但往往效果并不显著。原因是什么呢？其中一个很重要的原因就是这些学校和老师虽然非常重视品德的培养，但并不注重教育的方法和手段，因此虽然下了很大的功夫去培养学生的品德，但效果却不理想。比如说，有些学校的老师在培养学生的品德时也像传统的专业课教学那样，通过填鸭式的教学方法，试图把道德思想和理念灌输给学生。最后学生虽然记住了大堆道德概念、道德术语、道德说辞，但却总是像小和尚念经，有口无心。所以，立德树人要入脑和入心，要最后真正转化成行动，就必须重视教育手段和方式的研究和探索。

---

① 【德】鲁道夫·冯·耶林：《为权利而斗争》，郑永流译，法律出版社 2007 年版，第 2 页。

② 【美】富勒：《法律的道德性》，郑戈译，商务印书馆 2005 年版，第 7－8 页。

首先，立德树人要注重言传身教。许多老师虽然口才很好，课堂教学的效果很好，但一旦课堂结束，在日常生活中自己的行为却往往又变成了另外一套。这种课堂教育与课外言行不一致、说一套做一套的情况，在许多学校里，在许多老师身上，并不罕见。这样的道德教育是最要命的。在这种情况下，立德树人的效果不但没有，甚至还会造成负面影响。所以立德树人要真正取得成效，教育者自身首先必须风清气正，必须是有道德、有理想、有情怀的，与人交往必须是真诚的，也必须是言而有信的。如果教育者自身充满了各种负能量，就很容易将这些负能量传递给学生，从而对学生的品德和心理健康产生不利影响。如果老师本身是阳光的，是积极向上的，他就能够用自己的阳光照亮学生的心灵，从而带动学生也阳光起来。教师的一言一行都在学生的注视之下。所以教师尤其要约束自己的行为，每日三省吾身，为学生品德的养成树立良好的榜样。

其次，立德树人要注重理论与实践的结合。一方面，教师在学生品德的培养中要注重培养学生的理性思考能力、判断力和分辨力，培养学生学习理论的习惯。教师要定期带领学生学习党的文件和最新理论，用理论武装学生的头脑，帮助学生成为头脑清醒、拥有“火眼金睛”的人，从而能够在各种复杂的情境中保持本色，不被各种利益和诱惑腐蚀。另一方面，教师也要注重案例教学和实践教学，并通过丰富生动的案例来帮助学生更好地理解各种深邃的道德真理。例如，教师在课堂教学之外，还要带领学生读书，深入到学生的日常生活之中，在具体的生活中帮助学生，教导学生。当前许多大学探索书院制改革，鼓励教师与学生同吃同住，言传身教，其实就是对这个理念的贯彻。同时，有条件的高校还应该在体制与机制方面作出改变，例如可以专门拨出一部分经费用来支持教师在课外带领学生到法院、工厂、农村中参加社会实践，参加劳动。有些学校也鼓励教师利用假期带领学生游学，到革命老区、革命遗址去参观学习，到祖国各地的大好河山、名胜古迹中游历，感受祖国壮美的山河，感受革命先烈的艰苦奋斗精神，形成爱国主义情怀。这些都是非常值得鼓励的探索。

最后，立德树人要注重运用多种方式和手段，注重艺术、科技等多种手段的结合与运用。理论是灰色的，但生命之树长青。立德树人也要通过各种丰富多彩的手段和方式，多角度、全方位地进行。例如，教师可以探索和尝试带领学生阅读小说、诗歌等文学作品，利用文学、艺术来感染学生，让学生在生动丰富的故事之中，在紧张刺激的情节中，更深刻地感受到道德的魅力。例如，《钢铁是怎样炼成的》《战争与和平》《浮士德》等经典名著，往往能够极大地陶冶学生的情操，提升学生的思想境界。2014年10月15日，习近平在参加文艺座谈会时，就谈到自己年轻时读了不少文学作品，而且从中悟出了不少生活真谛。2014年2月7日，习近平在索契接受俄罗斯媒体专访时说：“现在，我经常能做到的是读书，读书已成了我的一种生活方式。”接着，他一口气提到了11个俄罗斯作家的名字：克雷洛夫、普希金、果戈理、莱蒙托夫、屠格涅夫、陀思妥耶夫斯基、涅克拉索夫、车尔尼雪夫斯基、托尔斯泰、契诃夫、肖洛霍夫。2014年3月27日，习近平在巴黎出席中法建交50周年纪念大会时表示，“读法国近现代史特别是法国大革命史的书籍，让我丰富了对人类社会政治演进规律的思考。读孟德斯鸠、伏尔泰、卢梭、狄德罗、圣西门、傅立叶、萨特等人的著作，让我加深了对思想进步对人类社会进步作用的认识。读蒙田、拉封丹、莫里哀、司汤达、巴尔扎克、雨果、大仲马、乔治·桑、福楼拜、小仲马、莫泊桑、罗曼·罗兰等人的著作，让我增加了对人类生活中悲欢离合的感触。”可以说，阅读经典名著，对总书记的世界观、价值观的塑造，起到了很大的作用，最终使得总书记成为了一个坚定的共产主义者。

除了阅读经典文学名著外，优秀的戏剧、音乐等对于陶冶情操也非常有用，尤其是在青少年时代，学生可能更容易受电视剧、音乐剧、电影等的影响。比如，优秀的音乐剧《罗阳》对于培养北航学子空天报国的情怀就发挥了很大的作用，其意义不下于十门精心准备的思政课程。

第三章　立德树人与法学本科人才培养

初殿清[①]

一、本科生培养是落实立德树人理念的重要环节

（一）以德为本的“育人”：大学的根本使命

“育人”是大学的根本使命，好的教育应当从“人”的意义上加以理解。从以知识为中心的教育，到以能力为中心的教育，再到以人的发展为中心的教育，体现着大学教育在反思中探索前行的过程。习总书记强调：“人才培养一定是育人和育才相统一的过程，而育人是本。人无德不立，育人的根本在于立德。”[②]以人为本的教育理念体现在许多哲学家的经典论述中，康德强调“人是目的”；杜威认为“教育是生活的过程，而不是将来生活的预备”，“道德是教育的最高和最终的目的”；爱因斯坦认为“学校的目标始终应当是：青年人在离开学校时，是作为一个和谐的人，而不是作为一个专家”；马克思关于“人”的某些论述完全可以给予我们教育方面的启示，如其在《1844年经济学哲学手稿》中写道，“一个种的全部特性，种的类特性就在于生命活动的性质，而人的类特性恰恰就是自由自觉的活动”；[③]而中华教育传统的核心特点也正是如此。在“明体”与“达用”两者的关系上，中华教育传统中一直将权重更多地放置于前者，重其人胜于重其学。梁漱溟先生认为，从传统而言，中国人的教育与西方人的教育各有偏重，中国人的教育偏重于情志，西方人的教育偏着于知识。情志是生活之本身，而知识只是生活之工具，所以情志教育更为根本。所谓教育，不但在智慧的启牖和知识的创造授受，尤在调顺本能使生活本身得其恰好。[④]

人生观、世界观、价值观上的教育失陷是当今世界许多国家在社会经济发展大潮下面临的挑战，威廉·德雷谢维奇在《优秀的绵羊》一书中深刻分析了美国大学教育

---

① 北京航空航天大学法学院副教授，硕士生导师。

② 习近平：《在北京大学师生座谈会上的讲话》，载于《人民日报》2018年5月3日。

③ 李培根：《教育文化的深刻意义与建构》，载于《中国高等教育》2012年第12期，第4页。

④ 梁漱溟：《中西两方面教育所注重之不同》，载于姚中秋、闫恒选编：《现代中国通识教育经典文集》，浙江大学出版社2013年版，第164、165页。

失败和缺失的方面：高等教育并没有回答青年一代向成年过渡时其所面临的人生意义和使命等重大问题，学生对大局的认识过于薄弱，并且认为大学的教育既不能帮助他们靠近理想，也不能引导他们如何追求理想，感觉自己已经被抛弃了。① 哈佛大学前校长詹姆斯·B·柯南特认为，教育是当你忘记了所学的一切之后所存活下来的那一部分。② 这一通俗的定义使大学教育的基础功能在我们面前清晰呈现，亦与我们对“德”“才”两者间的关系——德才兼备、以德为先——的理解不谋而合。在最为根本的意义上，大学并非旨在培养知识的容器，而是致力于培养对人生意义和使命有着深刻理解与坚守的未来一代。

当人类来到以数字化、智能化为关键词的工业4.0时代时，大学的上述使命所面临的挑战尤为凸显。如今大家讨论较多的是学科交叉带来的知识迭代、创新机遇和人才培养能力挑战，不可否认，这是科技发展给包括法学教育在内的所有高等教育领域带来的最为显在的思考，也是相对光鲜明艳的方面，因为这意味着教育教学创新空间的拓展可能。然而，有光之处通常有影为伴，法学教育内容与科技发展之间的对话亦是光影并存：与科技发展带来法学教育内容创新机遇相并行的另一现实是，随着经济全球化、信息化和后工业社会的到来，人类面临的德性挑战、精神危机、意义危机日趋严峻，与此相关的一个重要问题是，法学教育是否关注科技发展带来的人自身发生的变化。对于社会发展给教育带来的增色与失色之间的张力关系，耶鲁大学法学院前院长克龙曼教授曾言，在我们的科技文明及其巨大的控制力的中心，是科学所创造的然而却无力填补的一个精神空洞，技术所助长的无知是人类对于自身意义的无知，而这实际上却是我们需要认识的最重要的东西。③ 面对科技发展带来的时代巨变，高等教育格外需要强调回到大学教育的使命本源，通过教育使学生深入思考人与人、人与社会、人与世界、人与科技的关系，进而对“人的意义”“人的条件”保持清醒。

(二)“以本为本”：高等教育体系的内在结构

2018年全国高等学校本科教育工作会议上，教育部长陈宝生强调了我国高等教育应当把握的两个基本点，即“坚持以本为本、推进四个回归”，进一步明确了本科人才培养在高等教育体系结构中的位置与重要性。该重要地位至少可以从两个角度加以理解：“向前看”和“向后看”。

“向前看”的角度上，本科教育——尤其大一阶段——与基础教育毗邻，是基础教育与高等教育对接过渡的领域，也是个体真正从家庭走向社会的第一步。学生告别固定教室、固定座位、同样课表、同样教材的高中学习生活，步入教室流动、座位流动、个性化课表、个性化阅读的大学学习生活；从主要根据家长、班主任以及其他高中教

---

① 【美】威廉·德雷谢维奇：《优秀的绵羊》，林杰译，九州出版社2016年版，第8、58、65页。

② 【美】威廉·德雷谢维奇：《优秀的绵羊》，林杰译，九州出版社2016年版，第80页。

③ 【美】安东尼·克龙曼：《教育的终结：大学何以放弃了对人生意义的追求》，诸惠芳译，北京大学出版社2013年版，第172、176页。

师的安排来学习,转向在大学教师的指导下进行独立思考与探索的学习方式。接受高等教育的学生不是知识的被动接受者,而是知识的建构者,其在获取知识的过程中通过不断反思、追问与探求,完成个体对自我认知结构的改造。从这一意义上,本科教育所肩负的是革新学习方法的重任,在此过程中,往往难免遭遇学生从高中教育到大学教育转型过程中的种种困惑与迷惘。

"向后看"的角度上,一方面,本科教育是研究生教育等更高层次人才培养环节的生源所在,只有优质的本科培养才能为后续深造提供"高质量的毛坯和种子"①,本科生培养质量直接影响我国高层次人才培养质量。另一方面,社会各行业接受过高等教育的工作人员中,本科生比研究生占更大比重。就培养规模而言,本科毕业生在高校毕业生中占比体量规模最大,全国1200多所高等院校中,本科生与研究生之比是8:1,毕业生中本科生占比87%。② 这意味着本科教育的育人质量对社会发展、民族复兴具有基础性和决定性意义。本科四年的教育经历是为了让学生能够作为一个社会中的人开启生活的旅程。

强调扣好人生的第一粒扣子,是我国立德树人教育理念的重要内容。2014年5月4日,习总书记在北京大学考察时指出,青年处在价值观形成和确立的时期,抓好这一时期的价值观养成十分重要,这就像穿衣服扣扣子一样,如果第一粒扣子扣错了,剩余的扣子都会扣错。③ 本科教育对人的发展的重要影响,决定了其在整个高等教育体系中的战略基础地位;而本科教育的这种战略基础地位,决定了立德树人——无论作为更为宏观层面的国家发展战略,还是相对微观的高校办学理念——其首要着力点必然是本科教育。这一定位已经在作为"以本为本"教育政策核心要求的"八个首先"中得到呈现,即,"发展战略和办学理念要首先在本科实践",以及"核心价值体系要首先在本科确立,以社会主义核心价值观为主体的核心价值体系,首先要在本科确立"④。

二、立德树人理念对法学本科生培养的基本要求

习总书记在2018年全国教育大会上对新时代立德树人工程提出了需要"下功夫"的基本方面,包括坚定理想信念、厚植爱国主义情怀、加强品德修养、增长知识见

---

① 陈宝生:《在新时代全国高等学校本科教育工作会上的讲话》,载于《中国高等教育》2018年第15期,第5页。

② 唐景莉:《坚持"以本为本",推进"四个回归"——新时代全国高等学校本科教育工作会议述评》,载于《中国高等教育》2018年第13期,第11页。

③ 习近平:《青年要自觉践行社会主义核心价值观——在北京大学师生座谈会上的讲话》,载于《人民日报》2014年5月5日。

④ 陈宝生:《在新时代全国高等学校本科教育工作会上的讲话》,载于《中国高等教育》2018年第15期,第10页。

识、培养奋斗精神、增强综合素质等；除此之外，其在体育、美育、劳育问题上的主要观点也体现出立德树人导向，比如“健全人格、锤炼意志”，“提高学生审美和人文素养”，“崇尚劳动、尊重劳动”等。[①] 我们认为，在法学本科生培养阶段，立德树人理念的基本要求至少体现在三个方面：

(一) 有立场的德：中国特色社会主义思想与社会主义核心价值观

“立德树人”所立之“德”，首先体现为人生立场、人生信念，亦即“有立场的德”。蔡元培先生曾言，我们中国自古以来就以宣扬和实践“朴素的生活，高尚的思想”而著称，因此，大学负有培育及维护一种高标准的个人品德的责任，而这种品德对于做一个好学生以及今后做一个好国民来说，是不可缺少的。[②] 本科教育是青年学生成长成才的关键阶段，这一阶段，是学生思想观念、价值取向、精神风貌的成型期，要教育引导他们形成正确的人生观、世界观、价值观，铸就理想信念、锤炼高尚品格，扣好人生的第一粒扣子，打牢成长发展的基础。[③]

国家软实力的核心就是一国以意识形态和价值观念为主导的文化整体，它体现的是一个国家文化的凝聚力和感召力。葛兰西曾系统论述了“文化领导权理论”，文化领导权主要就是意识形态的领导权或曰话语权。[④] 习近平同志在 2014 年《在十八届中央政治局第十三次集体学习时的讲话》中谈道：“这些年来，我们反复强调加强国家文化软实力建设的重要性，文化软实力的灵魂是什么？文化软实力建设的重点是什么？就是核心价值观，这是决定文化性质和方向的最深层次要素。一个国家的文化软实力，从根本上说，取决于其核心价值观的生命力、凝聚力、感召力。”[⑤]教育部、中央政法委《关于坚持德法兼修实施卓越法治人才教育培养计划 2.0 的意见》中明确了“中国特色社会主义法治理论”和“社会主义核心价值观”是卓越法治人才培养德育环节的核心内容，具体举措上包括开展理想信念教育、社会公益教育、中华优秀传统法律文化教育，加大学生法律职业伦理培养力度等；还特别指出教师应当注重价值引

---

① 陈宝生：《认真学习贯彻全国教育大会精神，开启加快教育现代化、建设教育强国新征程》，载于《光明日报》2018 年 9 月 25 日第 2 版；吴晶、胡浩：《习近平在全国教育大会上强调坚持中国特色社会主义教育发展道路，培养德智体美劳全面发展的社会主义建设者和接班人》，载于新华网：http://www.moe.gov.cn/jyb_xwfb/s6052/moe_838/201809/t20180910_348145.html，最后访问时间：2019 年 12 月 3 日。蔡元培：《中国现代大学观念及教育趋向》，载于姚中秋、闫恒选编：《现代中国通识教育经典文集》，浙江大学出版社 2013 年版，第 37 页。

② 蔡元培：《中国现代大学观念及教育趋向》，载于姚中秋、闫恒选编：《现代中国通识教育经典文集》，浙江大学出版社 2013 年版，第 36 页。

③ 陈宝生：《在新时代全国高等学校本科教育工作会上的讲话》，载于《中国高等教育》2018 年第 15 期，第 5 页。

④ 杨寄荣：《时代语境下大学生信仰教育的探索研究》，载于吴德勤、刘友古等：《通识教育背景下高校德育创新——理论与实践》，上海大学出版社 2013 年版，第 233 页。

⑤ 《提高国家文化软实力，讲好中国故事》，载于中国共产党新闻网：http://theory.people.com.cn/n1/2019/0107/c40531-30507321.html，最后访问时间：2019 年 12 月 10 日。

领,传递向上向善的正能量,强调了师德在人才培养中的关键作用,这一点与我国传统教育理念一脉相承,"西方人重其师所授之学,而其师则为一分门知识之专家;中国则重其师所传之道,而其师则应为一具有德性之通才","教育乃见师之为人之全,而著作则仅见师之为学之偏","中国之教育,非人生中一事一业,乃教者学者在其全人生中交融为一之一种生命表现,始得谓之是教育"。[①]

北航法学本科阶段在培养"有立场的德"方面主要进行了以下探索:一是理论教学方面,开设了法律职业伦理、中国法律史等课程,作为学生毕业准出的必修课,并且开设了中国传统法律文化等选修课程,增进学生对中华优秀传统法律文化的了解;二是将实践教学作为学生体验与实践社会主义核心价值观的重要抓手,北航法学院在该领域进行了较多探索,已经形成"五位一体"全链条实践教学体系,相关内容将在本部分第(三)点中进一步展开;三是注重协同育人,与北京市丰台区人民法院等实务部门形成较为稳定的德育合作框架,法官们组成课程团队结合实务案例为学生讲解社会主义核心价值观在司法办案中如何体现;四是强调课程思政,要求教师在课堂授课中注重价值引领和正能量传递。

(二)有史见的德:了解人类文明文化的历史,更好地认识世界

如果大学各科只开设与其他学科完全分开的、只有本科专业的课程,对学生的教育将是不利的,其教育将受到机械论的支配,终将导致自私自利的社会或机械社会的发展。[②] 教育部部长陈宝生在谈及"四个回归"中的回归常识时指出,高校要引导学生读优秀传统文化经典、马列经典、中外传世经典和专业经典,要通过读书学习,让学生更好地认识世界、了解国情民情,掌握事物发展规律,通晓天下道理,学会理性思考。[③]

我们认为,德育离不开对人类文明文化史的了解与研习,以及对经典文献的阅读与思考,从而让学生明白其自身是某种价值传统的产物,并将参与到该传统之中,进而能够应对现代复杂社会带来的超学科挑战。这种培养往往难以在专业教育中得到体现,而是需要通过通识教育来完成。现代通识教育的兴起与日益精细的学科专业分工息息相关,通识教育首先要拯救专业分工带来的知识碎片化问题,从而保证学生在将来成为各种专家的同时,仍不失健全的人格和自由的品性,并且有能力应对复杂社会在专业领域之外提出的挑战。与此同时,在日益多元复杂和全球化的时代,通识教育承担着凝聚社会共识、培养合格公民的时代使命,不仅仅是人才培养问题,也是

---

① 钱穆:《略论中国教育学》,载于姚中秋、闫恒选编:《现代中国通识教育经典文集》,浙江大学出版社 2013 年版,第 170、171、175 页。

② 蔡元培:《中国现代大学观念及教育趋向》,载于姚中秋、闫恒选编:《现代中国通识教育经典文集》,浙江大学出版社 2013 年版,第 35 页。

③ 陈宝生:《在新时代全国高等学校本科教育工作会上的讲话》,载于《中国高等教育》2018 年第 15 期,第 6 - 7 页。

国家战略问题。在现代民主社会，通识教育不但要塑造个体人格，还要为社会提供基本的价值共识，以免在多元分化的社会中，个体的自由抉择瓦解了基本的社会价值，进而动摇人类文明的基石。[①]

北航从2010年起由人文与社会科学高等研究院在知行文科试验班开展通识教育，并随着文科大类招生逐步扩展到全部文科学生，自2017年起进一步扩及全校所有学生，建成北航学院，以书院制为依托，负责全校大一学生的通识教育培养，逐渐形成了通识教育的北航模式。在这一改革大背景下，北航的法学本科人才培养采用的是"通识＋专业"模式，进行了卓越法治人才德育的相关探索与实践(详见本文第三部分第"(一)"点)。

(三) 有实践的德：了解国情民情，知行合一

除了阅读经典以外，陈宝生同志在谈及"四个回归"中的回归常识时还指出，高校要引导学生读"国情"书、"基层"书、"群众"书，面向实际、深入实践，以知促行、以行求知。[②] 关于在法学教育领域实现德育的具体途径，国内外大多数法学教育研究者对通过实践教学开展德育具有较高的认可度，尤其是专业实习、会见当事人、法律咨询、代理案件等学生能够身临其境、真实感受的实践学习环境。上述环境被认为有助于增强学生对所学专业知识应服务于何处的目标感，思考如何在法律道德的实践语境下落实各种道德原则，而学生们从当事人的经历中看到法律及司法制度的作用或不足也成为其论文选题的灵感来源。但也有少数观点认为实务与实践并非开展德育的良好环境，认为学生与法治的实践以及实务者应当保持适当距离，这样才能保障学生有对相关问题进行独立思考的空间。

我们认为，高校法学教育中"立德树人"的指导理念可以通过培养方案改革、课程体系设置、教学方案设计、教学方法革新、师德建设、学风建设等诸多环节得到具体体现与落实。理论教学与实践教学都是法学教育中进行德育的可行途径，但两者开展德育的具体方式及侧重点不同，需要关注的方面亦有所差别。理论教学侧重道德认知能力培养，实践教学侧重道德实践能力培养。"实践育人"是实现"立德树人"导向的主要途径，应当探索有效建设的方法。例如卓越法治人才培养教育的校外合作实务单位中应当包含相当比例的基层单位、公益单位，又如培养卓越法治人才的教师队伍亦须具有强烈的社会责任意识和公益意识，深度参与公益事业、实习带队、实务挂职等。

---

① 北航高研院通识教育研究课题组：《转型中的大学通识教育——比较、评估与展望》，浙江大学出版社2013年版，第3-4页。

② 陈宝生：《在新时代全国高等学校本科教育工作会上的讲话》，载于《中国高等教育》2018年第15期，第6-7页。

三、北航法学本科教育实践探索之一：通识教育与专业教育相融合

(一) 北航"长城行动计划"

通识教育与专业教育相融合的人才培养模式是北航"长城行动计划"的重要组成部分。2012年北航正式发布《北京航空航天大学人才白皮书》,并启动实施了长城行动计划,其指导思想是,以人才培养质量提升为核心、以培养拔尖创新人才为目标。该指导思想体现了北航教育教学改革中的点面结合,突出了以局部突破促进整体发展、以整体发展推动局部突破的辩证改革思路。

"长城行动计划"以"传承、开放、超越"为宗旨,进一步推进教育教学改革,围绕"培养什么样的人、怎样培养人"进行深入思考,致力于构建通识与专业的培养模式,形成自然科学、社会科学和人文素养三位一体、有机融合的培养体系。① 与此同时,作为体系保障配套制度,"长城行动计划"全面推行本科导师制和书院制,各类教师担任本科生导师,每名导师负责指导几名学生,导师根据学生的个性和个体成长需求,对学生进行思想指导、学业辅导、心理疏导和生活指导,促进学生全面健康发展;同时,探索以书院为载体的教育工作模式改革,着力提升学生的人文素养和道德人格,培养学生的自我管理能力、独立思辨精神和创新思维能力。②

北航法学院是较早进入北航教学改革探索区域的专业学院,是"长城行动计划"尚未提出之前的早期探路者之一。2012年"长城行动计划"的"通识＋专业"培养模式是在文科试验实践的基础上确立起来的。从2010年起,北航法学院、人文学院等文科学院在学校的组织领导下调派师资建立的人文与社会科学高等研究院在知行文科试验班开展通识教育探索,并成立"通识教育研究课题组"和"通识教育课程建设委员会",对该教育模式的基本理念、基础原理和课程建设等问题深入思考,为"长城行动计划"的正式提出以及"通识＋专业"培养模式向全校的推广初步奠定了理论与实践基础。

(二) 北航法学本科"通识＋专业"培养的基本理念

通识教育所面对和探讨的是人类历史中那些永恒不变的生存困境和伦理道德,在内容设计上,人类文明的历史以及在此历史长河中形成的各类人文经典,特别是古典时期的各类经典著作,必然是通识教育的重点。正是在不断的历史回溯和经典阅

---

① 北京航空航天大学通识教育课程建设委员会:《北京航空航天大学通识教育白皮书》,北京大学出版社2015年版,第5页。

② 张克:《北航发布人才行动计划"白皮书"》,载于中国网:http://finance.china.com.cn/roll/20120912/1013216.shtml。

读中，通识教育传承人类文明，并在此基础上培养学生健全完整的人格，以从容应对当下的种种困境，特别是让学生理解中国文明，具有传承中国文明的意识，做一个有尊严而得体的中国人，进而才有承担世界历史责任的能力与可能。通识教育鼓励一种超越具体学科的整体的知识观，内容上不只是人文教育，而是扩及至社会科学和自然科学领域，但与自然科学、社会科学下具体学科的专业教育不同，通识教育中的社会科学和自然科学部分，通常只涉及基本的历史和蕴涵，以及与人类生存困境和伦理困境息息相关的领域。①

在通识教育与专业教育的关系上，两者并非对立和相互冲突，而本应是相互补充、相互促进的。社会的专门化带来了知识的专业化，从而产生了知识的分裂、隔阂与壁垒。不同专业间彼此疏离、无法对话，已经成为了普遍的现象。无论是人文社会科学还是自然科学，其根本目的都在于理解我们自己以及生活于其中的社会和世界。但过于专业化的知识其实已经丧失了这样的能力，它只能产生过于狭隘的视野，令人看不到自己也看不到与周围的联系。这样的知识也最容易教条化，它忽视自身赖以存在的基础，斩断与源头的联系，只需要记住一堆公式、定理、原则。至于对为什么如此，以及它们所关涉的根本问题，它就陷入了彻底的迷茫。这样的知识就像无源之水、无本之木，除了僵化和衰败，别无其他归宿。因此，专业知识和专业教育不应该自我束缚、限制，而应该尽可能打开自己的视界；相应地，通识教育应该成为专业教育的基础，或者说是更为高级的专业教育。所谓众流归一，受教育的程度越高，所关心的问题反而更具有普遍性，更为根本。只有在这些根本问题上获得突破才能有所进益，否则就要遇到瓶颈。比如对政治学、经济学、法学而言，最为根本的问题皆为“正义”。没有它，秩序将不复存在，交易将无法进行，法律也将成为一纸空文。只有回归最原初的问题，以“人”为核心来理解，专业知识才不仅仅是工具，才是真正内在于生命之中的活的学问。②

(三) 北航法学本科“通识＋专业”培养的具体实践

北航法学本科“通识＋专业”培养的基本制度框架是大一阶段以知行书院为平台进行文科大类培养，并不区分具体专业，所有文科生都需要研修知行书院确定的核心通识课程；大一结束后，学生选择具体专业，如果选择法学专业，就从大二开始按照法学院培养方案的课程体系及毕业准出要求完成学业。

下表是法学专业年级指导性最低学分框架表。

---

① 北京航空航天大学通识教育课程建设委员会：《北京航空航天大学通识教育白皮书》，北京大学出版社2015年版，第10－11页。

② 北京航空航天大学通识教育课程建设委员会：《北京航空航天大学通识教育白皮书》，北京大学出版社2015年版，第14－16页。

法学专业年级指导性最低学分框架表

课程模块	序　列	课程类别	最低学分要求	
			1年级	2～4年级
Ⅰ 基础课程 (13学分)	A	数学与自然科学类	3	0
	B	工程基础类	2	0
	C	外语类	8	0
Ⅱ 通识课程 (54学分)	D	思政类	4	6
		军理类	2	0
	E	体育类	1	3
	F	核心通识类	28.5	3
	G	一般通识类	0	4
	H	博雅类	1	3
Ⅲ 专业课程 (81学分)	I	核心专业类	0	55
	J	一般专业类	0	26
小　计			49.5	100
总学分			149.5	

法学专业实施完全学分制培养，基本学制4年，最长不超过6年，学生至少须获得149.5学分，该毕业准出最低学分在性质上是结构性学分，存在着指导性最低学分框架，其中包括基础课程13学分、通识课程54学分、专业课程81学分。核心通识课程共28.5学分，具体课程包括两大类，一类是文明文化与经典研读，例如中国文明文化史、中国经典研读、西方文明文化史、西方经典研读、艺术史和现代艺术、航空航天概论等；另一类是与专业接壤的原理类课程，例如经济学原理、政治经济学、管理学原理、行政管理学、宪法原理、刑法原理等。

课程目标上，北航的通识教育课程旨在实现：第一，使学生对人类文明，尤其是中国文明有深刻理解，意识到自己是文明传统的产物并且生活在文明传统之中；第二，使学生具备现代公民意识和素养，能够建设性地参与公民社会；第三，使学生具备卓越的文本阅读能力、书面写作能力、口头表述能力以及批判性的多维思考能力；第四，使学生具备多学科视角和思维；第五，使学生具备国际化的视野。①

课程建设要求上，北航在通识教育课程的以下方面达成了基本共识：一是确立通识课程是本科教育的核心基础必修课程的观念。在当下过度分化的现代社会，大学

① 北京航空航天大学通识教育课程建设委员会：《北京航空航天大学通识教育白皮书》，北京大学出版社2015年版，第27页。

被流行意见所占领，甚至成为流行意见的贩卖场，而不是像人们所期望的那样，是这个社会坚守人类永恒真理与价值的中流砥柱。我们需要反思的是，人和人之间是否还需要一些共同的东西，学校还“能否”或“应当”传达一些最基本的、最共同的精神理念？这种共同精神理念的传达是否应该面向全体学生？是否要有制度上的保障？通识教育要培养的健全人格是一种理性能力成熟后负责的选择自由，而不是在缺乏理性选择能力之前的随意自由。因此，为了能实现通识课程对学生的真正教育，完成对目前专业教育的提升，通识课程就必须进入到每一个学生的培养计划中，成为必修课、基础课。二是人文类“通识课程”应以“阅读经典”为核心内容。当社会的专业化分工越来越琐碎，当人与人之间的沟通越来越困难的时候，大学教育有必要为受教育者提供，并进而为整个社会奠定一些基本可循的共同价值与理念。而能够超越现代社会的多元性甚至是离心性的力量，必将是来自于超越某个具体时代的，构筑了历史文明共同体的那些思考，而这些思考大多集中于中西经典读物当中。三是通识课程要注重启发式教学和过程性考核，并且对教学方式、考核方式应当有所要求和规定。在具体模式上，可以采用小班化教学，也可以在大课之外将学生分为几组，由助教带领参与单独的讨论课。四是通识课程建设不能片面地追求学科齐全，无所不包，而缺乏实质统一的教学目的。①

北航的通识教育是通识课程、书院制、本科导师制三位一体的人才培养综合体系。目前，北航已在大一设立北航学院，所有入学北航的本科生在大一阶段分别划入北航学院下辖的六大书院：士谔书院、冯如书院、士嘉书院、守锷书院、致真书院、知行书院。书院的核心功能涵盖通识教育、导师制以及社区育人，打造针对课内学习的课外专业化指导支持体系，围绕新生学习、生活、发展等方面搭建适应性辅导体系。在导师制方面，建设学业导师、思政导师、社会导师、朋辈导师相结合的导师体系，打造专兼结合的辅导员队伍，充分感知学生的状态和个性，发现问题和需求，加强陪伴引导，开展课程体验、能力测试、个体诊断等学习认知以及心理健康教育、个性发展辅导。在社区育人方面，强化学生自我管理委员会和学生社团组织，创新以学生社区为主的党团组织模式，建立学业与发展支持中心，帮助学生更好地适应大学生活。学院实施导师、辅导员驻楼，建设阅读区、自由讨论区、团队活动室、创意活动室、师生交流室等活动空间，形成课内课外、校内校外的育人“大社区”。

---

① 北京航空航天大学通识教育课程建设委员会：《北京航空航天大学通识教育白皮书》，北京大学出版社2015年版，第18-21页。

四、北航法学本科教育实践探索之二：法学理论与实践伦理相融合

(一) 北航"五位一体"全链条实践教学体系

为了探索如何将立德树人与卓越法律人才培养目标有机融合，北航法学院以本科生实践教学体系为切入点，考察"实践育人"实现"立德树人"导向的途径与效果。

实践教育的目标定位并非仅仅是专业实务技能培养，在一定意义上，由于大学四年时间有限且各类课程繁多，在此期间进行深入全面的专业实务技能培养是不太现实的。探究大学教育的本质，结合实践教育的特点，我们认为，法学实践教育的目标至少包括如下方面：其一，理解把自我与他人、先人联系起来的价值观；其二，初步对自己的人生定位、发展定位形成认知；其三，公民素质培养、职业道德培养、责任感培养、公益心培养；其四，知行合一，通过实践体验有效回归理论学习方法思考与知识内容深化；其五，思辨、表达与交流能力，团队合作能力培养；其六，敏锐发现问题、独立分析思考问题、提出符合实际的可行解决方案的能力培养；其七，一定程度的专业基本实务技能培养。

通过近年来的不断探索，法学院本科实践教学各课程环节逐渐形成了以"二年级暑期集中见习（专业见习课程）—三年级应用能力实训（模拟法庭、案例研习等课程）—三年级公益性法律服务实践（公益实践、学生权益与实务、法律诊所等课程）—四年级个性化实习（专业实习课程）—四年级保研生实务能力拓展培养（专业实习课程）"为主线的"五位一体"全链条实践能力培养体系。作为该基本框架的支撑与保障，北航法学院在实践教学制度建设、校外实践基地建设与拓展、校内实践师资培育与动员、校内实践基地及实验室建设、教改研究等方面协同资源，全力推进。

北航法学院将多数高校法学院系置于大三暑假的实习，改造为大二暑期见习和大四择业实习两个阶段，在实践教学体系中，分别作为独立课程设置，课程名称为"专业见习"和"专业实习"。该一分为二的改革尝试，是以对实习类实训课程的培养目的进行解构为基础而展开的。鉴于实习是学生从校园到社会首次较为深入的体验，就培养目的而言，传统教育认知上的"了解与运用实务技能"只是其组成部分之一，而且鉴于时间和身份的局限，往往无法替代就业入职之后的系统培训与实战操练，实习课程培养在相当程度上旨在让学生了解所处社会以及体验所学专业在实际中的样貌，从而理解把自我与他人、先人联系起来的价值观，初步对自己的人生定位、发展定位形成认知，进行职业道德、责任感、团队合作意识培养，锻炼其发现问题的洞察力、分析和解决问题的能力，使其回归理论知识并反思在校学习方法。而这些培养目的往往需要结合学生在不同发展阶段的特点与需求，在不同教育阶段逐步推进，因此北航法学院将传统的实习课程分在两个阶段开展，并对教学定位、课程内容、组织形式等

有不同要求。

为了保障实习课程的“两步走”改革顺利推进，近年来，北航法学院已与京内外20余所实务部门建立共建法学实践基地的合作关系，覆盖领域丰富多元，大体分为三类：一是以法律工作为核心领域的单位，包括京内外各级法院、检察院、公安局、司法局、仲裁委、公证处、律师事务所等；二是公益单位，包括团中央志愿者工作部、中国残联维权部、致诚律师事务所、中国纺织工业联合会社会责任建设推广委员会等；三是行业领域特色单位，包括中航工业集团总公司法务部、中航勘察设计研究院有限公司法务部、北京知识产权法院等。自2012年以来，每年暑期向京外、京郊合作单位派出大二专业见习学生，秋季向京内合作单位派出大四专业实习学生，并以基地建设及实践教学为主题，组织各类研讨会、交流座谈或讲座，发挥优势合力，实现资源共享，初步形成了全方位、多渠道的实践教育体系，为实践教学提供了一个“重基层、重公益、重特色”的多元立体平台依托。全力打造“高校资源社会化、司法资源教育化”的良性有序互动培养环境。

“五位一体”全链条实践教学体系中，位于首要环节的大二专业见习课程较为集中地体现出了立德树人理念在法学实践教学中的落实途径，所以下文以该课程为例分析实践育人方式方法与培养效果。

(二) 专业见习课程定位与主要特点

1. 专业见习课程定位

专业见习课程制度是北航法学院结合立德树人理念导向与法学教育专业特点所探索的制度创新。此项改革将多数高校法学院系置于大三暑假的实习改造为大二暑期见习和大四择业实习两个阶段，在实践教学体系中，分别作为独立课程。专业见习处于“五位一体”课程体系第一环节，设置于大二暑期，这一设计着眼于使之承担三项重要功能。

一是通过理念教育加以正面引导。大二向大三过渡的这个阶段是社会主义法治理念教育产生显著效果的关键阶段。媒体、网络上的部分信息使学生对我国的法治现状和法律职业产生了某些片面认识，迫切需要通过理念教育加以正面引导，这个阶段也是理念教育易于产生显著效果的阶段。通过回访，我们发现，许多学生表示大二暑期的专业见习改变了自己以往对法律职业的一些理解和看法，使自己能够以更为理性的态度全面分析和思考法学问题和社会问题。这种理念教育的渗透方式比课堂讲授来得更为真实和令人印象深刻。

二是学习方法反思与方向引导。由于安排在大二暑假，亦即整个本科学习的中点之上，专业见习对余下两年的理论课程学习也产生了重要辐射，成为学生们学习方法和学习方向的一个重要反思点。入学之初，会有各种导论性课程告诉学生大学的学习方法与高中的学习方法有什么不同，然而大学不同专业的学习方法又各有千秋。法学理论研究需要能够回应实践，大二暑期见习肩负起了让学生体会法学研究的视角、方法及重点的重要作用，令学生能够在暑假返校后，及时有效地对剩下两年的学习方法进行调整。

三是基础实践能力培养。作为北航法学院“五位一体”全链条实践教学体系的第一站，学生在专业见习中学习到的基本实务技能和分析处理问题的能力，令其能够顺利地在三年级的法律援助等实践中独立办理案件，并使得模拟法庭、案例研习等三年级课堂实训开展得更加顺畅，师生互动更加深入。此外，专业见习中对实务业务流程及要领的切身体验，也使得大四时再次前往实务部门实习的学生们能够快速进入工作角色。

2. 专业见习课程的主要特点

(1) 带队教师功能再定位

在专业见习课程制度中，带队教师承担着重要功能。传统的集中实习模式之下，相关主体之间的结构关系是平面的。尽管学院也会派出教师带队，但教师主要是代表学院对实习过程进行监督管理并与实习单位接洽沟通，而并不在实习中开展研究型教学，体现出较多的行政色彩。所以，一方面，不是必须由专业教师带队（辅导员等行政管理教师也可以）；另一方面，一名带队教师可以带领人数较多的实习队伍（30～40 人亦可）。因为带队教师在角色上主要是学院的行政管理代表，所以两者在功能上实际是一样的。

法学院所探索的见习主体关系是一个立体锥形结构，与传统结构相比更加有序和稳定（见下图）。它将带队教师的功能独立出来，一方面要代行学院监管职能并与实习单位接洽沟通，另一方面要结合实务环境和真实案件，开展研究型实践教学。具体体现为，实习单位将带队教师安排在业务处室，与办案人员一起工作。实务人员与带队教师在工作过程中的观点切磋，使实习学生直接获益；而当学生在工作中遇到疑难问题时，也能够当即同时获得理论和实务的指导。因此，锥体结构之下，带队教师的选任体现出如下特点：带队教师需要具有研究型教学理念和良好的沟通互动能力，以及为实习单位的专业疑难问题提供法律意见的能力，如此才能生成有效的三边互动。

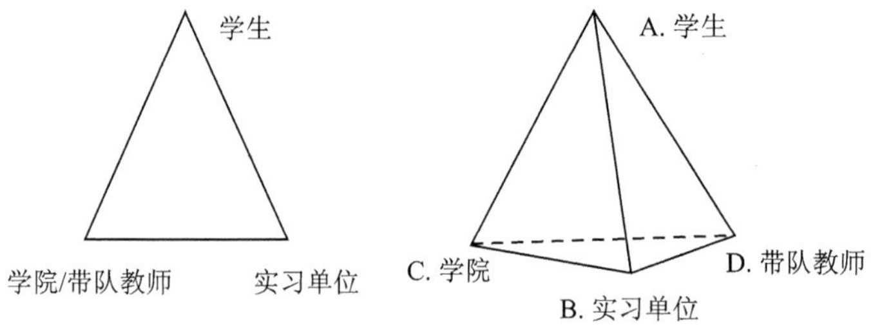

传统实习模式　　VS.　　锥形实习模式

在具体运行时，法学院的专业见习不是一个单一的锥体，而是体现为以学院为连接点的多个锥形的联合体。在该联合体中，学院的作用主要体现为：一方面，对带队教师的工作进行管理和评价，每期见习结束后，为带队教师们提供经验分享平台；另一方面，也为各实习单位之间的人才培养经验交流提供平台。

(2)"注重基层、多点分布、领域多元"的专业见习平台

经过多年建设，北航法学院的暑期见习校外基地在横向建设上已形成"注重基层、多点分布、领域多元"的特点。

第一，注重基层。基层单位是社会主义法治理念教育的较好场域，基层见习有利于帮助学生在实践中了解国情与法治脉搏。专业见习所选择的合作单位均为基层或中级法院、检察院、公安局等"接地气"单位，处于司法和执法工作一线，业务量大，贴近民众生活。一方面，有助于学生了解我国法治社会中的基本问题，直面纷繁复杂的各种社会矛盾和人间百态，考验和锻炼其思考与处理各种具体事务的能力；另一方面，基层单位的案件难度相对较小，开放性相对较大，学生能够切实参与到办案工作之中，在具体个案的实际操作中体会法治之德。

第二，多点分布。专业见习单位的地理位置自北向南涵括内蒙古、北京、河北、河南、山东、江苏、福建等地，近年来的实习单位基本保障在每年六处左右的水平。之所以将实习地多点分布，是基于三方面的考虑：其一，有助于学生了解不同地域的人文环境与发展特点，提升人文道德素养。基层单位实习活动的有效开展，需以了解当地人文与经济状况为起点，进而了解法律适用的具体环境。为了丰富学生的文化实践活动，各实习单位都尽可能多地为实习生提供了解当地文化特点的机会，开展的相关活动大体包括两类：一类是人物精神学习，旨在加强大学生思想道德建设，另一类是风土人情考察，旨在帮助学生了解当地的经济社会发展状况以及民间文化特点。其二，为了有效实现前述研究型实践教学的目的，必须使实习团队人数保持在较小规模（类似课堂教学的小班化），这样才可能在实习指导中达到较高师生比。多点分布成为这一教学效果的必要保障。其三，专业实习地点都选定在北京之外和北京郊区，并且通常根据学生籍贯将之分派到非家乡地区。这有助于在培养学生司法实践能力的同时，锻炼学生互帮互助的团队意识，增强学生的环境适应能力和综合素质。多点分布的实习地域使得家乡回避较易实现。

第三，领域多元。每期暑期见习课程都联合法院、检察院、公安局等多个领域的实务单位共同开展，学生分别前往不同领域的法律实务单位进行学习。这有助于拓宽学生视野，使学生可以在返校后的交流与专业学习中，对多个领域职业道德的考察内容加以比较。此外，领域多元特点的另一附带效果是学生可以在实习平台的可选菜单上自主选择自己希望见习的领域，从而尽可能地保障学生见习的积极性与自主性。

(3) 实务专家、高校教师共同研讨培养方案

北航法学院的专业见习课程制度注重针对见习效果的回访、交流与总结，此间获得的反馈信息对未来深化专业实习课程建设和实践教学改革具有重要研究意义。以基地平台为依托，专业见习培养方案的制定体现了实务专家与高校教师的集体努力。一方面，在派出每期见习学生前，法学院会就培养方案的内容更新问题与共建单位进行交流，使实务视角能够在培养方案中得到更好的体现，使学生更能够在有限的见习时间中准确把握要领，有效提高综合素质、实务本领和就业能力。另一方面，北航法学院定期就培养方案相关问题召开研讨座谈会，邀请各单位的实务专家参加，为多边交流提供平台。例如“法学院校与司法机关合作机制研讨会”，来自多所实务部门和高校的专家学者参加了该会议；又如“法学实践基地建设暨专业实习培养方案研讨会”，京内外十余所共建单位的实务代表参加了本次会议，取得了丰硕的研讨成果，产生了较好的社会影响，法学院联合实习单位开展实习培养方案细化工作，按照法院、检察院、公安局三大类，分类制定培养方案。

（三）专业见习课程实践的德育效果

1. 专业见习课程的具体实践

近年来，北航法学院每年暑期都会向六所左右的京外、京郊实践基地派出见习学生，接收学生的实务共建单位包括福建省福鼎市人民法院、山东省高密市公安局、河南省开封市人民检察院、河南省开封市龙亭区人民检察院、河北省保定市中级人民法院、江苏省淮安市清江浦区人民法院、北京市密云区法院、北京市平谷区人民检察院等。为了保障见习效果，北航法学院与共建单位始终坚持每个单位最多十余名见习学生的人员额度，并且为每个实习单位都指派一名法学专业教师作为带队教师随队前往。指导方法上，保持“一对一”指导（以部门分配为基础，各部门为每名学生安排一位业务骨干担任岗位导师，对见习学生进行一对一指导）和双师双导（理论教学与实践教学有机结合，专业教师与岗位导师分别从理论和实践角度联合互动指导）的指导模式。2014—2019年的情况统计如下表所列：

2014—2019年暑期实习情况一览表

年　份	实习单位	学生人数
2014	福建省福鼎市人民法院	12
	河南省开封市人民检察院	13
	河南省开封市龙亭区人民检察院	4
	山东省高密市公安局	12
	河北省保定市中级人民法院	10
	北京市密云区人民法院	11
	北京市平谷区人民检察院	12

续表

年　份	实习单位	学生人数
2015	福建省福鼎市人民法院	12
	山东省高密市公安局	12
	江苏省淮安市清河区人民法院	9
	北京市密云区人民法院	11
	北京市平谷区人民检察院	12
2016	福建省福鼎市人民法院	11
	河南省开封市人民检察院	9
	河南省开封市龙亭区人民检察院	4
	山东省高密市公安局	12
	江苏省淮安市清河区人民法院	9
	北京市密云区人民法院	11
	北京市平谷区人民检察院	12
2017	福建省福鼎市人民法院	12
	山东省高密市公安局	13
	江苏省淮安市清河区人民法院	11
	河南省开封市人民检察院	6
	北京市密云区人民法院	6
	北京市平谷区人民检察院	8
2018	福建省福鼎市人民法院	12
	山东省高密市公安局	12
	江苏省淮安市清河区人民法院	9
	河南省开封市人民检察院	11
	北京市密云区人民法院	14
	北京市平谷区人民检察院	16
2019	福建省福鼎市人民法院	13
	山东省高密市公安局	14
	江苏省淮安市清河区人民法院	9
	河南省开封市人民检察院	14
	北京市密云区人民法院	6
	北京市平谷区人民检察院	14

见习的具体岗位均为各单位核心业务岗位，包括民事审判庭、家事审判庭、刑事审判庭、立案庭、派出法庭、反贪污贿赂部门、反渎职侵权部门、公诉部门、大案要案中心、侦查监督部门、民事行政监督部门、刑警大队、经济犯罪侦查大队、治安管理大队、法制案审大队等，有助于学生在一个月的有限时间内高效地了解、把握司法机关的主要业务，学习核心实务技能。以上述实习岗位为依托，学生的见习内容涉及旁听审委会讨论，旁听庭审、执行判决、出庭公诉、讯问、接访、阅卷、制作文书、会见当事人、调查取证、现场勘验、秘密侦查、搜查、拘传、行政拘留、没收赃物、处理意外事件或紧急突发事件等诸多实务领域。

带队教师定期组织学生讨论，由于白天见习，小组讨论通常在晚间和周末进行，各地团队组织集中讨论频率为每周 2～3 次。小组会议的具体内容除专业指导外，还包括帮助学生消除在见习期间遇到的有关理论与实务之间存在差别、职业道德等方面的心理困惑。此外，部分实习单位还根据带队教师的专业特点，将其安排在相关处室与办案人员一起工作，岗位导师与带队教师在工作过程中的观点切磋，使该部门的见习学生直接从中获益，而当学生在工作中遇到疑难和困惑时，也能够及时得到来自双方的指导。

2. 专业见习课程实践的德育效果

学生的收获集中体现于专业实务能力培育和德育两个层面，本文就后者加以展开。专业见习课程的德育实践与效果主要体现在如下方面：

第一，实务办案精神与职业伦理教育。各实习单位的岗位导师百忙之中热情而耐心地指导学生如何把握工作的切入点和要点，教给他们迅速融入部门工作的要领，引领他们发现当前办案中值得思考和研究的问题等，并逐渐将见习学生作为其工作团队的成员，在进行现场勘查、处理突发事件、看守所提讯、出庭支持公诉、巡查监狱等工作时都会带学生一并前往，并让其参与力所能及的实务操作。在这一近距离交流过程中，学生对此前思考过的若干职业伦理问题通过实际办案进行了真实体会和重新思考。在岗位导师的引领与关怀下，学生的见习深度与贡献度不断增强，就业自信逐渐建立。

第二，人物精神学习与思想道德教育。例如开封检察院带领学生开展了“学习焦裕禄同志奋斗精神”“参观岳飞庙，弘扬爱国主义精神”等特色实践活动；平谷检察院组织学生前往平谷区第一个党支部成立遗址、将军关古长城、乐谷音乐发展基地、玻璃台等地了解平谷革命历史、现代化建设和新农村发展的脚步。

第三，风土人情考察与人文道德教育。旨在帮助学生了解当地的经济与社会发展状况以及民间文化特点，例如高密公安局安排学生参观高密文化馆。

第四，团队精神与集体荣誉感培养。旨在培养学生的团队精神和合作意识，例如密云法院安排新进人员与见习学生一起到拓展训练基地进行拓展训练，通过做游戏、分组竞赛等活动增进学生的团队意识和集体荣誉感。

第五，其他各类思想交流活动丰富多彩。例如平谷检察院组织学生在上岗之前观看检察官礼仪和检察院职责宣传片;开封检察院在岗前教育中要求学生在见习中培养法学的良知与伦理道德,坚守法学信仰和底线,对“立检为公、执法为民”的内涵有所体悟,以一身正气投身中国的法制建设;福鼎法院的见习中期巡视交流中,相关老师提出应当加强对知识、对职业和对心灵三个方面的思考,注重法学思想性与悟性的培养,以“学以养身”的态度提升境界,此外,福鼎法院还举办了“理想与现实的碰撞”沙龙、“道德与法律”讲堂、法院大楼文化石镌刻标语征集等活动,法官与见习学生共同参加,围绕主题进行了轻松但不失深度的探讨,使学生加深了对法律职业的认识。

综上,专业见习课程在德育领域产生了良好效果。通过对见习学生回访可以获知,对于绝大多数见习学生而言,这是第一次与实务工作和办案人员真实接触,实务工作者一丝不苟的严谨态度、始终饱满的工作热情、办案压力之下的辛苦不易、棘手问题面前的公正智慧,凡此种种,都对见习学生产生着潜移默化的重要影响,使其改变了以往对法律职业的一些理解和看法,对相关问题的思考更加深入全面,从见习中所获得的正能量令其终身受益。此外,由于平日业务繁忙,上述部分考察和交流活动往往利用晚间和周末进行,实务工作人员牺牲自己宝贵的休息时间,在炎炎夏日专程带领学生前往、参加,令他们非常感动。通过在当地进行社会实践和文化考察,以及与公安干警、检察官、法官在休息时间的交流谈心,学生们了解到高校生活无法涉及的许多社会现象和人生点滴,实务部门工作人员的敬业精神和工作态度、地方文化的质朴热情,悄然改变着他们的人生观和价值观;而且大家普遍反映,通过见习,自己的集体意识和团队精神也增强了,实习小组成员在一个月的时间里朝夕相处、携手共进、互助共勉,此间日渐深厚的友情见证了他们成长的历程。返校后,学生们积极投入到北航公益法律服务中心的公益援助活动之中,近年来获得了社会的好评,也引起了主流媒体的密切关注和赞誉,《法制日报》、人民网、新华网、凤凰资讯、中国法院网等多次报道了北航公益法律服务中心开展的活动。2016 年 10 月,北航公益法律服务中心服务项目“扶危济困、彰显正义、弘扬法治、青春领航”入选北京市“六五”法治教育宣传创新成果一等奖。

五、结语:法学本科生培养落实立德树人理念的未来课题

2018 年,《普通高校法学本科专业教学质量国家标准》、教育部《关于加快建设高水平本科教育 全面提高人才培养能力的意见》、教育部和中央政法委《关于坚持德法兼修 实施卓越法治人才教育培养计划 2.0 的意见》相继出台,“立德树人、德法兼修”在教育部各文件中明确成为我国卓越法治人才培养的方向指南。在此精神引领下,各法学院校纷纷探索“立德树人、德法兼修”的具体实现路径,包括开设法律职业伦理课程、加强法学实践教学、加强课程思政、强调师风师德建设等。我们认为,当前相关

领域的教育改革研究已经从初步的路径探索逐渐迈入内涵式发展的深水区，法学本科生培养落实立德树人理念的未来课题至少可以包括这几个方面：第一，立德树人理念与法学本科课程体系之间的关系。当前对立德树人理念实现路径的探索相对集中于微观层面，即具体某门课程的建设如何体现立德树人，然而立德树人作为一项指导理念，必然将在更为顶层的体系化领域产生引领作用，未来法学本科教育研究的一项重要课题将是法学本科课程体系设计如何有效实现立德树人的目标要求。第二，既有的立德树人实现路径如何进一步实质性、内涵式推进，对其育人的实际效果如何进行评估，包括评估标准与评估途径，比如法律职业伦理课程开设的具体方式方法及其评估，又如法学课程中开展课程思政的具体方式方法及其评估，等等。第三，我国教育自古以来重视的是人的培养，而非仅仅知识传授，具体途径是“重其师所传之道”“教育乃见师之为人之全”，所以，有必要对我国的教师职业群体及其发展进行研究，以此为基础方能对师德师风相关问题及有关制度建设作出具有实质意义的回应。

第四章　新时代高校法学教育中的思政教学改革

周友军[1]

一、引　言

教育是国之大计、党之大计，承担着立德树人的根本任务，思政教育在落实立德树人根本任务的过程中发挥着不可替代的作用。进行高校思政教育改革，首先要明确“课程思政”与“思政课程”是两个完全不同的概念[2]。习近平总书记在全国高校思想政治工作会议上指出：“要用好课堂教学这个主渠道，思想政治理论课要坚持在改进中加强，提升思想政治教育亲和力和针对性，满足学生成长发展需求和期待，其他各门课都要守好一段渠、种好责任田，使各类课程与思想政治理论课同向同行，形成协同效应。”[3]由此可见，“思政课程”是指专门的思想政治理论课，而“课程思政”则指在不同专业不同学科的课程中所隐藏的思想政治教育。总书记还指出，我国高等教育肩负着培养德智体美全面发展的社会主义事业建设者和接班人的重大任务，必须坚持正确的政治方向。因此在高校教育中，各学科在教学过程中都应包含思政教育的内容。

中国社会主义进入了新时代，发展机遇和严峻考验并存，迫切地需要德才兼备、全面发展的卓越人才，尤其在法治建设的过程中，坚持依法治国和以德治国相结合，培养高素质的法律人才是各高校法学院的基本任务，为完成这个任务，各高校法学院持续进行思政教育改革。习总书记在中国政法大学考察时，对全面推进依法治国、加强法治人才培养、加强和改进高校思想政治工作等问题做了阐述，其中特别强调应当培养德法兼修的法治人才，不仅要教授学生法治知识，而且要提高学生的思想道德素质。从法学教育来说，将思想政治教育与法学原理相结合，一方面能提高教育内容的科学性和严谨性，另一方面能培养创新型德才兼备的法学人才。在党中央的领导下，各地区各部门和各高校法学院采取了有力措施并认真贯彻落实，取得了显著成效，但是面对新形势、新时代、新挑战，法学院中的思政教育要顺应时代、与时俱进、持续改

---

① 北京航空航天大学法学院教授、博士生导师。

② 施展，刘娜：《从“思政课程”到“课程思政”——谈高校如何通过课堂主渠道完成立德树人的根本任务》，载于《才智》2019 年第 16 期，第 136 - 137 页。

③ 习近平：《把思想政治工作贯穿教育教学全过程 开创我国高等教育事业发展新局面》，载于《人民日报》2016 年 12 月 9 日。

革、不断完善。为此，在法学教育过程中，应改革教学模式、拓宽学习渠道、重视理论联系实际、挖掘各科思政教育内容，这对我国建设世界一流大学、培养高素质法律人才和推进全面依法治国具有重要意义。

二、思政教育改革的意义

习近平总书记曾明确指出“高校立身之本在于立德树人”，还强调要不断提高大学生的“思想水平、政治觉悟、道德品质、文化素养，让学生成为德才兼备、全面发展的人才”。[①] 在高校法学院中进行思想政治教育改革，对培养全面发展的人才、完善高校教育体制、促进法律与道德相结合具有重要意义。

大学生思想政治教育是大学教育的基础，要求大学生学习马克思主义、毛泽东思想、邓小平理论等思想政治教育的基本理论和基本知识是大学生树立正确的世界观、人生观、价值观的基础。在专业课教育的过程中增加思政教育的内容，有利于培养德智体美全面发展的人才，让他们在这个复杂多变的世界中不断提高自己的适应能力，练就过硬的本领，使自己的思维视野、思想观念、认识水平跟上越来越快的时代发展步伐；有利于帮助他们树立明确的人生目标，坚定理想信念，不骄不躁，不盲目跟风，不轻言放弃，在暴风雨中砥砺前行；有利于激发他们的爱国主义情怀，弘扬中国特色社会主义核心价值观，鼓励他们勇于承担新时代的使命，追求更有高度、更有境界、更有品位的人生。

在高校教育中进行思政教育改革，是完善高校教育机制的重要措施。在教育中增加思政教育内容，使课程更加人性化，与现实生活相联系，有利于引起学生的兴趣，提高他们的积极性和主动性，提高课堂教学效率；在课堂上与学生探讨思想道德和文化观念的话题，有利于了解学生的精神需求，有利于针对学生的特点设计教学内容，既能帮助学生理解科学知识，又能帮助学生解决生活问题；增加思政教育内容，改革教学模式，拓展教学渠道，创新教学方法，有利于完善教育机制，提高高校教学水平。

新时代我国坚持依法治国和以德治国相结合的治国方略，从“法律体系”向“法治体系”发展、从“单一法治”向“全面法治”发展，[②]在法学院进行思政教育改革有利于培养德才兼备的法律人才，为未来的中国法治发展提供动力和支持。一方面，在教学过程中隐藏着思想道德的教育，能让学生在潜移默化中认识道德在法律中的作用，明确道德是法律的评价标准和推动力量，是法律的有益补充，从而强调未来法治中国的发展离不开法律与道德的结合；另一方面，法学教育与思想政治教育同时进行，是培养德才兼备的学生的有效途径，能够为我国未来法律发展提供客观公正的法律人才。

---

① 习近平：《把思想政治工作贯穿教育教学全过程 开创我国高等教育事业发展新局面》，载于《人民日报》，2016年12月9日。

② 陈灿平：《新时代全面依法治国的新特征新要求》，载于《天津日报》，2019年10月21日。

三、思政教育的改革措施

“学高为师，身正为范”，要提升法学院的教育质量，首先应提高教师队伍的教学质量和教学能力，教师承担着言传身教的职责，必须具有高水准的知识储备，跟上时代步伐，在教学过程中坚持正确的政治立场，恪守师德师风职责，遵守教师道德规范。法学院应在这个前提下进行思政教学改革。

（一）改革教学模式，增进沟通交流

在传统的高校教育模式下，教师充当“灌输者”的角色，不顾学生的接受能力和兴趣所在，在课堂上一味地向学生讲解专业理论知识，以完成教学任务为目标，所授知识与新时代新现象脱节；而学生总是处在被动接受的地位，极少表达自己的看法和理解，甚至因为对老师所讲内容不感兴趣而不认真听课或逃课，完全成了教学过程中的客体。这种教学模式既不利于知识的有效传播，也不利于师生间的沟通交流，忽视了对学生精神世界的关照和构建，割裂了科学世界和生活世界的关系，无法满足学生道德层面和心理层面的需要，更无法在思政教育上取得成功。在新时代，在党中央的领导下，传统教学模式已经得到改进，但在专业课堂上增加思政教育内容，还应继续改革教学模式。

首先，应明确教学过程中双主体的存在。老师是传授知识的主体，既要向学生传授系统的科学知识，又要引导学生树立正确的世界观、人生观和价值观，指导学生积极主动有效地学习；学生是接受知识的主体，也是反馈教学效果的主体，学生的“学”是教学过程中的关键所在，老师的教学应围绕着学生的实际状态展开，学生也应自觉主动与老师互动，及时向老师反馈。教学过程是一个知识传授过程，引领学生认识世界，也是一个促进学生身心发展的过程，在这个过程中，老师要做好引路人，学生也应博学、审问、慎思、明辨、笃行。

其次，应使学生充分发挥主观能动性，自主表达内在精神需求。高校学生在成长过程中思想逐渐成熟，价值取向多元化，自主选择性更强，不愿接受说教式教学模式，尤其是学习过系统法律知识的法学专业的学生，他们对当今时事政治和法律有更为深刻的了解和看法。法学教育中的很多内容都涉及思政方面，任教老师必须将理论讲透彻，将逻辑理顺，向学生详细解释法律的发展和适用等问题，并坚决支持社会主义，支持中国共产党的领导，引导学生树立正确的政治观和法律观。同时，老师应积极鼓励学生表达自己的观点，了解学生的真实想法，根据学生的内在精神需求传道授业解惑。在课堂上，老师应增加与学生的互动，包括眼神交流和肢体语言交流，可以采取分组展示的形式进行课堂教学，改变“老师一直讲，学生一直听”的课堂模式。

再次，应挖掘学生个人潜能，尊重个体差异。孔子教学，因材施教，充分了解学生个性。知其才并因其才而施教也是课程思政的重要内容。习近平总书记指出：“做好高校思想政治工作，要因事而化、因时而进、因势而新。要遵循思想政治工作规律，遵循教书育人规律，遵循学生成长规律，不断提高工作能力和水平。”①这要求老师在教学过程中应通过各种途径了解学生，尊重学生之间的差异，并根据学生不同的知识水平和价值观念进行显性的专业知识教学和隐性的思政教育，充分发现学生的潜能。高校老师可以通过与学生聊天或者听学生倾诉的语言交流方式了解学生的精神需求，也可以通过观察学生的行为了解学生的生活习惯，再采取不同的教学方法。例如针对思想比较激进的法学专业学生，老师应帮助其了解现实情况，有理有据分析政策法规的合理性，引导其树立符合马克思主义的法律观；针对学习能力强但是实际运用能力不足的学生，老师应该帮助其寻找实践机会，鼓励其参与到解决社会问题的过程中，提高实践能力。

（二）拓宽教学渠道，紧随时代潮流

新的时代背景下，以往单一的课堂教学渠道已经不能满足现在的教育发展需要，传统教学模式中的教学程序单向性，教学空间单面性，教学目标单一性，教学手段单调性等特征，使其在互联网时代表现出明显的弊端②。因此要利用好互联网，开辟以课堂教学为主、多种渠道并存的新的思政教育教学渠道。

课堂教学是教学的主要方式，在任何时候都不能忽视。在思政教育改革的过程中，应改革课堂教学的内容和方式，提高课堂教学的效率。一方面，课堂教学内容需要与时代特点结合，紧随时代热点。各科老师可以在课上提出与本门课程有关的最新时事新闻，激发学生的兴趣，并在授课过程中将理论与实际应用结合起来，使教学内容不再拘泥于死板的理论知识；在专业知识的传授过程中，老师还应将专业知识与思想政治相结合，培养学生的爱国情怀和高尚的道德风尚，使学生在潜移默化中接受思想政治教育。另一方面，改革上课方式是提高教学效率的重要手段。除了传统的“老师讲学生听”的上课方式，还可以辩论赛、展示会等形式上课。老师可以在一学期的课程中选取几节，举办微型的辩论赛，让学生之间产生思想的碰撞，强化他们对知识的理解和运用；课上让学生自主展示自己的研究成果和想法可以充分激发他们的学习兴趣，增加其学习主动性。

对于新媒体环境下的教育发展方向，除了课堂教学外，还应建立线上线下深度融合的总体体系。线上应构建互联网聊天室，利用社交软件组建学院交流群，通过网络沟通向学生传播正确的思想理念，进行思政教育，拉近与学生的关系，根据学生自身需要解决学生所忧虑的问题，帮助学生拓展人际交往范围，补充学生的心理空缺；建设主题学习网站、运营微信公众号、开发学习 APP 是线上教育的另一种方式，各科老

① 习近平：《把思想政治工作贯穿教育教学全过程 开创我国高等教育事业发展新局面》，载于《人民日报》2016 年 12 月 9 日。

② 邱双成：《高校思政课教学现状、问题及对策探析》，载于《高教学刊》2019 年第 24 期，第 158 页。

师应利用网站、公众号、APP 等工具潜移默化地进行思想政治教育，为学生创造良好的网络学习环境。不少学校已经设置了网络慕课，增加网络课程，借助新型网络技术向学生讲授专业知识，这样不仅可以平衡老师和同学的时间分配问题，还可以让学生在新的技术环境下自主把握学习时间，是线上教学的重要途径。

在完善线上教学系统的同时，也要重视打造线下第二课堂。法学教育承担着传播法律知识、培养法律人才的任务，为全面依法治国提供后备保障，与思政教育息息相关，在法学院进行思政教育离不开各种社团和文化活动。老师和学院应认真审核各种社团活动，为通过的活动提供支持，例如在宪法日举办宪法宣传活动，定时举办关于法律文化的活动等，这不仅可以在本学院营造良好的学习氛围，还可以向其他学院传播法律知识。除了社团活动外，座谈会在法学教育和思政教育中也发挥着重要作用。老师应按时发起座谈会，带领学生探索新领域，为学生解惑答疑，并利用座谈会倾听学生的想法，在思想领域引领学生，培养学生的道德观，使其成为德才兼备的法律人才。第二课堂为学生提供了深入理解法律、消化法律知识和表达内心想法的机会，也为其营造了良好的思想道德环境，不管在专业教育领域还是在思政教育领域，都是不可或缺的有效教育渠道。

（三）理论联系实际，知行合一教学

实践是认识的基础、来源，是认识发展的动力，是检验认识正确与否的唯一标准，学生们只有在实践中不断遇到新问题、产生新要求，才能主动进行新的探索和研究，深入理解、掌握和应用所学理论。要充分发挥中国特色社会主义教育的育人优势，就要坚持理论教育与实践养成相结合，整合各类实践资源，强化项目管理，丰富实践内容，创新实践形式，拓展实践平台，完善支持机制，教育引导师生在亲身参与中增强实践能力、树立家国情怀[①]。

坚持理论与实践相结合，首先要把握时代热点问题，运用案例教学法，将时政热点、焦点问题带到课堂，引导学生用理论分析现实问题。我国法学教育起步较晚，新中国成立后几乎完全照搬苏联的模式，但是随着中国特色社会主义法律体系的建立和完善，在法学领域我国已经取得了大量的成果，因此在新时代的法学教育中已经不适合纯粹学习外国法律理论知识，而应结合我国现阶段的法治实践和社会热点问题，立足当下，向学生传输能够解决实际问题的法律原理。例如，结合 2016 年“山东辱母案”、2017 年“昆山反杀案”等引起广泛社会关注的案例与学生一起讨论正当防卫的适用条件和法律与道德的关系；结合现今越来越多的未婚同居、未婚先孕现象讨论是否应制定非婚同居法。

坚持理论性与实践性的统一，应创新实践形式，拓展实践平台，引领学生走出课

① 中共教育部党组：《关于印发〈高校思想政治工作质量提升工程实施纲要〉的通知》，载于中华人民共和国教育部网：http://www.moe.gov.cn/srcsite/A12/s7060/201712/t20171206_320698.html。

堂、走出校园。我国需要德才兼备、知行合一的人才，为培养此类人才，应丰富实践形式，创新实践内容。在课下组织学生去参观博物馆、展览馆，让学生了解源远流长的中华文化，知悉革命先烈的奋斗历程，培育自身热爱祖国的伟大情怀，在参观和游览中渗透思想政治教育，让学生实地体验我国的发展过程，展望我国未来发展之路，寻找自己的前进方向和人生目标；鼓励学生参加志愿服务活动，不论是国际论坛会议，还是学校、社区活动，作为志愿服务人员参加，不仅可以锻炼学生的沟通能力和组织合作能力，还可以提高学生的思想道德修养。学院还应为学生搭建实践平台，与城市社区、乡镇农村、人民法院、各类企业等合作，创建法学和思政教育实践基地，向学生提供实地学习和实习的机会，让他们真正运用自己所学的知识解决现实问题。例如我校法学院与海淀法院合作，为学生提供更多的专业实习机会，使他们在实习过程中学会发现问题，真正体会到法律与道德之间的关系。

除了鼓励学生走出去外，还应将优秀的人才、教学方法、各类活动引进来。学校应积极邀请优秀的专家学者来我校举办讲座，为学生和专家搭建沟通的桥梁，让学生近距离接触本专业的大佬，例如邀请人民法院的法官来我校为学生讲解法院真实案例的判决方法和依据，邀请资深的律师为学生介绍在实际案例中应如何发现问题，邀请著名的教授为学生解释疑难问题；在进行思政教育改革的过程中要注重借鉴外校成功的改革经验，结合自身特点引进合适的教学方法，例如借鉴哈佛大学本科生教育中常用的教学方法，包括讲授、讨论、辅导、实验、角色扮演、案例研究、模拟法庭、独立学习等，①让学生们体会不同的教学方法带来的不同效果，感受国外高校的学习氛围；积极申请举办各种青年大赛、主体论坛活动，为本校学生提供不用出校门就可以实践的机会，同时也可营造充满青春活力的校园氛围。

（四）挖掘思政元素，推进课程思政

《高校思想政治工作质量提升工程实施纲要》中提出了高校教育的基本任务，其中包括大力推动以"课程思政"为目标的课堂教学改革，发挥专业教师课程育人的主体作用。② 在法学院，各科老师应当充分挖掘各专业中所包含的思想政治教育内容，其中每个专业的发展都是由千千万万个潜心研究、献身科学的英雄人物推动的，这是学科之间的共性，是知识与思想传承的过程。认识到课程之间的共性，还要根据其个性采取不同的思政教学改革方法，挖掘不同的思想政治教育内容。

宪法是国家的根本大法，集中反映掌握国家政权的统治阶级的意志和根本利益，是维护和巩固统治阶级专政的重要工具。提倡宪法学习，引导大学生遵守宪法、维护宪法，有利于广大青年进一步了解我国的政体，是思政教育的重要内容。在宪法教学

① 刘宝存：《哈佛大学办学理念探析》，载于《外国教育研究》2003 年第 1 期，第 51 页。

② 中共教育部党组：《关于印发〈高校思想政治工作质量提升工程实施纲要〉的通知》，载于中华人民共和国教育部网：http://www.moe.gov.cn/srcsite/A12/s7060/201712/t20171206_320698.html。

中必须坚持以马克思主义为指导，以社会主义法治观为基准，帮助学生坚定社会主义核心价值观。随着我国改革开放不断深入，信息化技术不断优化，许多新思潮、新概念不断涌现。青年学生熟练地掌握互联网的应用，接触到多元化的思潮，但是缺乏辨别是非的能力，这就要求宪法老师在讲课时，要带领学生分析各种外来思想的实质和特点，结合我国基本国情，肯定我国社会主义道路的合理性；要坚持马克思主义法学思想在宪法教学中的指导地位，传播我国宪法中的法治理论和价值取向，巩固我国宪法作为根本法的地位。

刑法保护和调整的社会关系非常广泛，涉及各个领域，是我国法律体系中唯一规定了何为犯罪和对犯罪的惩罚措施的部门法，规定了最严厉的强制方法，可以剥夺人身自由、政治权利和人的生命，因此在刑法教学中必须重视思想政治教育。新时代的法治环境下，以往的严刑峻法已经跟不上时代潮流，不符合人权保障的要求，但是犯罪时有发生，需要法律对犯罪行为的具体刑事责任及犯罪应受到的刑罚处罚加以规定，这就要求在刑法教育中要重视法律和道德、形式正义和实质正义的统一。在刑法教学中，应向学生解释法无明文规定不为罪、刑罚的轻重应当与犯罪的轻重相适应等原则，强调对待犯罪嫌疑人时应坚持无罪推定原则；在课堂上用情景模拟、模拟法庭等活动锻炼学生处理刑事案件的能力，让他们感受刑法的效力，体会每次宣判所带来的对罪犯和其家庭的严重打击，提醒他们谨慎运用刑法，既要使罪犯受到相应的惩罚，又要避免出现冤假错案和刑罚过重的现象。

民法调整平等主体之间发生的人身关系和财产关系，是我国法律体系中的一部重要的部门法律，其涉及的范围不仅关乎各类企业、组织的生产经营，还关乎每个公民的衣食住行，和人们的生活密切相关，是国民的法律基础。在民法教学中对学生进行思政教育，可以提高学生的政治、道德、人文素养，使他们在未来的工作中更加重视公平正义的实现。由于民法涉及范围广、知识要素繁多，因此在民法教学中宜采取互动教学的方法，允许学生随时提问，并就典型问题在课堂上进行讨论分析，加深学生对知识点的理解，提高学生解决问题的能力；民法教学中案例的应用尤为重要，要让学生在具体案例中找到问题、解决问题，体会在实际中应用民法所应注意的事项，学会如何平衡原告和被告的利益并得到广泛认可。

四、结　语

综上所述，高校法学教育中应贯彻落实思政教育改革，明确教学过程中双主体的存在，改变传统教学模式；使学生充分发挥主观能动性，自主表达内在精神需求；挖掘学生个人潜能，尊重个体差异；改革课堂教学内容，使其紧随时代热点问题；建立线上线下深度融合的总体体系；坚持理论教育与实践养成相结合。在未来的思政教育改革中应不断创新改革模式，提高教学效率，为我国培养出德才兼备、知行合一的优秀法律人才。

第五章　研究生导师师德师风建设简析

周友军

一、引　言

“国无德不兴，人无德不立。”新时代中国特色社会主义对道德的要求越来越高，高校作为培养青年人才的首要阵地，必须将“立德树人”作为根本任务，这就要求高校教师坚守师德师风，以身作则，以德立身，培养德才兼备的优秀人才。2018 年 9 月 10 日，习近平总书记在全国教育大会上强调“做老师就要执着于教书育人，有热爱教育的定力、淡泊名利的坚守”。[①] 与普通的高校老师相比，研究生导师在教书育人中起着更加重要的作用。导师是学生深造路上的第一引路人，是带领学生走向更高深、更具体、更严谨的学术领域的引导者，导师在学术研究方面表现出的态度是否端正、对待工作是否认真，都会在日常的交流和接触中潜移默化地影响学生；导师也是学生步入社会之前最后的引路人，是学生思想道德修养和人生观、世界观、价值观的塑造者，导师在生活中克己守心、淡泊名利的精神无时无刻不在影响着自己的学生，研究生在今后的学习和生活中会自觉地延续导师的思想和行为模式。

我国高校研究生导师普遍具有较高的学术水平和思想道德修养，为我国人才培养和科技进步作出了重要贡献。然而，导师群体中也有个别“害群之马”，缺乏对纪律和准则的敬畏，违反师德、败坏师风，无论是论文抄袭、学术造假，还是压迫学生、对学生性骚扰，都严重影响了学生的身心发展，在社会上造成了不良影响。破解导师师德建设难题，首先需要准确找到“病因”，把握问题发生的根源所在，明确师德师风的内涵，只有这样才能有效制定措施，作出改变，为学生创造良好的学习和生活环境，还学术领域一片清净，为研究生导师正名。

二、研究生导师师德师风的实质分析

2014 年，习近平总书记在北京师范大学号召全国广大教师做“四有”好教师，要有理想信念、有道德情操、有扎实学识、有仁爱之心，并将广大教师定义为“打造中华

---

① 习近平：《坚持中国特色社会主义教育发展道路 培养德智体美劳全面发展的社会主义建设者和接班人》，载于人民网（教育）：http://edu.people.com.cn/n1/2018/0911/c1053-30286253.html。

民族梦之队的筑梦人”。[①] 研究生导师是学生生涯中的最后一位指引者，是为“梦之队”保驾护航的最后保障。在我看来，“四有”就是研究生导师和各级教师所追求的师德师风的本质。

作为教书育人的教师，研究生导师要有坚定的理想信念，在思想上保持先进性和纯洁性，要高举中国特色社会主义伟大旗帜，全面贯彻党的教育方针，把立德树人作为研究生导师的首要职责，为实现“两个一百年”奋斗目标、实现中华民族伟大复兴的中国梦，培养德智体美劳全面发展的高层次专门人才。导师要精于“授业”“解惑”，把培养社会主义事业的建设者和接班人作为自己的目标，有效地向学生传授专业知识技能，扮演好授业者的角色；导师还要意识到自己担负着“传道”的责任，需始终坚持共产主义理想信念，以马克思列宁主义、毛泽东思想、邓小平理论、“三个代表”重要思想、科学发展观、习近平新时代中国特色社会主义思想为指导，树立中国特色社会主义坚定信仰，忠于党和人民的教育事业，自觉把党的教育方针贯彻到教学管理工作的全过程。

研究生导师要有道德情操，坚持教书和育人相统一，坚持言传和身教相统一，坚持潜心问道和关注社会相统一，坚持学术自由和学术规范相统一，做到以德立身、以德立学、以德施教，做研究生成长成才的指导者和引路人。《关于加强和改进新时代师德师风建设的意见》中指出，加强和改进新时代师德师风建设要求“以习近平新时代中国特色社会主义思想为指导”，“把立德树人的成效作为检验学校一切工作的根本标准，把师德师风作为评价教师队伍素质的第一标准，将社会主义核心价值观贯穿师德师风建设全过程”。[②] 研究生导师承载着塑造灵魂、塑造生命、塑造新人的时代重任，其与学生相处过程中的言行举止以及为人处世、于国于民、于公于私所持的价值观都无声地影响着学生的思想观念，因此，高尚的道德情操是导师立德树人的思想前提。

作为研究生导师，需有扎实的学识、深厚的学术造诣和执着的学术追求，秉承先进教育理念，遵循研究生教育规律，把握研究生的认知规律和接受特点，不断提升指导能力。习总书记曾说：“过去讲，要给学生一碗水，教师要有一桶水，现在看，这个要求已经不够了，应该是要有一潭水。”[③] 扎实的知识，是一个与时俱进的概念，在这个知识爆炸的时代，学生学习的途径越来越多，导师教学的难度越来越大，为保证学术研究的正确性，保持严谨的治学风气，导师须不断学习新知识，丰富自己的思想，提高自己的认知能力，这样才能准确地为学生解惑，获得学生和社会的尊重和认可。

研究生导师还应有仁爱之心，注重对研究生的人文关怀和安全教育，以身立教，

---

①③ 人民网：《习近平与北师大师生座谈：提出“四有”好教师标准》，载于人民网：http://politics.people.com.cn/n/2014/0910/c70731-25631746.html。

② 教育部：《关于加强和改进新时代师德师风建设的意见》，载于四川教育网：http://www.scedu.net/p/8/?StId=st_app_news_i_x637122023791054328。

乐于奉献,认真对待每一位学生,这是构建和谐健康的师生关系的基本要求。一位合格的导师一定要做到平等地对待每一位学生,不能因学生的学习成绩、家庭背景不同而区别对待他们;导师要充分尊重学生的个性,理解学生的情感,坚持严管和厚爱相结合,关注研究生生活学业状态和身心健康情况,不随意干涉研究生的私人生活,包容研究生的缺点和不足;导师还应善于观察,对研究生的关怀和指导要做在日常、做到个人,发现每一个学生的长处和闪光点,并助其选择正确的道路,让所有学生都成长为有用之才。

三、研究生导师违反师德师风成因分析

(一)学术自由与职业发展的矛盾

根据《国际教育百科全书》,学术自由一般被理解为不受妨碍地追求真理的权利。研究生导师享有学术自由是人的本质在学术科研中的具体体现,是其最高本质的必然、正义与合理的权利诉求。[①] 研究生导师应当自己自由决定何时研究、何时写作、何时发表,不受法律、学校各种规定的限制或公众的不合理干扰,但是现实中导师的学术自由是相对的,受到职业道德和职称评定的限制。首先,导师享有学术自由的权利,也负有遵守政治法规、职业道德的义务,须把握好二者的平衡。导师教书育人,承担着培养人才的重任,必须严格遵守政治法规,坚定政治立场,拥护党的领导,帮助学生树立正确的政治观;导师与学生相处时间颇长,其一言一行都对学生有着潜移默化的影响,因此导师在学术创作中需遵守职业道德风尚,为学生树立良好的榜样。其次,导师的学术自由权利受到了职称评定的限制,这是导致出现学术造假、抄袭等现象的直接原因。高校教师的科研成果直接与职称评定、工资待遇挂钩,使得导师不得不发表足量的论文来取得职称,然而因为导师的日常工作量大,做学术研究的时间少,难以在规定的时间内创作出高质量的文章,这就滋生了导师抄袭造假挂名的现象。

(二)财政支持与科研支出的矛盾

研究生导师不仅是传道授业者,而且是推动我国各专业领域发展的重要人才,导师队伍专业水平需不断提高,社会地位和工资待遇水平也亟需提高,然而我国对教育的财政支出分配还不均,这影响了师德师风的建设。

我国财政投入在有些方面存在"见物不见人"的问题,对于教育的投入不断增加,但对于教师队伍建设的投入远远不够;公用经费投入显著增加,但对于人员待遇的提

① 刘志:《加强研究生导师师德建设需正确处理三大关系》,载于《中国高等教育》2018 年第 1 期,第 51-52 页。

高远远不足;经费投入总量是增加的,但对于经费的使用却存在着不合理的限制,造成资金使用的低效和浪费。[①] 由此可见,我国在导师队伍的建设上投入不足,这导致导师队伍水平不足;导师待遇与其付出不成正比,使其动力不足;缺少对经费利用的监督,导致了导师压力不足。水平不足、动力不足、压力不足,都是导师违反师德师风的重要原因。若是导师专业知识水平不足,就无法引导学生在专业领域更上一层楼;若是导师思想道德水平不足,则会严重影响学术氛围和风气;导师待遇不高、动力不足,首先会降低导师专注于科研的热情,减少科研成果,其次会引发导师压迫学生的现象——低价雇佣学生为自己工作;而对财政拨款的使用缺少监督则会造成导师应用资金压力不足,极易出现私吞、造假账等现象。

(三)情感自由与职业特点的矛盾

在研究生的生活中,导师是一个非常重要的角色,既担任着传授知识的责任,又影响着研究生的行为习惯,具有独特的职业特点。研究生导师是自己带领的研究生团队的领导者和决策者,在团队中有最高的话语权,掌握了本专业领域的大部分资源,影响着学生的发展方向;研究生导师也充当着学生的长辈的角色,肩负着立德树人的使命。

研究生阶段的学习生活和本科时有很大的不同,最明显就是对学术创作的态度不同,本科生一般不要求独立完成科研创作或发表论文,但是研究生需要自己完成学业任务,进行学术创作。研究生的学术创作离不开导师的帮助和指导,这就为某些导师的不法行为提供了条件。导师在其专业领域有扎实的知识基础、丰富的研究经验、独特的专业资源和广阔的人脉,一些导师还在高校中或社会上担任其他职务,有较大的权力。有的导师就利用自己的权力,或宽严相济以利益加以诱惑,或恩威并施以前途加以威胁,对相对权力弱势的学生施加强烈情感影响,操纵其心理,影响其个人生活。导师的职业优势为导师性骚扰学生提供了条件。

人作为高级动物,情感丰富,异性之间相互吸引是人之常情。导师作为自由的人,同样具有情感自由,享有自由与人交往的权利,包括与自己的学生自由交往的权利,他们也可能被异性学生的人格魅力吸引,但是导师的情感自由受到其职业伦理的限制,一定不能超越伦理的红线。根据中国传统的伦理习惯,"一日为师,终身为父",导师被视为学生的长辈,在与学生的相处过程中,应当以长辈的身份关心学生、帮助学生,做学生的良师益友,把握好与学生的距离,控制好与学生交往的分寸,构建和谐健康的导生关系。在个人情感和职业伦理之间找到平衡点是对导师的考验,需要导师在教学过程中准确把握与学生的关系,控制好交往程度。

---

① 王守军:《当前高校教师队伍建设若干问题的思考》,载于《北京教育(高教)》2019年第9期,第23页。

四、研究生导师师德师风建设的具体措施

(一) 设立明晰的师德规范要求

"没有规矩,不成方圆",无论什么行业,都要将纪律、规章制度放在首要位置,明晰的师德规范要求是师德师风建设的基础。当前,随着改革开放不断深入、信息网络应用愈加广泛,国外的一些腐朽思想和生活方式不断传入中国,腐蚀着中国传统的信念和思想,冲击着作为文化圣地的众多高校,也导致了部分研究生导师职业道德意识淡薄,出现有违师德师风的行为。要进行师德师风建设,就必须提出明确的师德规范要求,从纪律要求和法律法规两方面入手,规范导师行为。

严明的纪律是师德师风建设的第一步。这要求明确设立导师应遵守的秩序,规定导师需履行的职责,实现对导师的监督。加强纪律建设,严守政治纪律和政治规矩,不论是对于坚定不移推进全面从严治党,还是着力防范化解重大风险等,都具有极其重要的作用。中国共产党对纪律的严格要求和党中央对教育的重视,加快了高校教师师德纪律的建设。目前,虽然没有专门的导师师德规范要求,但高校教师师德纪律已经较为成熟,这为导师师德规范的制定提供了借鉴和参考,也为研究生导师群体提供了应当遵守的纪律规矩。例如,为进一步规范教师职业行为、明确师德底线而制定的《新时代高校教师职业行为十项准则》,既适用于一般高校教师,亦适用于研究生导师,对于这些纪律规范,研究生导师应自觉严格遵守,以推进师德师风建设;《关于全面深化新时代教师队伍建设改革的意见》中要求"深化教师管理综合改革,切实理顺体制机制",①这有利于提高教学效率,对导师来说,亦有利于提高科研效率。建立严格意义的导师师德规范,既能强制要求导师遵守秩序、执行命令,有效防止破坏师德的行为发生,又能加强导师之间的合作,提高导师进行科学研究的效率,培养严谨的学术风气。

与纪律相比,法律是底线,是师德师风建设强有力的保障。《关于加强和改进新时代师德师风建设的意见》提出,要"突出规则立德,强化教师的法治和纪律教育"②。我国同样没有专门的研究生导师法,但是《中华人民共和国教师法》作为一部规范教师行为的基础性法律,"适用于在各级各类学校和其他教育机构中专门从事教育教学工作的教师",③所以同样适用于研究生导师群体。该法规定教师"品行不良、侮辱学

---

① 国务院:《关于全面深化新时代教师队伍建设改革的意见》,载于中华人民共和国中央人民政府网:http://www.gov.cn/zhengce/2018-01/31/content_5262659.htm。

② 教育部:《关于加强和改进新时代师德师风建设的意见》,载于四川教育网:http://www.scedu.net/p/8/?StId=st_app_news_i_x637122023791054328。

③ 全国人大常委会:《中华人民共和国教师法》,载于法律快车网:http://www.lawtime.cn/faguizt/156.html。

生，影响恶劣的”将承担相应的法律责任，严重的追究刑事责任，这对某些存在不法想法的导师起到了震慑作用。加强对研究生导师的法治教育，提升导师法治素养，与我国全面依法治国、建设社会主义法治国家的现代任务相符合，是推进师德师风建设的法治要求。

(二) 完善导师的管理机制

要加强研究生导师师德师风建设，除了制定具体的纪律、法规外，还要完善导师管理机制，将导师管理机制改革作为立德树人、育心育人、全面推进师德师风建设的重要内容。完善导师的管理机制，主要包括培训机制、考核机制、奖惩机制和监督机制。

导师的培训机制包括专业知识培训、导师工作培训和思想政治培训。导师的主要任务是为国家培养人才，因此需要有扎实的学识功底，专业知识的培训能够提高导师专业水平和熟练应用知识的能力，从而提高教育水平，形成严谨的治学风尚。导师工作培训机制是指为新上岗的研究生导师提供入职培训，使其明确研究生导师的工作任务，了解该职位的具体工作内容。导师教书育人、立德树人离不开对学生的思想教育，更离不开自身恪守师德师风职责、遵守职业道德规范，因此对导师的思想政治培训尤为重要。首先，要设立导师自我提升、自我反省的自律机制，这对导师控制个人情感、提升个人道德素质有重要作用；其次，要设立思政培训机制，使导师树立正确的政治观，从而对学生进行正确的思政教育。

对研究生导师进行考核，除了要考核其研究成果外，还要加强对其师德师风的考核。建立完善的导师考核机制，要明确师德师风规范标准和考核办法、考评程序及规则，用统一的标准考查每一位导师，不可差别对待或给予特权；学校对于导师队伍的建设，要敢于动真碰硬、攻坚克难，建立全面考核机制；增加考核内容，避免仅以科研成果为标准，还要考核导师思想政治是否正确、科研态度是否认真、治学风气是否严谨、师德师风建设是否合格。

为鼓励和震慑导师，应建立相应的奖惩机制。完善导师奖惩机制，不仅要对导师的科研成果和学术水平进行评比，而且应对导师的师德师风建设进行评比，避免导师为了追求奖励忽视道德风气；完善奖惩机制，还要扩大奖励的范围，不仅对“985”“211”高校的优秀导师给予奖励，而且应在全国范围内挖掘优秀的高校研究生导师并给予奖励；在完善奖惩机制的同时，也要制定合理的惩罚办法，根据导师所犯错误的性质及其造成的后果对导师进行惩罚，既不能搞形式主义，只进行口头教育，也不能不顾程序规则，随意加重处罚。

监督是一项政治性、业务性、法规性很强的工作，因此需建立多主体、多层次、多视角的研究生导师监督机制。第一，建立多主体的监督体制，要充分发挥学校全局监督、教师相互监督、学生直接监督、家长间接监督和社会舆论监督的多主体监督体系的作用；第二，完善监督机制，要把握全局，全面摸清导师现状，抓住重点，提高监督专注度和专业化，要定期监测，了解导师阶段性表现，要巡回监督，及时发现问题；第三，多视角监督，要求从教学过程、科学研发、学术创作和资金应用等方面监督导师群体，督促导师遵守师德师风规范。

（三）尊重导师的主体地位

《中华人民共和国教师法》第四条规定：“各级人民政府应当采取措施，加强教师的思想政治教育和业务培训，改善教师的工作条件和生活条件，保障教师的合法权益，提高教师的社会地位。全社会都应当尊重教师。”[①]研究生导师知识水平和思想政治觉悟普遍较高，在严格的纪律规定和完善的管理机制之下，要从导师自身角度考虑，尊重导师的主体地位，解决导师的后顾之忧，为导师专注于教书育人、科学研究创造良好的环境。

为实现导师的主体地位，首先要鼓励导师参与民主管理，在学校的治理体系中要有导师的一席之地，提高导师的主体意识，为导师充分表达自己的意见创造条件。对于学校的民主管理，导师应当享有讨论建议权，针对学校的重要事项，应允许导师参与讨论，听取报告，共同审议学校发展、建设、改革的重大事项，实现其知情权、参与权和监督权；导师在学校中应掌握一定的权力，以满足其个人发展的需要，为此导师应有讨论通过权，凡是学校内与教学改革、项目开发、资金分配、教师聘任以及与导师切身利益密切相关的事项，都应召开会议并允许各专业的导师参与讨论，最后由参会人员投票通过；要实现导师的主体地位，还应保障导师的监督权，保证导师能够按照有关工作规定监督学校的领导干部。

尊重导师主体地位，还应在全社会弘扬尊师重教的社会风尚，努力提高导师的政治地位、社会地位、职业地位，让广大研究生导师享有应有的社会声望，在研究生教育岗位上作出新的更大的贡献。要提高导师的政治地位，首先要提高导师的政治意识，使其自觉提高自身的政治素养，使职位与职责相匹配；其次还要各级政府和教育机关协助高校加强教风、学风、校风建设，切实维护导师的尊严和合法权益。要提高导师的社会地位，应当在社会上形成尊师重道的风气，不能仅关注出现的负面新闻，夸大导师的负面形象，应更多地看到导师为了教育事业和科研事业所做的奉献。要提高导师的职业地位，首先要建立合理的评比制度，不能忽视导师职业道德的建设，其次应提高导师的待遇，包括工资待遇和科研资金支持，鼓励导师踏踏实实搞科研、认认真真搞创作，最后还应将更多的学术问题交由导师这类专业人员来决策，实现导师的职业价值，提高导师的职业地位。

---

① 全国人大常委会：《中华人民共和国教师法》，载于法律快车网：http://www.lawtime.cn/faguizt/156.html。

五、结　论

新时代中国特色社会主义建设事业需要大量德才兼备的优秀人才，研究生导师是研究生培养的第一责任人，是以德治校、立德树人的主力军，是人才成长的引路人，深刻影响着研究生的学术水平和思想政治修养。推进研究生导师师德师风建设，提高教师的职业道德素养，是提高高校创新能力、竞争实力和发展生命力的主要推动力，对全面提高教育质量、办人民满意的教育具有十分重要的意义。

为全面贯彻党的教育方针，落实全国教育大会和全国高校思想政治工作会议精神，高校把立德树人作为研究生导师的首要职责，纷纷出台研究生导师职责纲要，为师德师风建设开创了良好的开端，并取得了卓有成效的成果。例如，加强了对导师的监督管理，从根源上推进师德师风建设；对违纪违法的导师进行通报批评和处罚，改变了传统高校遇事遮遮掩掩、大事化小、小事化了的习惯。虽然现在仍存在违反师德师风的现象，但是在教育改革和发展中，国家更加重视培养有理想信念、有道德情操、有扎实学识功底、有仁爱之心的好教师，高校坚守立德树人的首要任务，社会越来越重视对研究生导师的监督，导师自身思想道德水平也不断提高，相信通过各方共同发力，定会解决这一问题。

第六章 立德树人与公益实践

陈 巍[①]

一、法律人的公益精神

(一)德法兼备的法律人才培养理念

习近平总书记指出中国特色社会主义法治道路的一个鲜明特点就是坚持依法治国和以德治国相结合,强调法治和德治两手抓、两手都要硬。他将法治人才培养工作的重要意义置于国家治理的宏大语境之中,指出法学教育要坚持立德树人,不仅要提高学生的法学知识水平,而且要培养学生的思想道德素养。“立德树人,德法兼备”是在新时代依法治国和以德治国建设背景下,衡量卓越法律人才的新标准。

法安天下,德润人心。“立德”之所以被摆在核心位置,是因为法律始终离不开道德的支撑。道德伦理,无疑是卓越法律人区别于“法律工匠”的根本。[②]“树人”作为学校设立的根本目的,是“立德”的目的和结果。[③]“造就有道德的法律职业者”[④]是法律道德教育的宗旨,要“力求培养既具备人文社会科学的基本学术素质,又具有较强社会实践能力的德法兼修、知行合一的卓越人才。”[⑤]这种卓越法律人才不仅要能够引领社会法治信仰、法治观念、规则意识的培育,还应能够引领社会树立鲜明道德导向,通过法治弘扬美德义行,通过法治践行社会主义核心价值观,使社会主义法治成为良法善治。[⑥]

(二)德不空谈,知行合一

习近平总书记在2014年五四青年节与北京大学师生座谈时指出,“道不可坐论,德不能空谈。于实处用力,从知行合一上下功夫”,鼓励大学生们不要坐谈道德,而应

---

① 北京航空航天大学法学院副教授、硕士生导师。

② 周莳文:《法律职业伦理关怀与法学教育的价值回归》,载于《法律适用》2014年第4期,第44页。

③ 劳纯燕、郑晓军:《“德法兼修”:高校卓越法律人的育人路径回归》,载于《浙江教育科学》2017年第4期,第15页。

④ 张志铭:《法律职业道德教育的基本认知》,载于《国家检察官学院学报》2011年第3期,第15页。

⑤ 袁芳:《德法兼修知行合一“思想道德修养与法律基础”课“五层次”文化育人新体系》,载于《北京教育》2019年第1期,第93页。

⑥ 黄进:《坚持立德树人、德法兼修 培养高素质法治人才》,载于《法学教育研究》2017年第4期,第5-6页。

该坚持知行合一，把功夫用在实践和日常执行中。

马克思主义的唯物史观坚持“不是意识决定生活，而是生活决定意识”，“意识在任何时候都只能是被意识到了的存在，而人们的存在就是他们的现实生活过程。”理论指导实践，实践又反过来促进理论的更新，理论与实践相统一，推动事物的发展。马克思的辩证唯物主义与中国传统“知行合一”思想不谋而合。《左传》中最早提出“知”“行”的辩证关系，《左传·昭公十年》中写道：“非知之实难，将在行之。”王阳明认为：“专以德性之智言之，与寻常所谓知识不同；而其所谓行，则就动机言之，如大学之所谓意。然则即知即行，良非虚言也。”王阳明认为，人们在道德认知的基础上，应当紧密结合道德实践，不仅要认识到道德的真谛，而且要忠实地践行道德的要求。“良知，无不行”，一方面，真正具备道德良知的人必定将实践他心中的道德，没有实践的人并非真正理解道德；另一方面，“知是行之始，行是知之成”，道德认知是道德实践的基础，道德实践也会深化道德认知，“知与行互为手段，也互为目的”。王阳明的知行合一思想，深刻揭示了道德认知与道德实践之间的关系。这也与马克思辩证唯物主义思想的内涵一致，理论指导实践，实践又反过来促进理论的更新，理论与实践相统一，推动事物的发展。

知行合一对于法律人尤其重要，因为法学就是一门具有高度实践性的学科。法律人应当以无私、利他的公益精神为引领，以过硬的专业知识为力量储备，将公益精神与法律公益活动结合起来，并将专业知识运用到帮助他人解决法律问题的实践当中去。

(三) 公益精神的含义辨析

作为德的核心内容，法律人需要具备公益精神。“公益”是一个外来词，与许多现代词汇一样，是经由西方舶到日本由日本人转译而来，其最初是在日本人冈幸助始的《慈善问题》一书中出现的，冈幸助始在书中将英文的“public welfare”译为“公益”。“public”强调的不仅仅是客观上量的集合，表现为“公众的”“公共的(尤其指中央或地方政府)”[①]，更有主观上的一种“共同的、集体的关怀”。[②]

公益精神表达了公益主体“对公共问题和公益的普遍、明智和各式各样的关心，意味着人们或群体不仅对特定利益而且对‘总的’思想和主张都抱有更灵活的态度”。[③] 追求社会公共利益最大化的公益精神有别于追求个人利益最大化的个人主义，奉行利他原则，关注当下他人的存在和利益、人类未来的存在和长远的利益，用自我奉献的方式助力整个社会的可持续发展。

---

① 《牛津高阶英汉双解词典》，商务印书馆、牛津大学出版社 1997 年版，第 1197 页。

② 李春成：《公共利益的概念建构评析——行政伦理学视角》，载于《复旦学报》(社会科学版)2003 年第 1 期，第 48 页。

③ 杨冠琼：《政府治理体系创新》，经济管理出版社 2000 年版，第 39 - 40 页。

"公益"可理解为"社会公众关注和向往的诸如健康、幸福、繁荣等的美好生活"[①]。而我国古代的《说文》将其解释为"公,平分也",《韩非子·五蠹》中说:"背私谓之公,或说,分其私以与人为公。"由此可见,公益与个人私利正好相反,其反映的是社会共同的利益追求。从广义上说,公益是指一切涉及公共利益的行为和活动,包括政府性的和非政府性的、营利性的和非营利性的、强制性的和非强制性的;从狭义上说,"公益"主要是指公益主体以非政府形式进行的,具有非营利性、非强制性、救助性和社会性的一切公益活动的总和[②]。而法律人的"公益",主要着眼于狭义的"公益"范畴。

在博大精深的中国传统文化中,儒释道各家的思想均蕴藏了"公益精神"的核心内涵。虽然"公益"一词在现代中国是舶来品,但中国人的"公益精神"古已有之,具有悠久的历史传统和思想渊源。儒家"仁爱"思想是中国传统公益精神的价值源泉,从孔子的"仁者爱人"到孟子的"恻隐之心",儒家思想中体现的博爱精神为后世公益慈善事业的发展提供了丰富的解释。将"仁爱"推及到政治语境即为"仁政",提倡统治者要关心、体恤老百姓的生活;推及到社会,便是"不患寡而患不均,不患贫而患不安"的理想"大同"社会,历代贤君和仁人志士为实现这一理想均以不同的方式进行扶贫济弱的公益活动。另外,"义利之辩"也是儒家公益精神的重要体现。道家和道教教导人积德行善,佛教的核心教义慈悲为怀和因果业报渗入到社会的伦理生活中,唤醒了民众的道德自律,使人们意识到善恶报应也,悉我自业也。对于中国古代公益精神的思想渊源,应当秉持取其精华、去其糟粕的原则批判性地吸收,并结合中国特色社会主义新时代思想提炼出新的内涵。

(四)"公益实践育人"的人才培养理念

习近平总书记的立德树人观有三个维度,分别是以文化人、以德育人、实践育人。习总书记在北京大学考察时指出:"不论学习还是工作,都要面向实际、深入实践,实践出真知。"德行并非先天有之,总要通过言传身教才能习得,学校理应肩负引导学生树立正确德行观念的重任。学生不仅要作为"他者"、聆听者在课堂上吸收老师传授的专业知识、思想政治文化、道德伦理观念,更要在课堂之外,亲身经历,在实践中发觉自身主体性,转被动式学习为主动式学习。这种实践的过程可以令学生通过无私奉献、关怀他人、帮助他人摆脱困境感受到真实的喜悦和价值感,将书本上和老师口中的观念转化为自己的感受,"忧虑,激动,关心人们和社会的福利、幸福、美、欢乐——这些感情越深入儿童的心灵,儿童对自己的行为所流露的敏锐的感情就越加显得细腻。"[③]

---

① 卓高生:《当代中国公益精神及培育研究》,社会科学文献出版社 2018 年版,第 17 页。

② 彭柏林:《公益伦理的界定》,载于《云梦学刊》2007 年第 6 期,第 57 页。

③【苏】B·A·苏霍姆林斯基:《公民的诞生》,黄之瑞等译,教育科学出版社 2002 年版,第 31 页。

在法学教育过程中，应当把公益精神培育作为一个不可或缺的重要内容纳入思想道德教育和素质教育当中，积极为学生搭建公益实践平台，力争在第二课堂教育中大力倡导和灌输公益精神，营造"人人公益的校园文化氛围，形成关心人、尊重人、理解人、服务人的价值观"，创设公益教育的良好环境和条件，把公益精神培养融入具体实践过程中。

学生应当在公益实践中培养包含责任意识和奉献精神在内的公益精神。随着经济发展和社会价值多元化，经济利益越来越成为学生作出人生选择的第一要旨，高校不乏奉行利己主义的"精英"。但是，国家建设和社会发展需要兼具专业技能和奉献精神的法律人才承担公共责任，为他人奉献。公益精神的培育过程在大学教育时期至关重要，法律专业的学生走出法学院，走上工作岗位后，就会承担起律师、法官、检察官等重要社会角色，在工作实务中，他们不仅很难有机会去矫正个人的价值观，而且还会面临更多诱惑。如果没有在成长和学习过程中建立起坚定的是非观念，道德滑坡必将发生，轻则成为理性至上的法律机器，重则可能以权谋私，铸成大错。当法律人普遍缺乏道德观念时，将引发连锁反应，引起整个社会对法律和法律从业者的不信任，最终导致司法权威难以保障，民主社会亦会土崩瓦解。在学校的实践过程中，利他性质的志愿服务、公益活动并不包含经济利益或复杂社会关系的影响，学生可以体会到帮助他人所能获得的价值感。并且，因为法律纠纷是真实存在的，而不是课本上的教学案例，学生需要对每个环节和法律问题均进行仔细考虑，这有助于锻炼其负责任的态度，以及培养其敬业精神。同时，由于这种法律援助具有免费性质，所以对于树立法律人良好的社会形象也大有裨益。

（五）法律公益实践的社会服务功能

法学公益教育一方面要重视学生的价值，尊重学生的尊严，突出学生的主体性和创造性；另一方面教育学生不仅要注重自我价值的提升，还要重视社会价值的创造，为社会作贡献。①

法律公益服务对社会有四方面的价值。第一，它有助于推动民主政治的发展及树立民主政治观念。其中参与意识、互助意识是现代公民意识的重要内容，强调通过热心支持和参与公益活动彰显法律人自主、自立和自治的精神，扩大民主参与，促进民间社会互动。第二，它有助于维持社会稳定，有利于提升社会成员的向心力和凝聚力。公益性质的法律援助并非以个人恩赐的方式直接给予，而是通过社会公益机制，通过正当程序，间接传达给弱势群体。接受帮助可令弱势群体产生对社会共同体的认同，体会到社会的温暖，从而有助于缓解社会矛盾。第三，它有助于政府善治理念的实现。法律援助是政府与公民对公共生活的合作管理，是国家与社会组织的良性互动，是法律人自觉自愿为实现当下任务和长远目标而奋斗的体现。第四，它符合社

① 王玉福：《内涵·逻辑·实践：习近平立德树人观三维探析》，载于《实事求是》2019年第3期，第16页。

会主义核心价值观。在扶助弱者的公益服务过程中，法律人关怀社会和他人，增强了内心的向善力量，这具有爱国主义和集体主义特征，是中华民族精神和时代精神在法律领域的体现，是对社会主义核心价值观的深化理解和贯彻。

二、公益实践育人平台的建设

北京航空航天大学法学院公益法律服务中心的前身是成立于2002年的北航法学院法律援助中心，于2009年正式改组并更名。北京航空航天大学公益法律服务中心(简称中心)自身定位于一所为社会公众提供无偿法律服务的专业性公益机构，依托北航法学院丰富的师资、学术和学生资源，弘扬“乐于奉献、扶困济弱”之精神，践行北航“德才兼备、知行合一”之校训，捍卫法治“公平正义”之理念，为广大群众特别是社会弱势群体答疑解惑，排忧解难，尽己之力贡献于公益事业。

北京航空航天大学公益法律服务中心从成立之初就定下了“争创全国最好的高校公益法律服务机构”的发展目标，同时力争培养具有公益精神、德才兼备的人才，力争成为司法部、团中央、教育部认可的示范性高校社会服务基地。同时，中心立足北航，努力成为北航在社会服务与公益事业领域的一个品牌，成为展示北航文科风采的一面旗帜，成为社会公众了解北航的一扇窗口。

2010年4月，经中国法律援助基金会批准，北京航空航天大学公益法律服务中心获批中央专项彩票公益金法律援助项目实施单位资格，成为全国首批实施该项目的四所高等法学院校社团组织之一，为学生公益实践搭建了一个高层次平台。财政部、司法部《中央专项彩票公益金法律援助项目实施与管理暂行办法》，首次将高校法学院校社团组织纳入项目实施单位的范畴，为学生承办法律援助案件提供了直接的国家财政资助，意义重大。中心参与实施中央专项彩票公益金法律援助项目，是贯彻落实中央“保增长、保民生、保稳定”决策部署的一项重要举措，也是对党中央、国务院对法律援助工作的高度重视的积极落实。

依托该中央专项彩票公益金法律援助项目的支持，北京航空航天大学公益法律服务中心引入专业律师事务所的案件管理机制，建立健全的规章制度，实行岗前培训、团队合作、教师监管、案件汇报、文书审批制度，确保高质量承办法律援助案件，是一个兼具公益性社会服务、实践性法学教育、法学教育改革研究三大功能的产学研一体的机构。中心作为北航法学院开展公益实践课程的基地和平台，遵循法律诊所课程的特点和规律，寓法律教育于公益服务，积极探索法学教育模式的改革。

北京航空航天大学公益法律服务中心工作人员全部由在校本科生和研究生组成，有一百余名工作人员。中心精心选拔并培养素质高、能力强、富有公益心和责任感的优秀学生进入中心工作。中心积极开展接待来访、电话咨询、网络咨询、代写文书、法律援助和普法宣传等形式多元的法律服务工作，业务领域包括民事侵权、劳动者、消费者、婚姻家庭等方面的权益保护，为未成年人、残疾人、老年人、农民工等社会弱势群体提供完全免费的法律服务;一方面,依托中心项目实施,探索出高校法律援助工作规范化、专业化与可持续发展的道路,努力建成一支高素质的法律援助志愿者队伍,为中国法律援助事业增加一支生力军,弥补政府法律援助资源的不足;另一方面,实现法律援助进校园,弘扬法律援助精神,宣传法律援助宗旨,为我国的法律援助事业源源不断地培养并输送专业人才。

北京航空航天大学公益法律服务中心设立诉讼代理部、办公室、项目部、外联部等职能部门,为课程的顺利进行提供保障。诉讼代理部是中心的核心业务部门,主要负责中心成员代理案件的审查报备和分配,及案件档案的归纳整理等事项。该部下设若干小组,涵盖中心全体成员,主要负责法院和中心的值班、接受咨询、接待当事人和代理案件等工作。办公室是中心的管理、监督、协调部门,负责中心的财务管理,代理案件的公益金申请,协会活动海报及宣传视频、材料的制作,中心公共邮箱、微信平台的管理,学习及活动资料的整合和共享,简报制作,部门例会制度监督,中心成员的分工安排、考核评定事项及奖惩机制等。外联部负责中心的对外交流与联络。其主要工作包括为同学们联系实习单位,承办法学院招聘和留学宣讲会,为大型活动联络赞助商,开展高校间的交流活动,对外宣传、树立中心良好形象等。项目部是中心的实践拓展部门,主要负责中心各项对外活动的组织与策划工作,负责与司法实务部门对接,培养学生的实践能力。中心会对所有课程参与人员进行考核。在中期考核中,指导老师将根据咨询记录表、法律分析意见书、中期考核报告对课程参与人员进行评价,评价等级分为优秀、合格、不合格。在中期考核中被评为“不合格”者将无法参与下一阶段的课程。在终期考核中,指导老师将根据咨询记录表、法律分析意见书、终期考核报告对课程参与人员进行评价,评价等级分为优秀、合格、不合格。在终期考核中被评为“不合格”者将不能获得该课程的学分。

三、法律咨询公益实践

北京航空航天大学公益法律服务中心的学生会定期轮流到海淀区人民法院立案大厅值班,接待咨询人员。中心制定了《北京航空航天大学法学院公益法律服务中心来电来访咨询接待规则》,确立了值班时间、值班纪律、首问负责、填表与存档等一系列制度,保障了法律咨询接待工作的规范化进行,为法律咨询接待的进一步规范化运作奠定了坚实的制度基础。中心还出台了一系列管理规定,各组以周为单位轮流值班,各组组长负责指派专人在咨询接待室值班,接待来电来访咨询人员,并做好交接班工作。中心实行咨询首问负责制和咨询登记制度,最先接听电话或者接待当事人的值班人员为首问接待人,必须负责该件咨询案件的回复,严禁委托他人解答;同时,对来电来访咨询进行登记,做到“一问一表”。

咨询登记表是值班成员记录每位咨询人基本信息、咨询问题、答复意见的登记表,是咨询工作的重要内容,每名值班成员需要认真仔细填写。每轮值班结束后,值班成员于一周内撰写一份法律分析意见书，并由组长组织一次案例讨论会，邀请指导老师参加，讨论会由每位成员分享值班和代理案件过程中所遇到的疑难问题以及感想、收获，指导老师现场指导。每位成员每学期至少要参加一次案件讨论会。每位成员每学期须撰写两份法律分析意见书，以此作为锻炼学生法律思维能力与提高法律文书写作水平的重要途径，同时也是中心成员中期考核和终期考核的必要材料。

对于本组成员全部有课的时间，可以采取同学轮流向任课老师请假一次的方式解决问题。中心成员必须严格遵守值班安排表，不迟到不早退，如有特殊情况无法值班，必须自行联系其他同学代替值班，并落实好交接事宜，坚决避免出现脱岗离岗现象，损害法学院的公众形象。中心统一制定签到簿并放在资料袋中，每次值班均须由实际值班的同学签到。各组组长、咨询部长和指导老师将不定期检查考勤记录。出现未到岗情况的，值班安排表上确定的值班人员为唯一责任人。首次脱岗，中心予以通报批评，第二次脱岗，责令退出中心，取消相应成绩。

为了落实接待规则的要求，中心印制了《北航法学院公益法律服务中心海淀法院法律咨询接待工作手册》，人手一册，在中心学生前往法院接待法律咨询之前，组织学生认真学习。此外，中心还印发了《在海淀法院接待法律咨询指南》《常见法律问题解答》等文件，为学生回答法律咨询问题提供了指导与参考，可避免学生因生疏、盲目而造成工作失误。

四、法律援助公益实践

（一）法律援助概论

生存与发展是人类面临的永恒哲学命题。在现代社会，生存权、发展权等社会性权利得到了世界上大部分国家的认可与保障。社会弱势群体，由于社会或个人的原因，无法跟上社会发展的脚步，特别是缺乏社会生存能力、竞争能力、劳动能力或因遭遇突发事件而生活困难的人，无法通过努力走出生活的困境。这就要求社会给予他们特别救济，通过人道主义帮助，为他们的生存、发展提供基本的物质生活条件，使他们的社会权利得到应有的保障。

在经济发展转向快车道的当今中国，贫富差距正在拉大，对社会资源的再次分配决定了社会的公平程度。为弱势群体提供法律援助事实上是一种对于司法资源的重新配置。

我国《法律援助条例》中规定"法律援助是政府的责任"。但即使是在发达国家，政府也无法承担法律援助的全部责任，满足社会的全部需要，这就需要其他具有法律援助能力的社会主体承担补充性责任。同时，中国社会对法律援助的需求与国家法律援助资源之间存在的巨大缺口和矛盾，就意味着在现实中有众多需要并应当得到法律援助的人得不到法律援助，从此意义上讲，法律援助不仅仅是政府的责任，也是法律职业共同体乃至全社会的责任，是一项社会公益事业。[①] 法学院具有承担这一公益服务的后备力量，也应当为其提供法律帮助。

法律援助是一项扶助贫弱、维护社会弱势群体合法权益的社会公益事业，是国家经济发展、社会文明进步和法治观念增强的结果，也是我国实践依法治国方略的重要举措。

古罗马法学著作《法学阶梯》中有一句话："法学乃正义之学。"如果说具有公益精神是对法律人的卓越性要求，对公平正义的追求则是法律人的本质属性。早在古希腊时期，正义就已经是最重要的美德。亚里士多德认为，在各种德性中，"公正是最主要的，它比星辰更加光辉"，"公正不是德性的一个部分，而是整个德性"。在我国，促进社会公平正义、增进人民福祉是全面深化改革的出发点和落脚点，也是中国共产党治国理政的重要价值取向。中国特色社会主义进入新时代，习近平总书记在十九大报告中指出："我国稳定解决了十几亿人的温饱问题，总体上实现小康，不久将全面建成小康社会，人民美好生活需要日益广泛，不仅对物质文化生活提出了更高要求，而且在民主、法治、公平、正义、安全、环境等方面的要求日益增长。"公平正义不仅是法律人的追求，也是全社会共同的追求。

中华民族自古以来就崇尚公平正义，社会公平是中国传统文化中的重要价值取向。儒家对"义利之辨"议题的讨论影响深远，孔子认为"利者，义之和也"，只有正义的利益，才是可以追求的。《论语·里仁》中写到"君子喻于义，小人喻于利"，主张君子应当以正义作为行为标准。孔子"有教无类"的主张也体现了他对教育公平的向往和实践。在孔子的义利之训之后，孟子也阐明了自己对义利的态度。在他的思想中，义甚至要高于生命，在生与义不可兼得的情况下，宁愿舍生而取义。道家认为，无论有情无情，人和自然界的万事万物都是平等的。《庄子》中曾指出："万物皆种也，以不同形相禅，始卒若环，莫得其伦，是谓天均。"即宇宙万物虽然种类不同，形态各异，但是相互联系相互影响，都是趋向均等的，这样才合乎自然。庄子认为从道的观点来观察宇宙万物就没有贵贱之分——"以道观之，物无贵贱"。《庄子·齐物论》中讲到，"天地与我并生，而万物与我为一"，认为人与万物同为一体，没有两样。老子批判了当时社会中违反天道的不公正现象，他在《道德经》中主张人只有遵循天之道才能实现公平。佛教认为"众生平等"，人类应当行善止杀，不杀生是佛教戒律的关键要旨。世间法应以平等心对待一切人、事、物。

马克思在《1844年经济学哲学手稿》中指出，平等是共产主义的基础，也是共产主义的政治论据[②]。马克思、恩格斯认为，公平正义具有历史性特征，其实现要以生产力为基础。公平正义的内涵是随着历史和时代的发展不断发展变化的，《德意志意

---

① 蔡彦敏：《诊所法律教育在中国制度化建设中亟待解决的问题》，载于《环球法律评论》2005年第3期，第272页。

② 马克思、恩格斯：《马克思恩格斯全集》(第3卷)，人民出版社2002年版，第482页。

识形态》中写到，由于在私有制社会中受有限的生产力的制约，使得人们的发展只能是一些人靠另一些人来满足自身的需要，从而导致一小部分人获得了发展的垄断权；而大多数人却不得不经常地为满足最迫切的需要而进行斗争，"因而暂时(即在新的革命的生产力产生以前)失去了任何发展的可能性。"[①]在一个自由人联合体中，管理更加民主，人民享有平等的权利。人人都必须劳动，生产的目的就是实现共同富裕。每个生产者都能够按照自己对社会的付出公正地获得自己应该得到的回报。[②] 共产主义社会不仅将实现经济上的平等，在民主权利、社会福利等各方面也更加公平。全体社会成员平等地享有和支配发展和表现一切体力和智力所需要的资料。习近平总书记在纪念马克思诞辰 200 周年大会上的讲话中指出："马克思、恩格斯设想，在未来社会中，'生产将以所有的人富裕为目的'，'所有人共同享受大家创造出来的福利'。"

法律援助体现了法律人对公平正义之追求的一种向下延展和拓宽，为无法承担法律服务费用的弱势群体提供诉求法律救济的机会。让老百姓在每一个案件中都感受到公平正义，这是对司法系统的要求，也是法学院学生的努力目标。在实施法律援助过程中，通过讲解法律法规、司法程序等，在正式法律程序之外为法治意识较为淡薄、没有接受过法律教育的普通老百姓和社会弱势群体耐心讲解相关法律问题，不仅可以帮助他们，而且可以传播法律意识，普及法律知识。法律公益活动有助于使法学教育更契合当代社会发展的急需，并为在更大限度上实现社会正义与法治作出应有的贡献。诊所法律教育就是通过培训学生为社会弱势群体提供法律援助的方式来达到实施法律援助和培养更具社会适应性的法律人才的双重目的，进而推动社会正义的实现。

(二) 法律援助服务质量的保障

1. 完善规章制度保障机制

北京航空航天大学公益法律服务中心着眼于项目的规范化运作，依据《中央专项彩票公益金法律援助项目实施与管理暂行办法》的相关规定，制定了各项规章制度，印制了法律援助工作手册，其内容包括中央专项彩票公益金法律援助项目法律援助案件办理规则、法律援助案件质量监管办法、档案资料管理办法、财务管理办法等，涵盖了从最初的案件受理到最后的专项资金使用的项目实施的全过程，以指导案件承办人高质量地办理法律援助案件。

中心不断总结经验，对之前制定的办案流程和规则进行了修正和优化，出台了全新的民事案件办理规则、学生办理民事案件指南、法律援助案件监督管理规则，提高了工作效率，完善了案件质量监督机制，全程追踪案件办理进程。这些制度建设为中

---

① 马克思、恩格斯：《马克思恩格斯选集》(第 3 卷)，人民出版社 1995 年版，第 275 页。

② 冉文伟：《习近平公平正义观的理论渊源探析》，载于《中共青岛市委党校青岛行政学院学报》2018 第 5 期，第 6 页。

心的可持续发展和中央专项彩票公益金法律援助项目的继续运行奠定了坚实基础。

2. 引进律师规范办案机制

北京航空航天大学公益法律服务中心积极探索建立校外专职律师协助办案机制，聘请了数名热心公益、品行端正、司法实务经验丰富的校外专职律师作为兼职指导教师。对于较为复杂的法律援助案件，由中心成员作为主承办人，专职律师作为协助人，共同承办法律援助案件。另外，为确保案件办理的规范化和专业化，中心按照律师事务所办理案件的标准印制了全套的法律文书范本，要求所有案件承办人员认真填写各种文书并及时上报，通过对这些文件的管理促进办案的规范。中心狠抓案卷的标准化与规范化。案卷制作是否完整、精细、专业是衡量办案质量与办案人员专业素质的重要标准。中心印制了全套的法律文书范本，并根据已结的典型案例制作标准示范案卷，通过对案卷的管理确保办案的规范。

3. 教师监督指导机制

北京航空航天大学公益法律服务中心将全体学员分为若干小组，每一个组配备一名专门的具有律师执业资格、司法实务经验丰富的督导教师。在案源方面，督导老师严把案源关，避免承接过于复杂或者胜诉把握不大的案件。中心对所有法律援助案件的申请，一律由督导教师审查决定是否受理。在办理案件过程中，承办小组办理案件受到督导教师的指导。对每一件法律援助案件，应当在受理申请后庭审前，由承办人与督导教师召开案件研讨会，由主承办人报告案件的基本情况、争议焦点、法律适用意见以及案件办理思路，经全体师生讨论和修改后，形成明确的办案思路和法律意见。

4. 团队合作机制

对于受理的法律援助案件，诉讼部收到案件材料后应做好受理案件的登记与统一编号，并将案件分配至各组，由该组组长于两日内确定该组的三至四名成员组成案件承办小组。组长应指定案件承办小组中的一人为主承办人，其他人为一般承办人。组长同时应指定包括主承办人在内的两名承办人作为案件代理人出庭应诉。案件承办小组全体承办人为案件的最终责任人，负责共同完成会见申请人、案件讨论、调查取证、文书起草、出庭等工作。承办人之间应精诚合作。对有争议的事项，由该承办小组的组长决定处理办法。主承办人为案件承办小组的负责人，负责材料领取、会议召集、工作分配、信息上报、资料保管及立卷等工作。办案过程中，除非主承办人明显违反中心的各项规章制度，否则一般承办人都应当服从主承办人的指示。未经诉讼部批准，办案过程中不得随意更换承办人、主承办人和代理人。

5. 严格选拔机制

北京航空航天大学公益法律服务中心面向新入学的法学硕士研究生，以及高年级本科生、二年级法律硕士研究生，并采取“宣传—申请—面试”的路径进行招新。经过精心组织，中心简况以及中央专项彩票公益金法律援助项目简况等信息普及到了每一位招新对象，同学们热情高涨，踊跃报名。经过严格考核，一大批素质高、能力强、热心社会公益的学生加入到了中心。另外，每年10月份，中心将在80多名新成员中精心遴选10余名责任心强、热爱法律援助事业、综合素质高、通过司法考试的学生进行重点培养。他们将担任新一任组长，与上一任组长平稳交接工作。担任组长后可以指导新学生办案，并且会一直工作到新一批业务骨干产生才离开中心。

6. 服务保障机制

北京航空航天大学公益法律服务中心下设四个职能部门，分别是诉讼代理部、办公室、项目部、外联部。对各部门都规定了明确的工作职责与具体的业务实施细则，由各岗位负责人协助中心督导教师承担大部分行政管理事务。各岗位负责人分工合作，各司其职，确保中心各项工作有条不紊地开展，使督导教师可以专注于指导学生办案。

部门成员由中心从全体成员中遴选，他们对中心的各项规则以及彩票项目十分了解，办事细致，认真负责，确实能够担当起中心各项工作的管理职责。中心建立管理层成员例会制度，每月召集管理层成员开会，对中心管理中存在的问题以及中央专项彩票公益金法律援助项目实施中存在的问题进行商讨，以使这些问题能够得到及时有效的解决。

7. 健全培训机制

北京航空航天大学公益法律服务中心注重对中心成员进行综合素质的培养。首先，中心每学年至少举行一至两次集体培训大会，每学期至少举行一至两次小组案例研讨会，通过会议的方式进行经验的推广和教训的总结。其次，中心探索通过线上会议、分组会议等更加灵活的方式来实现中心成员之间的交流。最后，中心采用小组负责老师制，充分发挥法学院强大的师资力量，聘请实务经验丰富的老师为小组负责老师，中心成员在代理案件的整个过程中都要与指导教师保持密切的联系，确保最大限度的专业性。另外，中心还邀请具有丰富实务经验的律师对中心成员进行培训，通过向中心成员讲解会见当事人的技巧以及注意事项，使中心成员进一步了解如何高效地处理案件，有效地提高了中心成员的办案能力，增强了其办案信心。

8. 案件质量监管机制

北京航空航天大学公益法律服务中心高度重视中央专项彩票公益金法律援助项目案件的办理质量，确立了“质量至上”的原则，建立起“事前—事中—事后”“诉讼部—督导老师或督导律师—组长”的全过程多层次办案质量监管制度体系，收到了良好的效果。中心明确规定，案件的全体承办人就案件办理质量向中心负责。中心设置诉讼代理部，专门负责法律援助案件办案质量的监管。承办人在办理案件的过程中，准备向法院、仲裁委、仲裁庭、其他单位和个人提交的起诉书、代理词、申请书等法律文书，一律需要经过诉讼代理部审核才能向外出示。如承办人未经诉讼代理部审核即向外出示法律文书，中心将依奖惩规则严肃处理。

在案件办理完毕后，诉讼代理部将对所有卷宗进行审查，如发现有卷宗不符合要求，一律退回承办人改正，直至合格为止。诉讼代理部负责采用电话回访、邮件回访、直接回访等方式对案件当事人进行回访，回访主要了解当事人对承办人服务态度以及办案结果的满意度。回访中，如果当事人对案件质量评价为“不满意”或者“非常不满意”，诉讼代理部将询问清楚具体情况，并向中心报告处理。

自 2010 年 4 月实施中央专项彩票公益金法律援助项目以来，中心承办的所有案件没有一起出现质量问题，没有一个当事人对办案质量评价为“不满意”。

中央专项彩票公益金法律援助项目的实施，首次把高等院校学生社团组织纳入法律援助实施单位的范围，这是我国探索“政府主导、社会广泛参与”的法律援助新模式的重大突破，也是对高校法学院系参与法律援助事业的极大支持和鼓励。这一项目的实施可优化整合各方法律援助资源，广泛调动社会资源参与、支持法律援助，培养壮大法律援助队伍，促进办案效率和质量的提高，为困难群众提供更加便捷、专业的法律援助服务。

北航法学院深刻认识到参与实施中央专项彩票公益金法律援助项目的重大意义。北京航空航天大学公益法律服务中心作为目前为数不多的高校社团类项目实施单位，可谓既拥有宝贵的发展机遇，又承担着重大责任。中心以此次项目的实施为契机，在全国高校法学院系中率先走出一条高校法律援助工作规范化、专业化与可持续发展的道路，努力建成一支高素质的法律援助志愿者队伍，其意义不言而喻。

五、法制宣教公益实践

普法宣传教育工作的进行，对提高公民法律素质、推进依法治国方略、建设社会主义法治国家具有重要意义，也是构建社会主义和谐社会的题中之义。

(一) 成立普法宣传队伍

北京航空航天大学公益法律服务中心组织策划法制宣传项目并指导学生志愿者具体实施，努力打造一支专业性强、组织结构健全、具有可持续性的普法志愿者队伍，走进社区，面向社会公众开展普法宣传活动。为确保各项活动的规范性，中心制定了详细的工作规章制度。中心的学生每年有更替，但中心的组织结构、规章制度、管理人员保持不变，实现了中心的稳定与可持续发展。2011 年，在北京市法制宣传志愿服务总队的领导和关心下，成立了北京航空航天大学普法宣传志愿服务支队，北京航空航天大学公益法律服务中心的全体教师和学生也同时成为普法宣传志愿服务支队的志愿者。这种管理体制上的相互依存便于集中优势力量统一管理，在契合北京市法制宣传志愿工作大局和统一部署的同时，也可继续保持中心法制宣传志愿工作的自身特色。

2011 年，中心积极参与了北京市法制宣传办公室、司法局、市教委、团市委组织的"青春船长、法治起航"活动。北航的志愿者们根据中小学生的特点精心设计了他们喜闻乐见、容易接受的宣传方式,逐渐摸索形成了四位一体的标准化、专业化法制宣传形式。在项目实施过程中,逐步探索普法宣传志愿活动的规范化、常态化和专业化。在规范化方面,对于志愿服务实现预先规划,明确流程,做好记录,反馈总结,每次活动都有章可循;制定切实可行的志愿服务手册,规定从事先联系到活动前准备、现场活动、总结的全方面行动指引,以规范促实效,以规范保传承。在专业方面,集思广益,针对青少年的特点精心设计、反复修改课件和讲义;在志愿者中实现资源共享,使得每一次普法宣传活动都能有最有趣、最有效的课件。在常态化方面,与中小学校签订合作协议,搭建平台,完善沟通机制,建立紧密长久的合作关系,探索项目实施的长效机制,并在合作过程中不断收集反馈信息,让学生真正受益。

(二)建设稳定的普法宣传阵地

北京航空航天大学公益法律服务中心扎实建设稳定持久的法制宣传基地和平台,形成规章制度,确保法制宣传工作的常态化和规范化。2010 年 3 月,在花园路街道办事处、花园路司法所和北航社区管理办公室的大力支持下,海淀区花园路街道北航社区法律服务室有了一间独立的办公室,中心的志愿者们扎根社区法律服务室,已经成为周边居民熟悉并喜爱的"法律服务便民点"。2011 年 9 月,中心正式入驻海淀区人民法院立案大厅,志愿者每个工作日值班,为当事人提供免费法律咨询服务,发放法制宣传材料。中国法院网、北京电视台、《海淀报》等对这项工作进行了报道,大大提升了中心的社会知名度。

(三)开展特色普法宣传活动

北京航空航天大学公益法律服务中心通过普法进校园——模拟法庭活动、宪法演讲、横幅宣传、向路过的师生发放法制宣传单、百人签名等形式进行宪法日宣传活动,强化学生的法治意识,树立宪法权威。中心在各级司法行政机关的指导下,充分发挥高校法学院系学生人数多、素质好、热情高、责任心强的资源优势,让学生以普法宣传志愿者的身份,积极开展法制宣传、法律咨询、法律援助等公益性法律服务活动,努力探索高校法制宣传志愿工作的"北航模式"。此外,法学院定期在学校的各大报告厅、会议室针对教职工和学生关心的法律问题,如就业、劳动保护、婚姻法等问题,开设各种各样的法学讲座,为法制宣传教育工作不断注入新鲜的血液。

六、公益服务成就与人才培养成果

(一)法律援助办案成果

通过持续不断的努力与探索,北京航空航天大学公益法律服务中心承办中央专项彩票公益金项目法律援助案件取得累累硕果。从近几年的数据看，2015—2016年，中心共接案25件（以正式立案为标准）。在已接案件中，结案25件，已申报25件，已审核25件，结案率为100%，申报率为100%，已审核率为100%。从法律援助对象上看：已结案件中，农民工权益保护案件15件，占总案件数量的60%；老年人权益保护案件4件，占总案件数量的16%；家庭妇女权益保护案件、未成年人权益保护案件、残障人士权益保护案件各2件，各占总案件数量的8%。从案由上看：劳动合同纠纷案件数量较多，达到14件，占已结案件总数的56%；机动车交通事故责任纠纷案件、借款合同纠纷案件各2件，各占已结案件总数的8%；抚养纠纷案件、健康权或身体权纠纷案件、劳务合同纠纷案件、离婚纠纷案件、委托合同纠纷案件、一般人格权纠纷案件、租赁合同纠纷案件各1件，各占已结案件总数的4%。从承办结果上来看：现有明确登记承办结果案件25件，其中胜诉（包括部分胜诉）案件9件，调解或和解案件7件，撤诉案件5件。

2016—2017年，中心共接案11件（以正式立案为标准），接案数相对上一年同比下降56%。在已接案件中，结案11件，已申报11件，已审核7件，结案率为100%，申报率为100%，已审核率为64%。从法律援助对象上看：已结案件中，农民工权益保护案件7件，占总案件数量的64%；老年人权益保护案件4件，占总案件数量的36%。从案由上看：劳动合同纠纷案件数量较多，达到6件，占已结案件总数的55%；健康权纠纷、财产损害赔偿纠纷、社会保险纠纷、租赁合同纠纷、借款合同纠纷案件各1件，各占已结案件总数的9%。从承办结果上来看：现有明确登记承办结果案件9件，其中胜诉（包括部分胜诉）案件3件，调解或和解案件2件，撤诉案件3件。

2017—2018年，中心共办理法律援助案件35件（以正式立案为标准）。从法律援助对象上看：农民工劳动权益保护案件4件，占申请项目的57%；老年人权益保护案件2件，占申请项目的29%；残疾人权益保护案件1件，占申请项目的14%；共帮助7位受援人挽回经济损失111355元。

（二）人才培养效果

北航的校训是“德才兼备、知行合一”，学生参与项目实施，无疑是对校训的最好诠释。每一名参与公益实践的学生都能明显感受到自己的进步与收获。学生们深刻体会到，参与各项公益实践既是对社会的贡献，也是自身进步的阶梯，在办案中的努力付出和辛勤工作将获得丰硕的回报，实现自我价值与社会价值的统一。北京航空航天大学公益法律服务中心的经验表明，我国高校法学教育与法律公益服务的深度结合，能够获得广大法学专业学生的衷心拥护和支持，是一项具有持久发展潜力与无限发展空间的事业。

中心一般不承办疑难复杂法律援助案件，主要办理事实较为清楚、证据较为充分的案件，但这并不表示中心的意义有限。诉讼本身比较复杂，尤其是对第一次打官司的贫困当事人而言。案子再小，他们每走一步也都是艰难的，一定存在畏惧、茫然和慌乱情绪，事实上，没有我们的陪伴和支持，很多当事人都会因畏难而选择放弃权利，即使心有不甘也无可奈何。还有些案子的当事人缺乏必要的证据意识和能力，如果没有我们在取证、举证和法律方面的指导、帮助，一些他们应享有的权利很可能不被支持。正如习近平总书记指出的，要在每一个案件中实现公平正义。中国的法治事业不仅需要大案要案的指引，也需要在无数小案子中实现法律的公平正义，正所谓"聚沙成塔，滴水成河"。

学生收获的还有满满的自豪感。对学生而言，参加法律援助，是在亲身参与一项中央级的惠民项目，遇到一些单位和个人因办案学生的身份而有疑虑时，学生们总会大大方方地宣传介绍中央彩票公益金法律援助项目，项目的实施已经成为法学院乃至北航的一面旗帜。《法制日报》、北京电视台等主流媒体对中心的项目实施工作进行过十余次宣传报道，中心的法律援助工作还荣获北京市"六五"法治宣传教育创新项目高校组一等奖。

以下是部分学生的学习心得：

在海淀区人民法院值班已经一年了，这一年中接待的案子给我带来了与在学校进行法律学习截然不同的感受，让我进一步认清了我的不足以及今后要努力的方向。为了让来访者能够得到切实可行的解决问题的方法，我们要使出浑身解数，有时候如果遇到情绪很激动的当事人时，更是难上加难。我的方法是：尽量使自己的语气变得平缓，多听当事人叙述，解答问题时一定要紧扣法律依据，如果遇到情绪激动的当事人，一定要更加耐心地向他们解释相关的法律条文规定。

社会很需要我们，弱者很需要我们，需要我们走下去。法律援助活动让我们看见了社会上那些需要帮助的人：作为法律人，必须担当起社会责任，让社会变得更加美好！在这里很感谢北京市海淀区人民法院法律援助中心给予我们的机会！

——刘梦琳

在法律援助值班中，将法律规则与法学理论应用于真实案件，使我能在法律实践中不断学习法律知识，提高法律文书写作能力，让自己思维更加活跃，也变得更加耐心。因为我们会面对当事人的各种各样的问题，他们的问题涉及很多方面，如合同纠纷、侵权纠纷、婚姻关系、遗产继承、民事起诉状的书写、如何立案，等。我们在回答当事人的问题时，需要大脑快速运转，在已有的知识库中高频回顾这个问题与哪个知识点相关，应该适用什么法律、司法解释，用什么样的法律方式来解决这个问题，这无疑能高强度地巩固我们所学习的知识，训练我们的实务能力，让我们变被动学习为主动学习，将学习到的理论知识与法律实践相结合，既锻炼了我们的司法实务能力，也加深了我们对法律的理解和运用。通过在法律援助中的学习，我明白法学专业的学习要与客观的实践相结合，要在以理论知识为基础的同时注重实务能力的培养，因为法律学习的效果最终要在实践中体现。

总之，回顾这一学期的法律援助课程，我觉得自己学到了很多东西，既有法律实务中的实用技巧，又有对现实法律状况的初步认识；既认识到了观察细节的重要性，又认识到写作能力对于法律人的意义;既增长了一定的个人能力,又体会到了团队合作的关键性。最重要的是我拥有了法律实务方面的第一手经验,明白了法律只有融入了真实的生活才会变得生动和鲜活,才会发挥其对社会独有的作用,要成为一个真正的法律人,我们还要从生活这个大课堂中学习很多很多。

——唐柯

本学年的法律援助为我拨云见日,让我意识到司法行业的使命感与责任感,让我愿意为之倾注心血,贡献自己的绵薄之力。我们都想成为改变世界的人,都希望可以成为规则的制定者,而非既有制度的盲目遵从者。改变世界之于我,也许就是成为一个守护正义感、守护社会良知的人吧!没有那么多的私心、私利,只要让纠纷变得明朗,让双方当事人都满意,不再针锋相对,这便足以让我心满意足了。

——张睿圆

七、对外交流与合作

北京航空航天大学公益法律服务中心自成立以来,不仅注重自身的不断完善建设,也十分注重各项宣传交流工作。中心根据不同的需求,积极开展各种交流合作。在国内交流方面,中心积极与兄弟院校法律援助中心及社会公益法律服务机构建立联系,在合作交流过程中,彼此之间增进了了解,吸取了各自在中心管理、办案流程等方面的经验,并且通过了解积极探索有益于双方的合作方式。在国际交流方面,为提高北京航空航天大学公益法律服务中心的国际化程度,中心主动与较为知名的国外高校法律援助中心联系,并与之互相发送工作简报以保持信息交流,还积极邀请在公益法律实务方面卓有成就的国外高校法律援助中心指导老师来我中心进行交流访问。

中心与北京林业大学法律援助中心、清华大学法律援助中心、北京大学法律援助中心、北京化工大学法律援助中心建立学习交流机制。通过互访学习,各组织对诉讼代理的对象限制、案件限制、风险防控以及人员培训等方面进行了交流讨论,同时也在组织管理和社区文宣方面交换了经验。澳大利亚纽卡斯尔大学法学院从 2017 年到 2019 年连续三年来北京航空航天大学公益法律服务中心进行交流学习。双方对法律诊所概况进行介绍和交流,澳方通过角色扮演的形式向我们展示了其会见当事人、和解、调解及模拟法庭的情景,我方则通过动画、PPT、角色扮演、案例研讨会展示的形式向澳方介绍中心的历史发展、取得的成果、办案流程、运作和管理模式,并且邀请其去北京市海淀区人民法院法律援助中心办公室参观。通过与纽卡斯尔大学的交流,中心吸取其先进经验,拓展了北航师生与外国学者的交流,促进了中心的事务发展和体制完善。

中心积极参与“学习贯彻党的十九大精神 深入推进中国法律援助基金会规范化建设”座谈会、北京市高校法律援助社团交流会、上海法律援助高校交流会等活动,积极取长补短，相互学习。除了与其他高校的法律援助中心互相参观访问外，中心还积极与社会热心公益事业的政府部门、科研单位、非营利组织、律师事务所、企业等机构进行交流合作，以求共同促进我国公益法律事业的发展。中心还与公益机构就具体工作开展可能出现的困难与问题进行了沟通，表达了建立长期合作的意愿，并探讨了合作方式。

第七章 立德树人与学风建设

邹沛东①

一、卓越法律人才培养中的学生党建工作

(一) 学生党建与学风建设的关系

1. 二者紧密联系、相辅相成

(1) 根本目标的一致性

在卓越法律人才的培养过程中,就提高人才培养质量和水平而言,学生党建工作和学风建设两者的根本目标是一致的,均服务于实现立德树人的根本任务。立德树人着眼于把社会主义核心价值体系融入国民教育,引导学生树立正确的世界观、人生观、价值观、荣辱观。学风是党风的"晴雨表",党风决定学风,学风反映党风,党风正学风才会更正。要以党风引领学风,以学风促进党风。

(2) 工作主体的一致性

这主要体现在二者均以党支部作为开展工作的基本单元上。学生党支部作为高校党建的基层组织和组成单元,不仅承担着教育与管理广大学生党员的重要职责,更是集聚优秀能量,在广大同学中实施模范引领的重要窗口。中共中央党校在《党支部工作问答》中表示:学生党支部要注意发挥学生党员的先锋模范作用,影响、带动学生明确学习目的,完成学习任务,努力成为有理想、有道德、有纪律、有文化的社会主义事业的建设者和接班人。作为大学生群体中的先进分子,学生党员应当扮演学风建设排头兵的角色。

(3) 工作内容的一致性

学风建设的主要内容是培养学生树立正确的学习观、形成良好的学习习惯、掌握正确的学习方法;学生党建的核心内容是思想政治教育,包括引导学生树立正确的三观、促进学生的全面发展。二者都涵盖了社会主义核心价值观教育和理想信念教育的内容,是党性修养与学习素养相结合的结果。

---

① 北京航空航天大学法学院党政办主任、团委书记。

2. 学生党建是学风建设的思想政治保证

加强和改进高校学生党建工作，是充分发挥党的政治优势和组织优势的体现，是实施科教兴国战略和人才强国战略的体现，更是坚持社会主义办学方向的体现。学生党建工作的对象是大学生，培养、发展和管理教育一支素质过硬的学生党员队伍，有利于发挥学生自我管理、自我教育、自我服务的功能，为学风建设提供思想保证。加强学生党建工作是促使大学生全面成长成才的需要，是促进学风建设的必然要求，学生党员的先锋模范作用有利于营造学习先进、崇尚先进和争当先进的良好氛围，为学风建设提供政治保证。学生党建工作通过深化理想信念教育，以德育促学风、以管理促学风，最终实现"德才兼备"的培养目标。

3. 学风建设是学生党建的有效载体

学生党员既是高校工作的对象，又是学风建设的骨干力量。强化学风载体建设，有利于巩固学风建设在党建工作中的核心地位，也有利于形成学风建设与党建工作互为促进的良好局面。党支部是促进学风建设的主要力量，牢固树立培育优良学风的正确导向，有利于支部最大限度地吸引广大青年学生，壮大党员队伍，凝聚青春力量。通过长期一贯的学风建设，大学生能够树立正确的学习观和成才观，具备较好的学习意识和政治意识，掌握扎实的专业技能，对学生党员的培养发展具有重要的促进作用，对高校学生党建工作具有重要的推动作用。

(二) 学生党建在服务学风建设中存在的问题

目前，高校学生党建工作在促进学风建设方面还没有形成院校党委、教师、学生党支部、学生和家长的多方合力，还没有建立起良好的"传、帮、带"长效机制，存在"党建学习两张皮"的现象。出现这种现象的原因是多方面的。

首先，未能形成以党建促学风的有效工作机制。在工作开展上，以宣传号召为主，主要凭党员自觉，还没有固化为工作职责与工作制度，使得大学生党员对于促进学风建设缺乏明确清晰的参与路径，让一些大学生党员空有服务周围同学之心，却无用武之地。在考核管理上，缺少量化指标和制度约束，没有针对性强的个体指标，无法检验工作效果。在结果固化上，存在虎头蛇尾的情况，既不对行之有效的做法进行奖励，也不对敷衍了事的行为进行惩罚，难以形成推动学风建设的持续动力。

其次，以党建促学风的路径陈旧单一。一是传统途径缺乏生命力。在已经开展的工作中，基本以课程帮扶、课堂检查等方式为主，成绩的提升主要取决于学生的主观能动性，极易使被帮扶学生陷入疲惫或产生反感。二是对网络新媒体的使用效果一般。随着互联网思政工作的兴起，一些以学生党建为主题的微信公众号、视频号如雨后春笋般出现，但在内容的吸引力、说服力上却严重不足，甚至"无疾而终"，这不仅起不到促进学风的作用，一定程度上甚至给学生党建工作帮了倒忙。

最后，学生党建自身存在问题，打铁尚不能自身硬。一是对学生党员存在"重发展、轻教育”的顽疾。高校在学生党员的教育学习方面存在途径单调、阵地缺失、制度欠缺的问题，对社会热点、现实问题分析不足，这在一定程度上使学习教育跟不上形势、达不到要求、收不到预期效果，导致无法及时对入党学生产生的松懈心理进行纠偏。二是对学生党员的考核管理不严。对于组织生活的政治性、严肃性和纪律性缺乏要求，甚至出现组织生活娱乐化、党支部“社团化”的倾向，未做到要求学生党员发挥先锋模范作用，以至于学生党员无法在学风建设中充当排头兵。三是学生党支部的战斗堡垒作用缺位。学生党支部建设中存在的形式主义弊端，致使学生党支部在推动学风建设中的号召力、感染力大打折扣。

（三）解决问题的路径

1. 加强组织建设，将学生党支部打造为促进学风建设的坚强堡垒

高等教育教学改革的新形势对学生党建工作提出了新要求。学分制、转专业、联合培养、专业学位研究生等新培养模式的出现，要求组织建设跳出固有模式，要结合本学院本专业的实际情况，利用和整合各种资源，实事求是地优化学生党支部设置。一要因地制宜地采取横向或纵向等多种方式，发挥“支部建在连上”的优良传统，推动学生党支部进公寓、进社团、进社会实践团队、进科研团队、进实验室、进项目组，尤其注意高低年级学生之间的传、帮、带。二要注重在外出参加社会实践、联合培养、生产实习、志愿服务的学生团队中，以及假期留校学生等群体中设置临时党支部，做到学生党支部的全覆盖[①]。支部设置应当遵循利于密切联系群众的原则，有效实现党员教育、管理、监督和服务。三要选优配强支部书记，抓好支部建设的核心。在选拔支部书记时，综合考量其政治素质、学习能力、组织能力，加强党委对支部书记的指导培训和述职考核，将学风建设工作作为支部书记述职考核的重要内容。四要严把党员发展质量关，设置学习成绩和综合测评红线，确保学生党员思想素质高、专业能力强。将学风建设作为积极分子培养考察的重要指标，引导积极分子投身学风促进工作。五要加强对驻外学生党员的管理。伴随着教育改革的深化，以及高校国际化战略的推进，高校积极与企业合作建设工作站、研究院，广泛开展国内外联合培养和交流访学项目，派到校外学习实践交流的学生逐年增加，这批学生流动性强、生活学习空间分散，不易组织管理。可采取视频参加组织生活、定期谈心谈话、提交思想汇报等形式，加强对驻外学生党员的管理。通过畅通此种渠道，可以引入和借鉴校外的学习资源，促进学习材料、学习方法的交流互通。

2. 加强制度建设，创建以党建促学风长效机制

一是建立以政治理论学习为牵引、专业知识学习为补充的课外学习制度。要落

---

① 刘建：《扎实推进学生党建工作 为高校立德树人提供坚强保证》，载于《北京教育（高教）》2013年第9期，第6页。

实党日活动的有关规定，每月相对固定地开展学习，建设学习型党组织。北京航空航天大学在学生中推行“学习日”制度，周三下午全校不排课，单数教学周以党支部学习为主，双数教学周以班团集体学习为主，内容涵盖政治理论、专业知识、职业辅导规划、积极心理体验等，从供给侧提供充足的时间保证、多样的内容支撑。

二是秉持“以学习为中心”的原则严格对学生党建工作的考核管理制度。第一，可根据相关党章党规，制定本单位学生党员纪律管理的规章制度，在活动出勤、定岗定责等方面作出详细规定。第二，在每年的民主评议党员和组织生活会上，将党员的学习成绩、党员对学风建设的贡献作为重要的评议指标。第三，完善奖惩制度，充分发挥“指挥棒”作用。在各类评奖、评优过程中，在考量党员个人综合表现的同时，将党员学风建设情况、帮扶困难学生情况和党员培养入党积极分子情况作为重要的衡量指标，提高党员的责任意识、担当意识和奉献意识，进一步提高学生党员的荣誉感和自豪感。学生党支部要按学期、学年适时开展“优秀学生党员”“学风建设先进党员”评选活动，并积极向学校层面推送优秀人选和事迹，对在促进学风建设工作中成绩突出的学生党员给予奖励和表彰。在基层党团支部、班级考评体系构建中，加大课堂出勤率、必修课优良率、学科竞赛获奖情况、学业警告率等学风建设指标权重。

三是拓宽渠道、创新形式，建立良性互动的党建促学风机制。实施学生党员帮扶制度。学生党员要对同班、同寝室或低年级同专业的学习困难学生进行学业帮扶，帮扶过程中要做到有据可查，学期末要检验帮扶效果。要划分党员责任区，人人定岗、以岗定责，引导学生党员和入党积极分子参与到学业辅导工作中来，组建“学生讲师团”，通过“一帮一”“一帮多”“助学零距离”等活动学习互助，主动关心学习困难学生，发挥朋辈育人作用，实现教育和自我教育的结合。要探索利用互联网资源，举办网络知识竞赛、错题积累、学习打卡等活动，实现在学习经验交流、社会活动参与、科研团队组建、日常生活结对等各层面的立体帮扶。

3. 加强作风建设，发挥学生党员引领学风的先锋模范作用

实行学生党员“亮牌领航”行动，学生党员在校园内要佩戴党徽，在宿舍、课堂、考场等场所要实行“党员挂牌”，要求学生党员在参与学风总结大会、年度表彰大会等重大活动中统一佩戴党徽，时刻接受群众的监督。每位学生党员定期公开“成才承诺”书，将自己的学习目标、学习规划公开，接受同学们的监督。

大学生是学风建设的主体，学生党员是促进学风建设的主力军，高校应紧密结合新时代新要求，创新学生党建促学风建设工作模式，充分发挥党组织对青年学生的感召力和凝聚力作用，使广大学生自觉地把实现个人价值与实现中华民族伟大复兴的中国梦统一起来，在优良的学风环境中早日掌握扎实本领，成为社会主义合格建设者和可靠接班人。

二、卓越法律人才培养中的团学工作

2016年,团中央和教育部联合印发了《中学共青团改革实施方案》(以下简称《方案》),其中指出:“改革健全基层组织制度,构建党领导下的‘一心双环’团学组织格局,即以团委为核心和枢纽,以学生会组织为学生自我服务、自我管理、自我教育、自我监督的主体组织,以学生社团及相关学生组织为外围延伸手臂。”[①]由此,教育部和团中央对当代团学工作进行了明确构建,以共青团作为枢纽,以学生会和学生社团作为双环结构,共同构成了高校青年实践育人课堂的基本框架。结合我校当前培养“具有高度的国家使命感和社会责任感,理想高远、学识一流、胸怀寰宇、致真唯实的领军领导人才”[②]的目标,以及法学院培养“卓越法律人才”的特色目标,在新的发展形势下,共青团工作应当在结合其基本工作要求的基础上,将两项人才培养目标长久贯穿于团学工作之中,以“第二课堂”的实践活动反推“第一课堂”的理论学习,共同助力广义上的学风建设,谋划“大思政”育人格局,在规定动作外合理寻求契机提供定向资源,寻求人才培养新思路。

(一)牢把核心——将共青团阵地构建为多维学习平台

1. 加强思政阵地建设,凝聚优良后备军力量

把政治学习贯穿共青团工作中,形成优良政治学习氛围。在高校平时的思政教育中合理融入高校思想政治教育实践育人的教育模式,发挥实践与理论结合产生的作用,即为新时期下的“大思政”教育模式。[③] 而共青团即为思政教育实践育人的主导者。共青团的性质决定了其基本任务。《方案》指出:“共青团是党的助手和后备军,是党和政府联系青年的桥梁和纽带。推进共青团改革,是全面从严治党的一部分,是焕发共青团生机和活力的重要举措。”[④] 为党筛选政治素质、专业水平、各项能力过硬的优秀青年并加以理论及实践层面的培养,为党的基层组织注入优秀新生力量,是共青团组织的基本任务。

习近平总书记在纪念五四运动100周年大会上的讲话中提到:“党旗所指,团旗

---

①④ 中华人民共和国教育部:“共青团中央 教育部关于印发《中学共青团改革实施方案》的通知”〔2016〕17号,载于中华人民共和国教育部网:http://www.moe.gov.cn/jyb_xxgk/moe_1777/moe_1779/201704/t20170419_302873.html。

② 北京航空航天大学:“本科生教育:深化教育教学改革,实施大类人才培养”,载于北航网站:https://www.buaa.edu.cn/info/1523/1399.htm。

③ 周玉:“大思政视阈下高校思政教育实践育人模式及其价值探索”,载于《广西教育学院学报》,2019年第2期,第104页。

所向"[①],共青团组织的一切工作都要基于此来开展。共青团应当密切联系青年,通过不同且多样的活动广泛激发青年的兴趣,并将青年牢牢团结凝聚在党的周围。同时,广大青年应当将共青团作为学习共产主义和中国特色社会主义的机会平台,而团组织应当在活动和其他教育途径中对青年加强政治思想引导,为"好苗子"提供更好的学习锻炼契机,且加强沟通,了解并修正青年思想,由此,才能实现向党推荐成熟的优秀人才。同时,结合卓越法律人才的培养目标,新时代优秀法律人才必定是政治素质过硬、经得住考验的人才,这同共青团的基本任务也有着重合之处。因此,共青团要在提供各方途径实践育人的同时,仍牢牢把握根本,即思想阵地的建设,为党凝聚优良的后备军力量,形成良好的政治理论及实践的学习氛围。

2. 开拓育人路径,提升法律人才整体素质

第一、二课堂互相补充,相互促进,共创良好学风。不同于高校传统专业教学构成的第一课堂,共青团以志愿服务、社会实践、政治引领、素质提升和自我管理与服务为主要内容依托而组成的第二课堂在育人中的地位现已明显提升,其作为第二大教育板块随着新时代教育途径和方法的转变,功能意义逐渐凸显。当下,传授能力与传授知识同等重要,以教材和课堂为中心的教育模式已经逐渐退场,取而代之的是以课堂学习和以"共青团"为主角的第二课堂并重的育人模式。在此基础上,培养卓越法律人才的任务不再局限于教室之内,在实践中锻炼新时代法律人的专业素养、培养其家国情怀同样重要。在实践中会发生个人对于人生价值和社会认识的转变,该转变是学习态度转变之关键点,而集体对学习之价值的深刻认识则是良好学风形成的根源。因此,扎实的理论基础推动了科学的实践,而科学的实践又可以反向推动学风。

接下来考察科学的实践之不同路径。应当将实践育人纳入到高校人才培养方案中,科学规划实践育人途径及内容,并统筹加大物质保障。[②] 针对法学院的特色人才培养目标,当联系实际,考虑不同年级的培养目标差异,为学生提供切实有效的实践、法学职业体验途径。低年级应当以模拟法庭为依托,在模拟中开启初阶实务训练,体验法律人真正意义上的战场,在实际操练理论的同时,也逐步培养法律人的社会意识。高年级应当以法律援助、社区援助为平台,走出学校,了解社会,在正式职业生涯开始前积累办案经验和实务经历,培养崇高的法学素养和独立的法律人格。由此,第一课堂与第二课堂的协同机制正式形成,营造了良好的专业学习氛围。

3. 内涵、服务、创新、品牌,在新形势下寻求新发展

上文提到,共青团除了完成党和国家交付的培养德智体美劳全面发展的社会主义建设者和接班人,为党培养政治素质和专业素养过硬的新鲜血液的光荣任务外,还应当结合卓越法律人才培养目标开展实践育人工作。如何结合当下学生新情况,将新时代

---

① 习近平:《在纪念五四运动100周年大会上的讲话》,载于新华网:http://www.xinhuanet.com/politics/leaders/2019-04/30/c_1124436427.htm。

② 杨国欣,蔡昕:《高校实践育人实现路径探析》,载于《学校党建与思想教育》,2019年第2期,第74页。

的共青团工作做新做好，使团的活动对学生充满吸引力，令其在团的活动中提升获得感，找到学习的乐趣，从而营造出集体的良好学风氛围，是需要进行着重讨论的问题。

新形势下团的工作应当注重内涵设计。要在活动开设前设计高品位、高质量和高水平的主题及形式，不局限于原有传统，将当下青年人关注的新兴事物纳入其中，保证既有形式趣味性，又有内涵价值性。针对内涵设计的领域，要在文学、科技、艺术、体育、管理、教育等领域广泛涉猎，充分挖掘青年人的潜力，丰富培养青年的多维兴趣，提升其综合素质；同时也要针对卓越法律人才培养的计划，开展专业层面的深入实践，将教学寓于活动，最终实现第一、二课堂互相融合的目标，使学习融入青年成长的各个方面，从而在无形中创设良好学风氛围。

服务青年的发展，是高校共青团的工作要旨。“高校共青团一切工作的出发点和落脚点就是服务青年学生成长成才和服务学校两个文明建设。”[①]共青团工作应当永远以青年视角作为思路出发点，想青年之所想，急青年之所急，为青年的健康成长和发展提供充分的平台和空间。共青团作为优秀青年的集合体，只有将自身深深植根于当下青年的学习、生活及发展中，调研摸清青年的需求，才能寻求到自身的工作角度和工作路径，给青年提供切实有效的帮助。为此，可以构建完整的高校第二课堂育人模式的考评体系，获得学生真实意见与反馈[②]。只有用心、用“新”做好青年工作，提供扎扎实实的服务和帮助，才能获得优秀青年的认可，才能团结青年从而教育青年，使青年沉浸到共青团平台提供的实践学习中去，最终达到创设良好学风的效果。

提高工作质量，创新是关键。随着教育改革方方面面的推进，高校共青团应当敏锐发觉当下青年存在的共性新型问题，听取青年困惑的声音，从而在新情况下获得新的突破。要在研究和思考中前进，既要一定程度上遵循传统和规律，又要通过革新来使工作焕发新的生机。要不断寻求和第一课堂联动的新模式，寻求更合理的“理论学习—实践操作”模式方案，使学生感受“春风化雨”式教育。

第一课堂与第二课堂联动促进学风建设，打造卓越法律人才育人品牌，是目前团学工作中应当探索的重点。结合以上所讲，在了解了青年法律人的困惑后，要结合不同年级的差异性需求，创设从第一课堂到第二课堂的成体系的法学人才培养模式，使得人才培养具有连贯性和内在逻辑性，从而形成长远规划，构建一个“大格局、全方位”的卓越法律人才培养体系品牌。

（二）重视学生会的力量——打造第二课堂的主力军

1. 学生会的全面育人功能

高校学生会是学生自我教育、自我管理、自我服务和自我监督的学生自治组织。

---

① 余杰，姚健：《高校共青团工作模式创新研究》，载于《湘潭工学院学报（社会科学版）》，2003 年第 4 期，第 12 页。

② 张亚琦，李孙怡，何君佳：《基于“第二课堂成绩单”下的高校实践育人创新机制研究》，载于《现代交际》，2019 年第 6 期，第 12 页。

学生会的组织力包含对内和对外两个方面。

对内,通过对愿景的构建,寻求实现愿景的渠道,并为达到目标而进行自我革新和自我纠错。其自主进行组织内的构建以寻求最优化的资源配置,定期开展组织内部针对性培训,并在组织自主选出的学生领导者的带领下,共同研讨把握学生工作目前的主要矛盾,科学规划解决问题的方式方法,同时,形成了独有的组织精神文化,这也是学生会组织的凝聚力之根源所在。

对外,学生会作为服务学生的群体性组织,应代表广大青年的利益诉求,为广大青年提供成长发展所需要的优秀文化产品。并且,拥有一定动员力,拥有广泛群众基础,获得广大学生的支持,作为学生代表群体参与学校发展,获得发言权,为学生争取利益。①

高校思想政治教育的目标是促进大学生全面发展,要求以教育人、引导人、关心人、帮助人为工作理念,生动地体现了我们党是在以人为本的基点上推进高校思想政治教育。由此可见,学生会具有较为全面的育人功能。不仅自我教育、自我引导、自我关心和自我帮助,而且主要投身于教育他人、引导他人、关心他人和帮助他人中。在对内层面上,学生会培养了一批能力、综合素质过硬的学生干部人才,获得了自我价值的实现;在对外层面上,学生会通过举办文化活动,丰富了校园文化,通过代表学生群体反映诉求培养了个体的独立思想。

2. 促进学风建设的路径及方式

结合学生会的育人功能,在"大思政"教育模式下,应当在推动学生会改革创新发展的同时,扩展学生会在实践育人层面的工作同第一课堂的教学相结合,打造良好学风下的思政育人综合体系。

在学生会组织力的内部层面,应当树立优秀学生干部榜样,营造组织体内部的良好学风氛围。基于思想认同和情感认同,学生会的内部成员将共同被号召和被带动起来。由此,一个优秀的学生组织便可带动校园的整体风气,不仅通过以身作则,而且可以通过其组织的一些高价值实践活动,以学生自主之力将第一课堂投入到实践育人的体系中。

(三) 突出社团的地位——学生第二课堂的重要组成部分

1. 高校社团育人功能和作用

高校学生社团是高校学生在自愿基础上组成,按照一定的章程自主开展活动的学生组织。高校学生社团是实施素质教育的重要途径和有效方式,具有独特的活动自主性、结构松散性、成员广泛性等特点,是校园文化活动的生力军和学生第二课堂的重要组成部分。按照宏观育人功能的多样化进行分类,高校学生社团可分为三种:

① 李华龙:《高校学生会组织力建设探究》,载于《学校党建与思想教育》,2019年第1期,第27页。

学术研究型社团、实践拓展型社团和文体型社团，三类社团因其功能性质的不同，呈现着不同的第二课堂目标和形式，共同服务于营造高校良好的学习风气[①]。

学术研究型社团是高校学生增长知识的重要第二课堂。学术研究型社团以配合第一课堂教学模式，加深专业知识理解的深度和广度为目标，进行具体的学术内容帮扶和学习技能培训。社团第二课堂和学校开设的第一课堂形成良性互补的捆绑式关系，共同在专业知识层面促进学风建设。

实践拓展型社团是培养学生全面素质和动手能力的重要组织。实践拓展型社团以锻炼学生专业知识运用能力和创新意识为目标，进行思维和实践方面的能力培养。此类社团注重广泛开展例如行业前沿研究资讯和可行性方案的共同探索活动，帮助学生补充第一课堂所缺乏的对创新动手能力的培养。

文体型社团是有效帮助高校学生保持身心健康的组织。校园整体的教学模式变化和节奏加快，对学生良好心理素质和健康体魄提出了更高的要求[②]。文体型社团组织开展趣味性强的文艺体育活动，旨在调节高校学生的情绪状态，使他们以更加饱满的精神面貌投入到学习和工作中。

2. 促进学风建设的路径及方式

除前文所述之外，高校要建立良好的学风环境也不能忽略学生社团的重要作用。学校办学体系应当重视引导和帮助社团建设，为社团发展创造条件，以便更好更全面地促进学风建设。

高校应从政策层面加强宏观规范化和规模化的调控，指导社团的管理和运作。当前社团发展的畸形趋势，很大程度上源于学校办学对学生社团的管理过于松散，学生社团活动的开展无计划无目的，多处于“自生自灭”状态。高校应当建立社团登记和管理机制，这样才能保证学生社团的育人功能在健康的状态下发展。这些政策可以包括：对申请成立的社团严格控制和审查，要求社团提交详细的申报材料；高校指派专业的老师帮助建设社团，指导其活动的展开；建立健全社团组织档案；定期开展科学的述职考评等，以保证社团在可控的环境下有序开展。

高校应注重各类社团骨干的培养。[③] 社团骨干往往是社团发展的舵手，在社团活动中有着举足轻重的地位，是学生社团育人功能的有力影响因子。高校建立健全高校社团骨干的培养体系，是社团健全发展的基础。高校在培养社团骨干方面必须注重两个维度：一是思想政治意识的培养，必须引导社团骨干深入理解中国特色社会主义价值体系，深入理解学校的办学宗旨和目标，深入理解学校学习风气的建设思路；二是培养其创新思维能力和领导力，社团的发展将长期面临新形势新挑战，社团

---

① 刘运根：《大学社团的育人功能管见》，载于《赣南师范学院学报》，2002 年第 2 期，第 102 页。

② 廖良辉：《哈佛大学社团管理一瞥》，载于《校园心理》，2007 年第 5 期，第 20 页。

③ 应飚，吕春凤：《扶持·引导·管理——浙江大学社团培育的思考》，载于《中国高教研究》，2004 年 12 期，第 69 页。

骨干需要有敏锐的洞察力和卓越的领导才能，才能在一次又一次的挑战中始终有效地助力学风建设。

三、卓越法律人才培养中的思政辅导员制度建设

教育是立国之本。在我国，教育的根本目的就是培育社会主义建设者和接班人，党的十八大报告明确提出“把立德树人作为教育的根本任务”。高等院校作为培育高水平、高素质的社会主义劳动者的前沿阵地，尤其要坚持“立德树人”的教学目标。

教育部在《关于加强高等学校辅导员班主任队伍建设的意见》中指出：“辅导员、班主任是高等学校教师队伍的重要组成部分，是高等学校从事德育工作，开展大学生思想政治教育的骨干力量，是大学生健康成长的指导者和引路人。”思政辅导员作为大学生教育、管理、引导、服务的直接负责人，也是贯彻“立德树人”根本任务的最有力抓手。完善思政辅导员制度建设，建设高素质、高水平的辅导员队伍，对推动大学思想政治教育和大学生全面发展具有重要意义。①

为贯彻立德树人的教学目标，全面落实“依法治国”的基本方略，2011 年，中共中央政法委、教育部联合启动了卓越法律人才培养计划，旨在提高我国高等院校法学教育水平，深化法学教育改革，培养一批应用型、复合型法律人才。② 法学教育作为为国家和社会培育未来的立法者、司法者、执法者的进阶性和筛选性教育，不仅要重视对学生法学素养和专业能力的锻炼和提升，而且对学生的思想道德素质提出了更加严格的要求。要重视引导学生树立遵纪守法、正直严谨的学习和工作态度，帮助学生树立爱国情怀和正义理念，培养具有高尚品德、社会公德、职业道德的法律人才。与此相对应，完善思政辅导员制度建设，培养出一批可靠、可用的优秀辅导员也显得尤为重要。同时，卓越法律人才的培养也要求辅导员在开展工作的过程中，既要遵循高等教育的一般特征和普遍规律，又要根据法学学科自身特色，形成对症下药、富有针对性的工作方法，这也是实现立德树人目标的应有之义。

（一）卓越法律人才培养中的辅导员队伍建设

1. 专业化、职业化的辅导员队伍建设目标

学业发展和学风建设是教育的第一要义，要实现人才培养质量和人才培养水平的提高，应当从辅导员这个切入点抓起。当下，辅导员群体的专业化、职业化发展是现代教育发展的必然要求。专业化要求辅导员具有思想政治教育、管理学、教育学、

① 陈曦、谢辉：《求实鼎新 立德树人——北京科技大学德育工作理论与实践》，中国文史出版社 2015 年版，第 108 页。

② 王利明：《卓越法律人才培养的思考》，载于《中国高等教育》，2013 年第 12 期，第 27 页。

心理学等方面的知识,[1]具有较强的语言表达能力、沟通能力、观察能力等综合能力,形成科学合理的专业技能体系。职业化则要求将辅导员工作作为一项专门的职业和事业来对待,辅导员既是大学生在校期间各类事务的日常管理者,又是开展大学生思想政治教育的教师。[2] 辅导员要明确自己的角色定位,努力提高自身的专业素质和职业技能,用专业和专心去努力成为大学生的助力者和引路人,引导学生努力学习专业知识和思想政治知识,摈除不良社会思潮对学生学业的影响,从思想政治教育方面为学风建设和学生学业发展助力,这也与国务院和教育部所提出的辅导员应当成为学生成长和发展的人生导师和知心朋友的要求相匹配。[3] 同时,辅导员只有真正将自己定位为学生的服务者和伴学者,才能搞好学风建设和学业工作。

2. 高水平的辅导员培养体系

优秀的学风离不开优秀的领路人,而优秀的辅导员队伍建设离不开完善的培养制度。不可能指望一个自身学习习惯都不好的辅导员,管理好学风建设。因此,要坚持将队伍建设作为重中之重,[4]从辅导员选拔、培训、考评等多个环节构建人才培养机制。

第一,严把选拔关。要考察辅导员应聘者的学历、管理能力、教育能力、思想道德水平等多方面的指标,确定合理的选拔标准和选拔流程,坚持差额聘用,坚持优中选优,保持辅导员队伍的人才质量。同时,也应当注意到,在清华大学、北航等高校推广的半脱产兼职辅导员制度,通过考核、面试等方式选拔兼职辅导员。这些兼职辅导员自身便是成绩较为优秀的同学,拥有良好的学习习惯和学习能力,能更好地融入低年级学生群体中,充分发挥学生更了解学生、学生更热爱学生工作的优势,用自身的良好学风和学习习惯去带动整个院系的学风建设,取得了良好的培养成果和社会效果。

第二,建立完善的培训体系。辅导员作为一名教育者,自身的思想道德素质和专业能力首先要过硬。要立足于学风建设工作的现实需要和辅导员群体的反馈呼声,开展定期、定量的培训课程,使辅导员保持终身学习的习惯,及时掌握本专业及思想政治教育专业发展的方向与最新成果、最新的发展动态和趋势[5];同时,对法学专业知识一无所知的辅导员不可能深入了解学生的学业情况,因而良好的学风建设应当从辅导员自身做起。针对法学的学科特色和对学生课业辅导、职业规划发展等工作的需要,要强化辅导员队伍法学专业水平的提高,要认识到,辅导员下课堂等环节不

---

① 汪元宏:《立德树人——一位大学党委书记的思与行》,南京大学出版社 2014 年版,第 114 页。

② 杨杨,李新:《新中国 70 年高校辅导员制度的回顾与展望》,载于《内蒙古师范大学学报》(教育科学版),2019 年第 9 期,第 18 页。

③ 教育部:《关于进一步加强高等学校学生思想政治工作队伍建设的若干意见》。

④ 陈曦、谢辉:《求实鼎新 立德树人——北京科技大学德育工作理论与实践》,中国文史出版社 2015 年版,第 109 页。

⑤ 田海斌:《立德树人视域下高校辅导员工作的创新与思考》,载于《中国成人教育》,2015 年第 3 期,第 50 页。

仅是对学生学习态度的考察和督促,更是辅导员自身深耕、深读、充电的绝佳机会,只有真正做到深入学生、了解学生的学习状况,才能更好地引导、帮助学生。

第三,建立科学合理的考评机制。辅导员是学生进步和发展的一面旗帜,对于学生的习惯养成起着至关重要的作用,一个学习成绩优秀或工作业绩突出的辅导员会给学生带来极大的正面影响,并起到榜样作用,因此可以建立相应的奖励和评优机制,对于学习成绩优秀或工作业绩突出的辅导员,可积极推广其优秀事迹和工作方法,并给予适当奖励和表彰。

3. 辅导员工作模式转型

辅导员必须由事务管理型向育人专家型转变,这一点已经形成共识。[①] 辅导员不是督促和检查学生作业的课代表,而是引导学生树立良好学习习惯的引路人。学生学业的发展必然是一个由内而外、自发的过程,辅导员应当做的工作是激发学生的学习热情,使学生认识到学习的意义、享受学习的收获,而不能仅仅依靠监督来督促学生学习。当今青年是在新时代环境下成长的一代,他们从小就生活在市场经济迅速发展、人民生活水平不断提高、网络信息技术不断突破的大环境当中,拥有较强的自我思考能力和个性,同时又处于思维最活跃、价值观逐渐形成的年龄阶段,因此,对他们的培养,要从价值观念着手,注意方式方法,用科学的价值观引导他们,避免一味地使用命令、约束、惩罚等手段解决问题。将"管理"学生逐渐转变为"治理"学生,获得学生的认同感,[②]在此基础上完成学风建设。

(二)发挥辅导员在学风建设中的能动作用

1. 思想政治教育,使学生明确学习目标

思政辅导员的设立初衷是对学生进行思想道德教育和辅导,因此,应当充分发挥辅导员的优势,以立德树人为出发点,强化思想政治教育,为学风建设服务。

古语有云:"书中自有黄金屋。"虽然拜金主义并不可取,但是我们也能从其中看到学习动力和学习目标对学习态度的影响。学习的目的越明确、越正确,学生在学习活动中的表现越优越,学风越好。[③] 一个明确且正确的学习目的,能够让学生树立远大的志向和正确的人生目标,免受各种浮躁思潮的打扰。[④] 在经济建设取得长足发展的今天,来自西方的功利主义、拜金主义、享乐主义思潮盛行,如果当代大学生不能抵挡这些不良思想的诱惑,就很容易沉迷于享乐之中,不仅不利于个人学习习惯和良好学风的养成,还可能给个人的价值观塑造和未来发展带来极大的负面影响。

---

① 汪元宏:《立德树人——一位大学党委书记的思与行》,南京大学出版社 2014 年版,第 115 页。

② 张洋子、康彦:《辅导员在学风建设中的困境与反思》,载于《中国校外教育》,2019 年第 27 期,第 43 页。

③ 刘德发、王坤钟、陈小明:《高职院校学风影响因素调研》,载于《中国高等教育》2012 年第 12 期,第 41 页。

④ 陈曦、谢辉:《求实鼎新 立德树人——北京科技大学德育工作理论与实践》,中国文史出版社 2015 年版,第 232 页。

辅导员要认识到学习动机对于学风建设的决定性作用，面对当下学生中存在的理想信念模糊、价值取向扭曲、责任感缺失等问题，[①]要以中国特色社会主义思想为指导思想，通过专题学习、榜样宣传等多种形式，帮助学生树立正确的学习观，鼓励和引导学生树立起共产主义远大理想，努力承担起对个人、家庭、社会、国家的责任和担当。对个人来说，正确的学习动机可以帮助学生提高自身能力，养成终身学习的良好习惯；对于社会来说，正确的学习动机能激励大学生不断进步，让他们从内心的信仰和热爱中获得最持久的学习动力，成为国家最忠诚、最强大的建设者和接班人，确保中华民族在激烈的国际竞争中立于不败之地。

因此，思政辅导员的本职工作做得好不好，事关学风建设的关键要素，更事关学生人生观、价值观的塑造。

2. 职业规划引导，激发学生学习兴趣

兴趣是最好的老师，学生时代最初的优异成绩往往来自对所学课程的热爱。进入大学之后，专业数以百计，今后的就业方向更是成千上万，有许多学生入学之后因为不喜欢所学的专业而自暴自弃，甚至退学，更谈不上学风建设和学习习惯的养成。因此，即使有远大的理想抱负，如果不能选择一个自己喜欢且适合的人生职业发展方向，也难以有所成就。而学生在高考之后填报志愿时，大多对于专业并没有详细的了解，对于职业发展更是一无所知，因此，帮助学生做好专业抉择和职业规划，对于激发学生的学习兴趣具有重要意义。

以北航法学院为例，文科类大一新生入学之后统一隶属于知行书院，在接受大一一年的通识教育之后，学生根据个人的兴趣和意向，分别进入外国语学院、法学院、人文学院等学院学习。因此，大一一年是决定学生职业规划发展的关键时期，在这一年中，法学院通过开设法学基础课程，带领学生参观律师事务所、法院，举办模拟法庭比赛等多种形式，向学生展示法学的魅力和未来的就业方向。在一年之后的专业选择中，选择法学院的学生都是对于法学专业有了较为深刻的了解并且有兴趣继续学习的学生，学风和学习习惯的培养自然事半功倍。对于高年级的同学，法学院通过邀请作为法官、律师、法务工作者等的校友开展讲座的方式来帮助学生了解各个职业的不同特点以及对个人能力的要求。在明确了自己未来的就业方向之后，学生们就能对照职业需求找到自己的不足，有的放矢地去查漏补缺。当整个班集成员都在为自己的未来努力学习时，班级的学风将在无形之中得到发展和进步。

3. 开展实践教学，促进学生全面发展

学风是学生对待学习所展示的精神、态度、风格、方法和习惯等要素的综合体现，[②]加强学风建设并不意味着一味地追求学生考试成绩的提高，而要重视学生在课

---

① 周建华、吴海涛：《高校立德树人的理论探索与实践创新》，中华书籍出版社 2014 年版，第 283 页。

② 张洋子，康彦：《辅导员在学风建设中的困境与反思》，载于《中国校外教育》，2019 年第 27 期，第 44 页。

堂上的表现，还应当注重教育载体的培育，开展多种类、多层次的教学活动。法学是一门实践性很强的学科，卓越法律人才教育培养计划中明确提出了要加大实践教学的比重。[①] 开展实践教学对于加深学生对法学理论的理解，培养学生认真观察、刻苦钻研的学习态度，提高学生综合能力具有明显的推动作用。思政辅导员应当发挥作为老师和学生的桥梁和纽带的作用，一方面，积极鼓励学生参与专业实习、公益法律援助、模拟法庭教学等实践教学课程，帮助学生在不同的课程模式中寻找适合自己的学习方法，另一方面，根据自己的亲身体验以及学生对教学方式的意见和建议，积极与任课老师沟通和协调，寻找最佳的教学方式方法。摈弃唯成绩论，引导学生在实践中提升法律知识运用能力和综合能力。

4. 辅导员与班主任、任课老师、班干部协同工作机制，推动大众参与

班主任是大学思想政治教育和学生管理的另一责任主体，与辅导员工作分工合作，相互配合。辅导员应当发挥主观能动性，积极与班主任交流，增加沟通频率，构建相互理解、相互支持、信息共享的合作关系。

任课老师是学生专业知识的主要来源，对于学生的知识获取和能力提升起着最直接、最关键的作用，必须建立起辅导员与任课老师之间的同盟关系，综合教师与学生的需求，向双方提出意见和建议，构建一条老师安心、学生满意的学生发展渠道。

学生干部的工作质量，直接决定了辅导员工作开展的质量，要重视对学生干部的遴选和任命，推选一批学习成绩好、工作能力强的学生干部，注重发挥优秀学生干部的表率作用，提高学生干部的公信力和影响力；同时积极支持学生干部发挥在课堂、宿舍的督促作用，鼓励学生骨干走近学风建设的第一线，实现学生的自我管理、自我监督。

5. 建设与精准帮扶相结合，实现全员覆盖

一方面，学风建设应当抓住氛围建设这一主要矛盾，制定适宜的奖惩机制。通过对考勤、考试等方面的重点要求，对于存在迟到、旷课、作弊现象的学生予以惩戒和处分，警示学生注意遵守道德规范与校园纪律。同时，深入各个教学小班开展学风建设动员工作，推选优秀学风班级，强化对于优秀班集体和个人的宣传与教育，树立正能量标杆和榜样，掀起学风建设和学习先进的浪潮。

另一方面，要坚持精准帮扶到位。辅导员应当对学生的学业情况有精准的掌握，对于学业出现困难，甚至出现学业预警情况的学生，要制定一对一的学业帮助方案，发动室友、班干部、导师、家长等，建立帮扶共同体，通过监督、教学、指导等方式，增加学生投入学习的时间，助其提高学习效率，摆脱学业困境。

---

① 刘蕾：《法学实践教学改革与卓越法律人才培养》，载于《教育评论》2013年第2期，第99页。

四、卓越法律人才培养中的学生班集体建设

习近平总书记在全国教育大会上强调："教育是民族振兴、社会进步的重要基石，是功在当代、利在千秋的德政工程，对提高人民综合素质、促进人的全面发展、增强中华民族创新创造活力、实现中华民族伟大复兴具有决定性意义。"[①]发挥教育的基础性作用，学生班集体建设的重要性不可忽视。班级作为教育教学基层组织，为培养卓越法律人才，提升学生核心素养提供了基本保障。中共中央国务院在《关于进一步加强和改进大学生思想政治教育的意见》中强调，"班级是高校中大学生的基本组织形式，也是大学生自我教育、自我管理、自我服务的主要的组织载体。要着力加强班集体建设，组织开展丰富多彩的主题班会等活动，发挥团结学生、组织学生、教育学生的职能"。[②]

"学风是大学精神的集中体现，是教书育人的本质要求，是高等学校的立校之本、发展之魂。优良学风是提高教育教学质量的根本保证。"[③]优良的学风是实现人才培养目标和确保人才培养质量的重要保证，建设优良学风是卓越法律人才培养的重要手段，学生班集体建设是建设优良学风的重要基础和保障，发挥学生群体自身能动性，从内涵建设、文化建设、制度建设、人才建设多维度构建优良学风班集体，是提升卓越法律人才培养实效的重要手段。

(一) 多维平台建学风，学生班集体内涵建设

学生班集体是大学生自我教育、自我管理、自我服务的重要组织载体。卓越法律人才的培养要求在新的时代背景下更加全面地认识学生班集体的内涵，树立"培养平台化"理念，从学习能力、实践能力、创新能力和就业能力四维培养平台角度更加深刻地理解学生班集体的内涵。

1. 能力培养平台：专业课程和交叉学科的碰撞

学生的本质任务是专业学习，班集体是学习能力的培养平台，发挥着引导学生在课堂之外进一步学习法学专业理论和其他交叉学科知识的重要功能。要在班级内部形成制度性的学习要求，共同加深对专业知识的掌握；在班级之间、院系之间，以班级为媒介进行跨学科专业交流，培养学生的复合型知识学习能力，帮助学生扩展知识学

① 中国政府网：《习近平出席全国教育大会并发表重要讲话》。

② 中共中央国务院：《关于加强和改进新形势下高校思想政治工作的意见》，载于《人民日报》2004 年 10 月 16 日，第 1 版。

③ 习近平在全国高校思想政治工作会议上强调：把思想政治工作贯穿教育教学全过程 开创我国高等教育事业发展新局面，载于《人民日报》，2016 年 12 月 9 日，第 1 版。

习范围,养成终身学习的习惯,建设学习型班级。

2. 能力培养平台:专业实习和实务技能的交流

班集体是学生实践能力培养的重要平台,是学生就专业实习和实务技能进行交流的重要阵地。学生法律实践组织具有较强的专业性,学生班集体则具有较强的成员认同感和凝聚力,这使得二者能够优势互补,在班级成员之间的经验交流和思想碰撞中,强化学生法律实务技能培养,提高学生运用法学与其他学科知识解决实际法律问题的能力,即培养和提高学生的综合实践能力。

3. 能力培养平台:创新思维和学术兴趣的共享

法学专业的创新对思辨能力和问题意识有较高的要求,学术科研是思维的共享和观点的碰撞,学生班集体为创新思维和学术兴趣的共享提供了平台。一方面,班集体作为学生日常生活学习的基本单位,为其提供了更多交流学习的机会和空间;另一方面,以班级为单位进行的科研是对班级成员创新能力、创新精神、创新思维的有利培养,能提高学生的科研和创新能力。

4. 能力培养平台:就业指导和职业规划的合作

"就业是最大的民生。"今年以来,党中央、国务院高度重视稳定和扩大就业,把"稳就业"作为经济工作的"六稳"之首。[①] 近年来大学生就业机会充分,缓就业、慢就业问题值得关注。学生班集体的平台化内涵是以培养就业能力为目的,以学习能力培养平台、实践能力培养平台、创新能力培养平台为基础。不同年级的班集体具有不同的就业能力培养需求。班集体能够更加直接高效地对学生的具体需求加以反馈,有利于形成分层次、分阶段的就业能力培养体系,引导学生树立科学的就业观,拓宽就业视野,促进毕业生充分就业。

(二)凝心聚力筑学风,学生班集体文化建设

"加强科学道德和学风建设,是全面提高高等教育质量的必然要求,必须始终贯穿于高等学校人才培养、科学研究、社会服务、文化传承创新的各项工作之中。"[②]学风建设的成效是高等学校人才培养质量和管理水平的重要标志。学生班集体作为高校育人的基本单元,是大学生学习和成长的最直接、最基本的组织载体。现代大学的本质是在积淀和创造深厚文化底蕴的基础上的传承、研究、融合和创新。[③] 班级文化是班级成员共有的信念、价值观、态度的综合体。打造班级文化建设,把班级文化建设与学风建设相结合,建设具有优良学风的班集体,以内部机制助力学风建设,有助于发挥高等教育的教化功能,提高学生学习的内驱力,潜移默化地形成学生自我教

---

① 中国政府网:《多管齐下 实现更高质量就业——2019 年国务院大督查综述之五》。

② 中国政府网:《全国科学道德和学风建设宣讲教育工作会议召开》。

③ 万昭莹:《加强班级建设 培树良好学风——论高校大学生管理工作的创新与实践》,载于《现代商贸工业》2019 年第 40 卷第 14 期,第 197 - 198 页。

育良性循环。

班集体文化具有导向性、驱动性、规范性、凝聚性、渗透性和激励性六大功能[①]，形成具有优良学风的班集体文化，能够引导学生养成良好学习习惯，引导班级向思想优秀、品德优秀、学习优秀方向发展，引导学生树立班级荣誉感和正确价值观；能够在班级中形成积极向上、努力学习的心理氛围，驱动班集体成员树立理想信念、端正学习态度、明晰社会责任、注重集体荣誉；能够助力完善班级规章制度，形成积极约束力，规范学生行为，在学业评价、课程考勤、评奖评优等方面有章可依、有法可循，形成客观公正的良性班级氛围；能够增强班级凝聚力，鼓励学生之间共进共赢的良性竞争，强化道德认同感和集体荣誉感，齐心协力打造优良学风；能够切实把思想政治教育潜移默化渗透到学生的日常学习生活中，落实社会主义核心价值观教育，让良好的学风班风给学生带来长远影响；能够帮助学生建立正确的价值取向、培养好的个人品质，形成催人奋进的学习情境，激励班集体成员努力学习、奋发向上。

建设具有优良学风的班集体文化，要从纵向和横向两个方面进行深入挖掘。一是从纵向建设来看，要做好班级内部的学风建设工作，从激励机制上看，可以建立学生学习台账，记录学生的课堂出勤率、自习情况、科研成绩、活动参与度等信息，以此作为综合评定和评奖评优的参考依据之一；从帮扶机制上看，要鼓励成绩优异的学生主动帮扶学习困难的学生，采用一对一或多对一的模式形成学业互助小组，提高学困生的整体学习兴趣和学业成绩，鼓励班级成员之间相互帮助，建设积极学习、共同进步的班级文化环境。二是从横向建设来看，以班级为单位在不同年级、不同学院进行良性合作竞争是鼓励学生发挥主观能动性，积极投身班级学风文化建设的重要方法。在全校范围内推行优秀学风班级评选，鼓励班集体创设亮点学生工作项目，打造独特班级学习文化；鼓励不同学院间的班集体交流活动，扩充学生的知识范围，引导学生跨学科跨领域进行学习，取长补短，不断优化班级学风文化建设；在不同年级间重视朋辈“传、帮、带”的教育作用，通过学生影响学生，构建经验交流平台，营造良好学习氛围，培养学生的责任感和讲授能力。

学生班集体是传承大学精神及文化本质、加强道德学风建设的重要载体。要实现卓越法律人才培养，提供更好的高校管理与服务，作为基本单位的班集体就必须积极营造良好的学习成长氛围，调动学生自我管理与自我教育的主动性与认可性，建设学风优良的班集体文化。

(三) 科学管理促学风，学生班集体制度建设

习近平总书记强调：“要深化办学体制和教育管理改革，充分激发教育事业发展生机活力。”鉴于班级作为学校教育教学的基本单位，班级制度的改革创新势在必行、

---

① 贾裕玟，张丹：《浅析高校班级文化建设》，载于《中共乐山市委党校学报》2019 年第 21 卷第 4 期，第 107 - 109 页。

刻不容缓。班级制度建设对于学风建设至关重要。班级制度建设一定要科学、合理、高效,以规范制度明确权利和义务,促进师生、同学间的人际关系,进而使班级管理工作有章可依。班级成员应当以班级利益和自我需求为目标、以班规为准绳,将他律与自律、服务与育人相结合,[①]以外部机制促进学风建设,将学风建设落实在管理班级事务的具体行动中。

新时代班级制度建设创新需要学校的整体设计,更应有班级特色。现阶段,班级制度主要包括:考勤登记制度、班干部选拔管理制度、班级活动制度、班会制度、奖惩制度等。[②] 这些班级制度是学生班级生活的行为准则,是班级正常运转的有力保障。班级依照班级制度运行,就能进入一个自我管理、自我教育、自我服务的良好循环。班级制度为学风建设提供了科学合理的支撑和保障。

首先,班级制度建设要明确创建优良学风的目标。明确目标是制度建设的重要一环,目标为制度建设服务。学生工作群体可以结合班级的实际工作、班级文化特点以及班级当前面临的主要问题,科学合理地制定与班级实际相适应的规章制度。在学风建设上,有针对性地制定课程考勤制度、学业管理和定期汇报制度等,对学生日常学业情况进行常规化的客观记录,并辅之以相应的奖惩制度,构建合理的激励机制和警示体系。其次,班级制度建设应具备可视化的操作流程和有效的运行机制。实践是检验真理的唯一标准,要将班级制度建设从抽象概念中抽离出来,使之与班级实际相结合,制定出层层监督、层层落实的量化政策。最后,班级制度建设要以人为本,采取综合性评价方式,只有这样,才能有效落实"立德树人"任务。班级制度是班级内的日常行为规范,要实事求是、因地制宜,在制度建设和具体操作的过程中既要尊重学生的主体地位、权利和发展,也要坚持社会主义办学方向,将个人发展、社会发展、国家发展相统一。

(四)模范标兵领学风,班集体人才建设

班集体学生干部是联系老师和学生的纽带,是班集体建设的核心,也是班级文化领头人和班级制度建设者。高校必须对当前的高校学生干部队伍的现状有清晰的认识和研判,着力建设一支高效、务实、有正确价值观的学生干部队伍。

一般来说,学生干部都是学习成绩优秀、集体观念较强的学生,无形中会成为榜样模范进而给其他学生带来积极影响,有效促进高校学生管理工作,带动形成良好学习氛围和集体意识。学生干部在学生班集体中起着桥梁纽带作用,他们既是学生集体的代表,又是学校教育管理工作的协助者、老师的得力助手。作为上情下达者,他们可以向学校和老师及时反馈同学们的意见和建议,为学校和老师的决策提供真实

---

① 陈旋:《精细化管理模式下的高校辅导员工作探析》,载于《新西部》2011年第5期,第153-154页。

② 吕迅喜:《全面创新班级文化建设,落实立德树人根本任务——学习习近平总书记在全国教育大会上的重要讲话(十)》,载于《中国德育》2019年第7期,第8页。

的依据，使学生工作更加贴近学生的学习和生活，化解师生之间的矛盾，使师生关系更加和谐，促使学生工作形成良性循环。[①] 因此，一定要把培养、选拔学生干部人才作为卓越法律人才培养中班集体建设的重点。

班集体学生干部培养是引领优良学风班风，实现班级自我管理与自我教育的重要抓手。学生干部是班级管理不可或缺的力量。一方面，需要加强对他们的培养，定期召开班干部会议，了解班级的最新成长状态，同时要注重引导，定期对班干部所负责的工作进行讨论，如学习委员和专业课的课代表要在学业上充分发挥作为师生间的桥梁的作用，加强对班级课堂纪律的管理，学会调动班集体力量帮助学业困难的同学取得进步。另一方面要加强对学生干部自身学习能力和综合素质的培养，增强学生干部群体的认可度，使其发挥模范带头作用，以自身成长提升引领班级学风建设。

班集体人才建设要从学生干部选拔、培养、考核等多方面进行落实。首先，学生干部选拔必须遵循公平、公正、公开的原则，在选任之前高校和学院要进行全方位考察，保证选拔出的人才思想端正、成绩优异，具有服务意识和奉献精神；且在人才选拔过程中要充分考虑学生群体意愿，做到自愿与民主相结合，真正起到良好的模范带头作用。其次，学生干部培养要精益求精，好的学生干部是在不断的学习实践中逐步成长的，高校学生管理者要引导学生干部发现问题，解决问题，抓好主要矛盾，不断改进和优化工作的方式方法，深度理解班级内涵，推动班级学风建设，提升班级文化内涵，构建合理班规秩序；而在人才培养过程中实现集体和个人的不断发展，成为高校学生工作的重要支撑。再次，要完善学生干部考核机制，构建积极合理的考核制度，使学生干部能够从根本上树立服务同学的意识，建立合理的班干部“进入-退出”管理机制，选贤举能，推动人才建设。最后，要在班集体人才培养中设置创新激励机制，鼓励学生干部工作创新高效，在学风建设中充分利用信息社会带来的便利，发挥网络媒体的优势，通过班集体的“两微一端”，打造线上线下合力并进的学生管理体系。

学生工作的卓越法律人才培养平台化建设，就是在法学院学生工作组织的统一指导和协调下，调动院内各教学组织、学生工作组织、党组织、团组织、班级等各个组织和各类资源，通过搭建各类平台，组织开展各类活动，促使学生养成良好的法律职业伦理观念，具备全面的知识结构，增强学习、实践、创新能力和就业能力，培养应用型、复合型法律人才。

① 李亚鹏：《试论高校学生干部队伍的建设和管理》，载于《课程教育研究》2019 年第 45 期，第 17－18 页。

第八章　立德树人与培养效果评价

吉冠浩[①]

一、问题的提出

2018年9月10日，习近平总书记在全国教育大会上指出，立德树人是教育改革中的根本任务，我们应当树立起德智体美劳全面培养的教育体系，形成更高水平的人才培养体系，把立德树人融入思想道德教育、文化知识教育、社会实践教育的各个环节。[②] 这要求高校在积极响应教育改革的同时，认真落实立德树人的根本任务；积极开设学生喜闻乐见的思政课程，培育热爱祖国、热爱人民、根正苗红的社会主义接班人；力求提高对广大教师在各个方面的要求，在传道授业解惑的同时，以身作则，培育学生高尚的道德情操；努力构建教学实践平台，让学生在知识学习和实践操作中体会得到智识和能力上的提升。法学教育作为我国实现治理能力现代化道路上不可缺少的一环，也必定以立德树人为根本任务，培育杰出的法律人才，为我国社会主义建设添砖加瓦。

2017年5月，习近平总书记考察中国政法大学时提到"全面推进依法治国是一项长期而重大的历史任务，要坚持中国特色社会主义法治道路，坚持以马克思主义法学思想和中国特色社会主义法治理论为指导，立德树人，德法兼修，培养大批高素质法治人才。"[③]我国实现治理能力现代化，必然遵循中国特色的社会主义法治道路，也就是坚持依法治国和以德治国的结合，法治和德治两手抓、两手都要硬。2018年10月颁布的教育部、中央政法委《关于坚持德法兼修实施卓越法治人才教育培养计划2.0的意见》中也提到，我国的法学教育要坚持以马克思主义法学思想和中国特色社会主义法治理论为指导，围绕建设社会主义法治国家，坚持立德树人、德法兼修，践行明法笃行、知行合一，主动适应法治国家、法治政府、法治社会建设新任务的要求，找准人才培养和行业需求的结合点，深化高等法学教学改革，强化法学实践教育，完善协同育人机制，构建法治人才培养共同体，做强一流法学专业，培育一流法治人才，为全面推进新时代法治中国建设提供有力的人才智力保障。在法学教育领域，立德树

① 北京航空航天大学法学院院长助理，讲师，硕士生导师。

② 习近平：《坚持中国特色社会主义教育发展道路 培养德智体美劳全面发展的社会主义建设者和接班人》，载于人民网：http://edu.people.com.cn/n1/2018/0911/c1053-30286253.html。

③《习近平在中国政法大学考察时强调：立德树人德法兼修抓好法治人才培养 励志勤学刻苦磨炼促进青年成长进步》，载于新华网，http://www.xinhuanet.com/politics/2017-05/03/c_1120913310.htm。

人，不仅要提高学生的法学知识水平，而且还要培养学生的思想道德素养。

无论是法学教育还是其他学科的教育，立德树人都是根本，其效果必须在贯彻落实后才能显现。这一效果是否实现，需要特定的评价体系方能得到检验。近年来，我国高校频频出现的师德败坏、学术不端、形式主义等不良风气，都与评价机制的机械、不合理有着重要联系。习近平总书记在全国教育大会上提到："要深化教育体制改革，健全立德树人落实机制，扭转不科学的教育评价导向，坚决克服唯分数、唯升学、唯文凭、唯论文、唯帽子的顽瘴痼疾，从根本上解决教育评价指挥棒问题。"①评价体系作为教育落实与否的指挥棒，对立德树人如何展开起到了导向作用。以往的工作经验告诉我们，在竞争激烈的中国大地上，高校开展立德树人工作会以既定的评价机制为标准，符合评价机制的要求，才能达到合格标准，对于评价机制之外的其他有利于立德树人的方法，出于成本或效率考量，或不予考虑，或即使认识到该措施的重要性，也置之不理。因此，若要顺利有效地开展立德树人工作，就有必要反思我们以往的评价机制是否存在指挥错误，并思考今后立德树人工作效果的评价又该秉持怎样的标准。

教育的根本任务是立德树人，对教育质量的评估，可理解为对立德树人效果的评估。根据不同的标准，教育评估可以被划分成很多种类。从评估主体看，可以分为自我评估和外部评估；从评估功能来看，可以分为终结性评估和形成性评估；从评估内容看，可以分为单项评估和综合评估；按照评估方法，还可以分为定量评估和定性评估。② 在本文中，笔者将以评价功能为标准，从立德树人的培养效果出发，分析以成果为导向的终结性评价和以过程为导向的形成性评价，并在此基础上探寻我国高校立德树人培养效果评价应当遵循的路径。因而，文章除列举两种评价机制外，还逐次分析各类机制的核心观点、特征要素、优点和弊端，根据我国立德树人现状，结合法学教育实践，针对性地提出客观的、全面的、科学的评价机制，以服务于我国高校的立德树人工作。

二、成果导向型评价机制

成果导向型评价机制是指以人才培养的质量为标准进行的教育评估。在高等教育中，教育成果表现为教学的质量，突出了教师和学生在教学活动和教学评价中的地位，确立了以教师和学生为主要对象的教学质量评估和评价机制。

在我国宏观高等教育评估起步阶段实施的"高等学校办学水平评估"，是在办学资源有限的情况下，着力保障教学投入到位和教学资源合理使用的评价体系，其重点

---

① 习近平：《坚持中国特色社会主义教育发展道路 培养德智体美劳全面发展的社会主义建设者和接班人》，载人民网：http://edu.people.com.cn/n1/2018/0911/c1053-30286253.html。

② 别敦荣、王根顺：《高等学校教学论》，高等教育出版社2008年版，第515-517页。

在于教学条件的评价。而在20世纪80年代评价运动所引起的学术标准的设置和学生进步程度的测量,加之公共问责的兴起,使得高等教育机构需要通过教学成果评估,向内部和外部的利益相关者说明和呈现教学是否以及在多大程度上实然地提高了学生的学业成就和能力。① 有学者认为传统的教学评价侧重评价学习结果,重点是学习者有没有学到规定的知识。② 长时间以来,我国高校都热衷于采用这种评价机制,因为它简便、高效、操作性强。但根据既有研究和近年来的教育评价改革趋势,多数人主张弱化这种结果导向的评价机制。然而,我国在对研究生质量报告进行评价时,也是从条件支持度、社会贡献度、发展契合度三个方面的结果来进行排名。③ 因此,成果导向型的评价机制依旧在起着重要作用。

成果导向型评价机制经历了长时间的检验,说明其必有可取之处,而它成为众人反思的对象,也说明它在实际运用中异化了。对此,我们先行梳理成果导向型评价机制的内在结构,进而分析这一评价机制异化所呈现的状态。

(一)成果导向型评价机制的特征要素

1. 评价对象二分:以教师和学生为主

成果导向型评价机制注重对教育成果的衡量,教育成果包括科研成果以及学生的质量等因素。这也就导致这一评价机制必定无法全面覆盖所有评价对象,而需要以教师和学生为中心,进而对其质量进行评价。

首先是对教师的评价。教师需要评价是由大学教师本身的职业特殊性决定的。大学教师传统的教学、科研和社会服务工作实际上是相互联系、相互影响和彼此交融的整体。尽管学术意味着参与基础研究,但是学者的工作还意味着寻求相互联系,在理论和实践之间建立桥梁,并把知识有效地传授给学生。④ 这就意味着,学生如何获得知识、获得多少知识以及所获取的知识质量如何,除了自身的自觉学习外,很大程

① 熊庆年、林荣日等:《重点建设大学教育评估指标研究》,高等教育出版社2014年版,第187页。

② 钟志贤:《大学教学模式革新:教学设计视域》,教育科学出版社2008年版,第213页。

③ 王战军:《中国研究生教育质量报告(2018)》,中国科学技术出版社2018年版,第65-66页。文中提到的"省域研究生教育质量评价指标体系2018"主要考虑到条件支持度、社会贡献度和发展契合度三个一级指标。条件支持度包括(括号中为三级指标):R&D经费支出(生均高等学校R&D经费支出、生均高等学校基础研究R&D经费支出)、基金项目(自然科学基金立项数、社会科学基金立项数)、学科平台(全国第四轮高效学科为A-及以上学科数、进入ESI排名前1%的学科数、进入"双一流"名单的一流学科数)、导师规模(硕士研究生生师比、博士研究生生师比、研究生生师比)、研究生教育研究(CSSCI期刊中研究研究生教育的论文数、硕士及以上中外合作办学项目)、专业学位等二级指标(博士专业学位点数、硕士专业学位点数)。社会贡献度包括(括号中为三级指标):科技贡献(拥有科学研究经历的学术学位在学研究生比例、R&D人员中有硕士和博士学位人数)、经济贡献(从事非科研工作的研究生比例)、人口贡献(具有研究生学历的就业人数占比)。发展契合度包括(括号中为三级指标):经济契合度(在学研究生规模与GDP的相关系数)、科技契合度(在学研究生规模与技术市场成交额的相关系数)、人口契合度(在学研究生规模与城镇人口规模的相关系数)。

④【美】欧内斯特·博耶:《学术水平反思——教授工作的重点领域》,国家教育发展中心译,人民教育出版社1994年版,第23页。

度上都取决于教师的传授和教育。更进一步地，学生在获取知识后如何输出，以及输出质量如何也与教师本身的学术能力和教学水平有关。因此，评价教师是成果型评价机制中不可缺少的一环。

非营利组织的问责也是大学教师需要评价的原因之一。非营利组织的问责由三个子理论构成。第一，资源依赖理论。该理论认为，组织最关注自身的生存，组织生存需要资源，组织生存最重要的能力是获取和维持资源。而组织自身的资源是有限的，所以需要依赖外在的资源。组织若想要通过环境中的资源来维持生存，则必须与所依赖的环境进行互动。组织对外部资源的依赖性越强，则越容易受到外部的影响，因此一个组织需要通过满足外部的要求来获取更多的资源。① 高校作为一个组织，其发展对于政府、学生、捐赠人等都具有依赖性。因此，高校需要与这些外在的资源提供者进行互动，保持紧密的联系，从而满足支持者对其的期待和要求。当高校对其教育结果进行考核时，外界的要求也就成为了不可避免的考量因素。② 第二，利益相关者理论。与前者类似，这一理论主张任何组织的发展都离不开利益相关者的投资和参与，大学也是一个典型的利益相关者组织，与其内部或者外部的利益相关者有着紧密的联系。③ 此处，学生、政府等都是高校在对教师进行评估时所需要考虑的因素。第三，新公共管理主义。这一理论旨在主张通过引入市场观念和私营部门管理手段来进行管理，它强调运用经济学的思维，学习私营组织对环境的快速反应能力及其对结果和产出的高度关注，以最有效的方式提供公共产品和服务。总结来说，它具备“经济”、“效率”和“效果”的“3E”特征。④ 这一理论影响了政府对于大学的态度和管理行为。因为公立高校的投资普遍来自政府，大学是准公共产品和服务的提供者，公众作为纳税人，对于政府的教育支出享有知情权，有权知晓该笔支出是否被合理利用，是否产生了其应有的效益，是否提供了高质量的教育等。⑤ 教师对于大学教学质量的重要影响和以上三种理论解释了为何成果导向型的评价机制需要对教师进行评价。

其次是对学生的评价。对于学生的评价在某种程度上是对教师教学成果的评价。高校在获得大量的来自政府以及社会各界的资金支持后，到底会取得怎样的实效，大部分可以从培养的学生的质量上显现出来。高校的学生教育可以被分为本科教育、硕士研究生教育和博士研究生教育。相比较来说，在本科阶段，高校更加注重基础知识教育。理论上，在成果导向型评价模式中，对本科教育的评估较难大规模地

---

① 【美】杰弗里·菲佛、杰勒尔德·萨兰基克：《组织的外部控制：对组织资源依赖的分析》，闫蕊译，东方出版社 2006 年版，第 76 页。

② 沈红等：《大学教师评价的效能》，中国社会科学出版社 2019 年版，第 56－57 页。

③ 【美】德里克·博克：《走出象牙塔——现代大学的社会责任》，徐小洲、陈军译，浙江教育出版社 2001 年版，第 7 页。

④ 何文盛、王定峰：《“新公共管理”主义理论及其发展趋势》，载于《兰州大学学报》2006 年第 1 期，第 131 页。

⑤ 沈红等：《大学教师评价的效能》，中国社会科学出版社 2019 年版，第 59 页。

从论文发表的角度出发。但现状是：对于本科生、研究生的评价，似乎还是不加区分地从科研成果出发。以上海为例，在高校本科专业评估的实践中我们可以看到，对于本科生的学习成果评价，从学生所获得的奖项、论文发表、专利申报等角度展开。① 对于研究生的成果评价，依旧从获得教育成果奖、获得优秀学位论文数等角度出发。② 由此，我们可以看出，对教学成果的评价、对学生科研成果的评价是成果导向型评价机制中不可或缺的一部分。然而，若将论文发表数这样的因素用于评价法学教育的本科教学成果，这一评价要素则会被“束之高阁”。因为在法学教育领域，本科阶段是法学理论的奠基阶段，由于毕业阶段将要面临国家法律职业资格考试，因而本科阶段更注重对基础法学知识的传授，而非学术论文的写作。

综上，我们可以看出，在成果导向型评价机制中，由于教师和学生是高校中仅有的两个可以产生实际且直观教育成果的对象，因此，以教师和学生为中心的评价体系，是成果导向型评价机制的特征要素之一。

2. 评价成本低：可量化、耗时短、静态化

在成果导向型评价机制中，进行一轮评价的成本较其他评价机制更低。从以往的评价中我们可以看出，高校的教学成果通常是以图表或数字的形式呈现的，也就是说，教学成果已经被整理、量化。发文数、专利数、获奖数等都是对成果的量化，这些数字简单直观，能让人在看到数字后，马上在脑海中形成直观感受。这对于评价者来说，大大减少了评估过程需要耗费的精力。

在我国，除政府专门进行的大型学科评估外，其他种类的评估，如学校的内部评估、政府每年的教育质量评估以及各第三方机构的评估，基本上可以做到每年一评。这些评价所依据的数据都是由学校或其他各方所作的年终汇总。因此，成果导向型评级机制在时间维度上是以“点”为标准，即以最终获得的数据为依据，即使时间跨度稍长一些，也是以这一整年学校所获得的成果为依据。也就是说，它是一种只问结果而无关乎过程的评价机制。对于学校立德树人质量的评估，最后只落实在了一点，即结果。此种耗时很短的评估机制，对于各方评估机构来说，是控制成本的不错选择。

由此可以得出，成果导向型评价机制以教育成果为主要的评估内容，并且对这些结果做了直观的可视化和可量化的处理，这使整个评估过程能够在短时间内完成。此外，由于评估周期较短，也使这一评估机制耗费的时间相应较少。如此一来，内容的简洁性和时间的缩短化使得这一评价机制极大地降低了评估成本。

3. 评价价值面向：结果面向

成果导向型评价机制多面向结果而不问或少问过程。在前两种特征要素的分析中我们已经可以窥见，成果导向型评价机制最关注的往往是教师的教学质量、科研成

① 孙莱祥、宋彩萍等：《高校本科专业评估实践指南：上海的探索与经验》，高等教育出版社 2019 年版，第 98 页。

② 王战军：《中国研究生教育质量报告》，中国科学技术出版社 2019 年版，第 60 - 61 页。

果以及学生的科研成果，而少有对这一结果形成过程的评价。结果面向主要表现为两个方面：

第一，面向人的质量。这里是指成果导向型评价机制，在评价人时着重强调了教师的能力和学生的培养成果。如在评价某高校立德树人能力时将师资队伍的质量作为一项重要的考量因素，[①]或在评价某校整体实力时将学生生源质量，即高考录取分数作为重要参考。[②] 因此，这一评价机制在衡量人时，对个体的能力给予了更多的关注。

第二，面向科研结果。这里是指成果导向型评价机制在进行评价时以发表的论文数量和所获得的奖项为依据。因此，这一评价机制的又一衡量内容为高校的科研能力。科研能力的强弱，一方面可以体现为高校科研群体的学术水平，这决定了这些群体和该高校在这一学术领域的话语权大小。另一方面也可以体现为高校对于国家、社会的贡献，无论是技术上的还是理论上的贡献。因此，成果导向型评价机制这种以成果为主要评价内容的评价体系，自然地将其评价重点瞄向了科研结果。

综上，在评价角度方面，成果导向型的评价机制是单一面向的，即以结果为主要评价依据。这一结果主要由高校内科研群体的能力和产出科研结果的质量构成，较少涉及成果之外的其他因素。

（二）成果导向型评价机制的异化

成果导向型的评价机制在运行过程中以立德树人的实质效果为主要评价对象。对于高校教育来说，教学成果、科研成果是必须要考量的因素，也是最直观的考量因素。正如前文分析，这是一种低成本、高效率的评价机制。但是在实际运用中，这种评价机制出现了异化。

首先，我们需要厘清“成果”与“产出”的概念。一般认为，产出是指高等教育机构和系统的任何产物。教学资源输入和教学过程实施，必会有教学产出。比如说学生毕业率、教师开课时长、学位授予情况等。这种意义上的产出，如同输入和教育活动一般，对于学生的学习没有实质上的内在价值，它仅仅是教学的过程，是一种只要投入教学力量就一定会产出的结果。而教学成果则不同，它是指以学生个人在认知和非认知领域的变化和收益为核心的学校教学质量的可测量的变化和提升。[③] 因此，“成果”和“产出”是两个不同的概念，这两个概念对于教育评估也有着不同的意义。在教学评估中，将成果列为考量因素，是教学评估的应然状态。而产出对于教学评估来说，虽然是客观存在的，但在一般情况下，无关乎大局。而在如今的立德树人评价中，将一般的教学产出当作是教育的成果而大加衡量，是成果导向型评价机制异化的

---

① 周文辉：《中国研究生教育质量保障体系研究》，北京理工大学出版社2012年版，第76页。孙莱祥、宋彩萍等：《高校本科专业评估实践指南：上海的探索与经验》，高等教育出版社2019年版，第96页。

② 袁益民：《教育质量的保障与评估》，江苏大学出版社2015年版，第237页。

③ 熊庆年、林荣日等：《重点建设大学教育评估指标研究》，高等教育出版社2014年版，第185页。

情形之一。

其次,我们需要强调的是,成果评价是基于衡量高校实际教学成果,在不同指标上与评估目的的达成程度。它是评估中需要考量的重要因素,但不是唯一因素。但是,由于这一评估机制具有较强的可操作性,且大多数评估认可这一评估结果,导致如今实践中出现仅以师资力量、教师和学生科研成果为准的评估形态,即前文提到的"唯分数、唯升学、唯文凭、唯论文、唯帽子"的评估机制。成果导向型评估机制的异化使高校对于见效慢的本科生教育不再给予充分的关注。这使成果导向型评估机制常常被认为仅以数字、结果为标准,虽然高效便捷,但也因种种原因而被扣上机械、僵化的帽子。

三、过程导向型评价机制

对于过程导向型评价机制的概念,人们有不同的界定。有学者认为,过程导向型的评价是以过程性观察为主的评价,评价的内容是学生认知学习的过程。① 也有人认为它是对学生学习过程中的情感、态度、价值观所作出的评价。② 还有人认为这一评价机制是在教学活动计划的实施过程中,"针对评价对象所出现的问题进行分析与处理,要提出解决问题的措施或建议,以促进评价对象的发展。"③在本文语境之下,笔者更认同第三种观点,即将其作为一种对于教育过程进行动态调整的评价机制。

采用过程导向型评价机制是由教育的过程性决定的。"教育作为一种培养人的活动,是以过程的形式存在的,并且以过程的形式展开,离开了过程就无法理解教育活动,更无法实现教育目标,过程属性是教育的基本属性。"④因此,对于教育过程的评价是对立德树人效果评价的重要环节。过程导向型评价机制以学生的发展为中心,注重学校和教师对于教学活动的投入,从制订详尽的教学计划开始到营造良好的学习氛围,再到最终教学质量的控制和教学激励措施,是一套贯穿全程的、整体的、评估指标多元的评价机制。这一评价机制克服了成果导向型评价机制的一些缺点,但其自身也存在些许问题。

(一)过程导向型评价机制的特征要素

1. 评价基准明确:以学生发展为中心

教育的过程包括学生的学习与发展、教师的教学活动和学校的教育条件。在这

---

① 张兴华:《关于研究性学习实效性的思考》,载于《中国教育学刊》2002年第2期,第41页。

② 彭广森、崇敬红:《中小学生学业成绩评价改革初探》,载于《教育实践与研究》2003年第11期,第17-18页。

③ 朱德金、宋乃庆:《现代教育统计与测评技术》,西南师范大学出版社2008年版,第274页。

④ 郭元祥:《论教育的过程属性和过程价值——生成性思维视域中的教育过程观》,载于《教育研究》2005年第9期,第3页。

三者中，学校的教育条件服务于教师的教学和学生的学习活动，而在教师与学生之间，教师教学又是围绕学生学习而展开的，因此，学生的学习和发展是教育过程的中心环节。[①]

为何评价教育质量需要以学生的发展为中心？这是因为教育是人自我构建的活动。即教育虽然存在一种外部施加影响的过程，但是它的主题应该是促进、改善受教育者自我构建、自我改建的过程。[②] 在此理论之下，外部环境对于学生来说只是间接的影响，只有在学生主动吸收、转化，将这一外在影响转化为自我构建的过程时，才会对学生产生直接的影响。相应地，在学生的学习与发展过程中，学生的自我构建是直接的教育过程。学校开展的各类教育教学活动、课外活动对学生产生的影响是间接的教育过程。[③] 因此，采用学生有能力把握且自愿吸收的教育方式，是教师教学和学校提供教学条件需要考量的关键因素。而围绕学生发展，对所提供的教学方式和教学条件的评价，即是对教育过程的有效评价。

这一过程评价的标准，就是学生对所提供的间接影响的感受。具体而言，就是学校提供的教育方式和学习平台是否激发了学生的学习自主性，以及这种激发的程度如何。这需要从教师和学校两个维度去评价。这两个主体对教学过程的投入并非相互独立和分离的，而是互相结合、联系的。评价过程中可能考虑到的教学方向、教学投入、教学活动和教学控制等指标中，都需要由教师和学校各司其职进而合力完成相应的任务。[④] 以教学方向为例，它包含教学目标和教学计划两个二级指标。其中，教学目标需要学校在大方向上确立教学理念、目标定位和培养模式；而教学计划中培养方案、课程体系和修读计划的落实，则需要教师更加细心的投入才能达成。同样在教学活动中，学习支持方面的导师制度、助教制度、学习咨询等需要学校建立完善相关制度，具体操作则交由教师完成。

由此可知，过程导向型评价机制的评价基准是非常明确的，即一切围绕学生的发展展开。只有学校大力提倡、教师认真落实有助于学生发展进步的机制，高校才能满足过程性评价的基本要求。

2. 评价成本高：覆盖广、周期长、动态化

过程导向型评价机制较先前介绍的成果导向型评价机制而言，其所经历的评价

---

① 朱新卓、严芮等：《基于过程的教育质量及其评价》，载于《高等教育研究》2015 年第 5 期，第 79 页。

② 鲁洁：《教育：人之自我构建的实践活动》，载于《教育研究》1998 年第 9 期，第 13 - 18 页。

③ 朱新卓、严芮等：《基于过程的教育质量及其评价》，载于《高等教育研究》2015 年第 5 期，第 80 页。

④ 熊庆年、林荣日等：《重点建设大学教育评估指标研究》，高等教育出版社 2014 年版，第 169 - 170 页。一级指标有：教学方向、教学投入、教学活动、教学控制。教学方向（括号中为要项）：教学目标（教学理念、目标定位、培养模式）、教学计划（培养方案、课程体系、修读计划）；教学投入：资源配置（教师配置、生源水平、经费支出）、基本设施（空间配置、技术装备、实验设施、图书资料）；教学活动：课程设施（课程类型、课程规模、学分制度、选课制度、考核制度、层次衔接）、学习支持（导师制度、助教制度、专业插转、学习咨询、新生导航、论文指导）、研究体验（科研参与、论文发表、学术交流、国际交流、社会实践）；教学控制：管理组织（规章规范、权威机构、事务机构）、质保体系（评价制度、督导制度、反馈制度）、激励体系（教师发展、教学学术、教学奖励）。

过程是漫长的，在方法上更加灵活，评价过程动态化且可持续。它覆盖了学校和教师立德树人的全过程，并且随着情况的变化而不断发展变化。

对于学校而言，从某一制度的确立到部署，再到真正实行后的完善调整，往往需要经过许多个教学周期的检验。因此过程导向型评价机制不是间歇进行的，它贯穿于学习的始终，不间断地进行着。[①] 以教学计划为例，在教学计划项下的培养方案、课程体系、修读计划是否符合学生发展，有时甚至需要一个本科学习周期的检验。以法学教育为例，法学专业的各专业课之间是相互交叉联系的，因此在培养计划中，各部门法课程的开课顺序就需要按照一定的逻辑进行布局。若将一些基础性的、统摄全部部门法的课程（如将法理学、法制史）安排在一、二年级，将会出现学生因为没有部门法基础而难以消化课程内容的情形。但若将此类课程开课时间过于滞后，则难以让学生在掌握一种方法论的基础上进行部门法的学习。因此，对于类似这样的培养方案，需要一个动态的、漫长的学习周期进行调整和评价。

可见，过程导向型评价机制在具体的运用过程中需要一个漫长的过程，它需要覆盖的教育周期比成果导向型评价机制更长，这也意味着高校对评价内容的调整也将更加频繁。

3. 评价价值面向：过程面向

过程导向型评价机制在价值面向上更倾向于过程面向。因为这一整套评价机制，始终以教育过程中的环节为评价内容。从计划的制订到质量保障体系，都有一套预先确定的框架结构。对过程的评价，一方面是检验框架结构是否合理，另一方面是检验框架落实的情况。对一种教育模式的过程评价，必定涉及该过程的多个方面，这也是过程评价的评价指标必定多元的原因所在。

在传统教育评价指标之外，学校良好的校风、环境、服务、平台等都是现代高校教育评价机制中需要考量的因素。对于立德树人的质量，它们并非决定性影响因素，但它们却是教育模式更加优化、更加适应现代化的后发考量因素。

过程导向型评价机制对于过程的强调，不意味着对教育结果或质量的忽视。因为这种评价机制在评价过程中不断完善各部分的投入，并积极作出调整——对那些无益于提升教育质量的投入积极作出整改和完善，使之不断适应现代教育的发展规律，也使之助力学生的学习和发展。以教学活动为例，其项下有课程设施、学习支持、科研体验，其中科研体验之下的论文发表等就是对于结果的评价。

在法学教育中，学校的过程性投入也格外重要。例如法学生的实践体验有助于提高解决问题的能力，也有助于高校实践育人理念的形成。对此，学校需要与校外机构一起建立协同培育机制。比如在公安局、检察院、法院、仲裁委员会、公证处等部门和机构建立专业见习基地，或成立公益法律服务中心，让学生亲自面对当事人，这些

① 高凌飚：《关于过程性评价的思考》，载于《课程·教材·教法》2004年第10期，第18页。

都是法学院在实践育人道路上可选择的路径，也是评价学校过程性投入的重要指标。[①]

(二) 过程导向型评估机制的局限

过程导向型评价机制以学生的发展为中心，对于立德树人的过程进行全程的、动态的、多面向的评估。但是它具有这些特点并不意味着它毫无缺陷。成果导向型评价机制的局限性是其在运用过程中出现异化，而过程导向型评价机制的局限性则是其固有的。

首先，评价标准难以统一。因为评价内容的多元性，导致评价结果的开放性。加之评价主体之间所站的角度不同，导致评价的结果会因人而异。例如学生可能更加注重学校的服务意识，教师更加注重学校对教学资源的投入，而学校和社会更加注重的是资源投入后的教育效果。因此，不同的主体，按照不同的标准来评价，会产生不同的评价结果。

其次，评价强度难以把握。由于对教学的评价贯穿全过程，教育过程又存在诸多不确定性，在漫长的周期中，该以怎样的评价强度进行评价才会更加合理，是一个难以把握的事情。[②]

最后，评价成本难以掌控。过程导向型评价机制不像成果导向型评价机制，在短时间内可以通过事后数据的收集和整理作出结果评价。过程导向型评价周期较长，评价的内容较多，且难以量化，导致在评价教育过程上花费的时间和精力较一般评价机制更长，这导致了对评价成本的掌控成了一道难题。

四、立德树人的评价机制选择：多元化评价的可能路径

成果导向型评价机制和过程导向型评价机制都是现有的以评价功能为标准的评价模式。二者在运行时围绕的中心有所不同，前者偏向于以立德树人成果为中心，后者则以立德树人实施过程为中心。在构成要素上，前者在价值取向上是成果取向，实施过程中以“时间点”为标准，耗时短、可量化，将立德树人成果以数据的形式直观地加以展现。而后者在价值取向上是过程取向，实施过程以“时间段”为标准，覆盖面广、周期长，对立德树人的评价表现在高校各方面建设的投入和规划上。两种评价机制各有所长，难分伯仲，但各自也有不尽如人意之处。

成果导向型评价机制在现今竞争激烈、追求效率的社会中，常常被异化为唯科研

---

① 龙卫球、初殿清：《“立德树人”视野下的大二见习课程》，载于《北航法律评论》2016 年第 1 辑，第 354－360 页。

② 高凌飚：《关于过程性评价的思考》，载于《课程·教材·教法》2004 年第 10 期，第 18 页。

成果导向、唯科研人才导向的评价机制,而高校立德树人、教书育人的本职工作常常被忽略,这一般表现为"重科研、轻教学"。过程导向型评价机制则常有"渔网撒得过大而难以收回"的弊病。过程导向型评价机制所要考虑的内容过多,想要做到面面俱到,但是却因为过程漫长、事物发展的不稳定性和评价主体的主观性而具有不确定性,最终可能导致评价的标准因人而异,评价的强度难以把握,甚至连评价成本也成为未知数。

如今,在我国的立德树人工作中,应当以什么标准进行立德树人的培养效果评价,是摆在眼前的一道难题。根据对上文两种评价机制的分析,我们看到二者各有利弊,因此,在立德树人培养效果评价的实施过程中我们应该做到扬长避短,结合实际情况进行评价机制的选择和评价内容的调整。那么同样,立德树人培养效果评价机制的选择应当从评价原则、评价主体、评价内容三个方面展开。

(一) 评价原则:以学生为核心

在立德树人过程中,以谁为核心展开评价,涉及评价的原则问题。"立德树人"作为一个偏正结构的词,最终还是需要落实到"树人"上。因此立德树人的核心,无外乎两种,其一为学生,即"被树立之人",其二是学生之外的"树人之人"。在这二者中,以谁为中心展开评价,涉及教育学规律的问题。教育领域存在两类规律:一类是教育的外部规律,其要求教育必须适应社会发展的需要;另一类则是教育的内部规律,其主要强调教育必须适应受教育者的身心发展需要。前一个规律人们相对熟悉,社会接受程度也很高,而后一个规律则常常被人们忽略。这也是教育过程中是"社会本位"还是"以人为本"之争。[①] 社会本位是在经济社会不太发达时期,为满足社会快速发展的需要,培养满足社会经济发展需求的人才。而随着我国经济的迅速发展和人们认识的不断提高,人们认识到教育需要遵循最基本的规律。人们也应当认识到教育是一个学生自我构建的过程,其他外部因素只能作为助力学生构建自我的重要间接因素,因此将学生作为立德树人的核心是教育的应有之义。

在这样的认识之下,立德树人效果评价所应该围绕的核心便显现出来了。即应当把学生作为立德树人的核心,其他外部因素,如教师、学校投入、科研成果等都作为培育学生发展、成长的条件因素。对于这些因素的评价,其标准应当为是否有利于学生进步和发展,而非是否迎合学生之外的社会群体。当然,以学生为中心并不意味着要将学生与教师、学校等截然对立。[②] 后两者服务于学生,学生的教育质量也必定为教师和学校的评价增添有益成分。此三者应当是主次关系,而非矛盾关系。

在法学教育领域,立德树人更需体现出以学生为中心。法学教育是培养社会主

---

① 李嘉曾:《"以学生为中心"教育理念的理论意义与实践启示》,载于《中国大学教育》2008 年第 4 期,第 55 页。

② 朱欣:《"以学生为中心"教育理念的历史审视与价值定向》,载于《现代教育管理》2012 年第 4 期,第 7 页。

义法治人才的过程，这其中法学理论和法学实践是必不可少的两个环节。以法学实践为例，要使社会见习有助于学生快速捕捉到实践中的法律问题，并且迅速解决其中的困难，需要实践部门提供充足的实践素材，指导教师提供专业的法律指导，还需要学院与学校提供服务保障。这样，一个以学生为中心的实践体系便得以建立。[①] 因此，评价实践教育是否达到了立德树人的效果要求，是否以学生为中心是需要遵循的评价原则。

(二) 评价主体:内部评价结合外部评价

可进行立德树人效果评价的主体较广泛，以学校为界线，大体上可以分为内部评价和外部评价。内部评价主要是学校的自我评价，学生对学校所提供的平台和环境的评价，以及教师对于学校所提供的资源的评价等。外部评价则是政府、社会等对于高校立德树人效果的期待。强调评价主体的内外部结合，也是由二者自身的特点决定的。

内部评价通过学生、教师的改进建议和学校的自我调整相结合而产生。学生、教师和学校是一个小的立德树人生态圈，他们互相服务，互相补给，在一个相对闭合的空间内进行着立德树人策略的改进和完善。立德树人的培育效果究竟如何，也是件“如人饮水，冷暖自知”的事。学生和教师作为学校立德树人最直接面对的主体，对于学校的立德树人效果有最直观的感受，因此是立德树人评价最直接的信息来源。但是，内部评价也存在一定问题，它虽然最为直接，但是却容易受主观方面的影响而使其可信度降低。此时便需要外部评价作为补充。

外部评价由政府、社会各界的评价组成。在我国，官方的评价一般都以政府评价为主。社会各界每年都会有形形色色的大学评价以及大学排名，这也为人们提供了官方之外的额外信息补给。二者评价要素的不同，也为高校均衡自身发展提供了参考意见。除就业率等政府和社会共同关注的因素外，政府还强调学生对于社会的贡献度、参与度等问题，社会则更加强调高校培养学生的实用性。因此，即使外部对于立德树人的评价多从结果角度出发，但它也是高校必须考虑的因素。外部评价虽然较内部评价客观，但在信息传递的过程中，也可能出现评价失真的情况，这是外部评价难以避免的。

综上，在立德树人的效果评价过程中，内部评价与外部评价是不可偏废的两个部分，二者可以相互补充。因此，在法学教育中，学生和教师的直观评价、政府对于社会主义法治人才的要求以及司法实务对于实用性法律人才的需求都是不可遗漏的考量因素。

---

① 付翠英、初殿清:《法学专业实习的“北航模式”——锥形立体结构支撑》，载于《北京航空航天大学学报(社会科学版)》2014 年第 6 期，第 98 - 99 页。

（三）评价内容：有界限的内容拓展

对于立德树人培养效果的内容评价，即指评价的考量因素为何。在上文中我们分析的两个向度的评价机制，即成果导向型评价机制和过程导向型评价机制。成果导向型评价机制主要面向的是立德树人的成果，这些成果体现在升学率、科研奖项、论文发表、学校条件投入等结果要素上，是一种便捷、可视化、可量化的评价内容。而过程导向型评价机制则是强调学校对立德树人的投入过程和学校对反馈的即时改进，评价的角度广泛、周期漫长。这两种评价机制，前者在异化后变得片面、僵化，后者因为范围太广而难以把握。因此，在如今的立德树人效果评价中，应当做到尽量克服二者的缺陷，发扬二者的长处。

现如今立德树人培养效果的评价，应当遵循的是“三全”“三度”“五育”，分别为：“全员育人”“全过程育人”“全方位育人”；“条件支持度”“社会贡献度”“发展匹配度”；[①]“德育”“智育”“体育”“美育”“劳育”。其中“三全”面向思想道德建设方面，要求高校和社会各界全员、全过程、全方位加强高校思想道德教育，培养优秀的社会主义接班人。“三度”则在结果向度强调高校的立德树人需要考虑学校科研投入的结果、所培养人才对社会的贡献结果以及高校教育与社会科技、经济和人口的匹配状态。而“五育”则是在过程向度强调学校在立德树人过程中应当建立良好校风，提供优质资源，助力学生德智体美劳全面发展。

至于立德树人培养效果评价的成本问题，我们应当辩证考虑，要从结果和过程两个维度进行培养效果评价并付出一定成本。但是相比优质的立德树人成果所带来的巨大社会效益，这一成本不算过高。因此，立德树人首要的任务是培育优质的人才，至于效果评价机制选择的成本问题，与立德树人相比，其位阶更加靠后。

因此，我们所提倡的评价内容，较成果导向型机制是有拓展的，而较过程导向型机制又是有所限制的，希望采用这样的综合评价机制能够更全面更准确地评价立德树人的培养效果。

五、结　语

党的十八大以来，我国教育事业围绕培养什么人、怎样培养人、为谁培养人这一根本问题，树立了立德树人根本任务。党的十九大从新时代坚持和发展中国特色社会主义的战略高度，作出了优先发展教育事业、加快教育现代化、建设教育强国的重大部署。立德树人与教育的现代化的关系密不可分。立德树人是教育现代化最基本也是最重要的内容。在我国，教育现代化水平又决定了我国治理能力现代化的进程，尤其是法学教育，在我国治理能力现代化和依法治国的进程上扮演着十分重要的

① 王战军：《中国研究生教育质量报告》，中国科学技术出版社 2019 年版，第 72 页。

角色。

立德树人是一个发展的过程,需要在推进的同时进行培养效果的检验,此过程中面临的评价机制的选择,在立德树人过程中起到“指挥棒”的作用。以评价功能为标准而划分成的成果导向型评价机制和过程导向型评价机制,是现阶段各评价主体热衷采用的评价机制。二者在评价核心、成本构成和价值面向上各有独特之处,但在实际运用中也难免遇到问题。综合来看,我们认为,立德树人培养效果评价的核心原则是以学生发展为中心;在评价主体上,需将内部评价与外部评价相结合;在评价内容上,为增加评价角度同时又使评价可控,需要在成果导向型评价机制的基础上,进行有界限的内容拓展。因此,在整体上,做全面而非片面的评价,才能体现出立德树人工作的真正培养效果。

立德树人培养效果评价,是立德树人工作的“指挥棒”,只有用好这一指挥棒,我国的教育事业和现代化进程才能符合历史发展的规律,我们也才能更坚实、更稳定地走向中华民族的伟大复兴。

下 篇　实施策略

第九章　新型工业化时代的法学教育——以北航法学教育改革为个案[①]

龙卫球　初殿清

摘　要:法学教育应能够回应社会发展和国家战略需求。新型工业化社会呼唤复合型法律人才,除具备扎实的法学基础知识和清晰的法学思维之外,强调法学毕业生具备较强的实践能力、跨领域创新能力、持续学习能力。培养这样的法律人才需要法学教育解放思想,在宏观和微观两个层面进行改革,宏观层面包括拓宽专业口径和相关资源的结构性调整,微观层面涉及课程体系、课程内容、授课方式等具体环节。经过近十年的探索,北航法学院以战略、协同、务实为理念引导,致力于借力智库建设增效的人才培养环境、类型元素交叉的复合人才培养模式、彰显工业信息化特点的课程体系调整和教学方法改革等,逐渐形成了新型工业化法治人才培养的北航模式。

关键词:新型工业化　信息化　法学教育改革　国家战略　复合型人才

一、新型工业化时代呼唤法学教育模式创新

(一) 我国国家工业化进程中的高等教育模式变迁

能够为经济社会发展提供强有力支持的人才和智力储备是国家发展的关键资源,正是在这一意义上,教育如何发展是一项重要的国家战略,处于教育体系金字塔顶的高等教育尤其如此。与我国国家工业化三段进程相对应,我国的高等教育发展模式在不断探索中也经历了三个阶段。第一阶段:有计划的工业化阶段,教育模式上照搬苏联模式,通过院系调整、强化工科、大批院校归专业部门等措施,把普通高等教育体系改造为高等职业教育体系。综合性大学数目大幅减少,单科院校数量增加;专业设置上,工科专业比重急剧上升,文、法、商科专业比重下降。第二阶段:市场导向的工业化阶段,教育模式上以学科建设为核心的高校办学理念日渐盛行,高等教育体系全面“去职业化”,重建大学与社会发展的边界,具体表现为强调学术教育和理论教学,职业教育和实践教学相对弱化,学生理论知识扎实但动手能力差,高等教育与社会经济发展逐渐脱节。第三阶段:21 世纪初至今的新型工业化阶段,科技创新成为

① 本文核心内容发表于龙卫球、初殿清:《新型工业化时代的法学教育——以北航法学教育改革为个案》,载于《中国大学教学》2017 年第 1 期。

经济结构调整和持续健康发展的决定性力量，在人才需求上体现为对富有创新精神、实践能力强、学科交叉融合的高层次技能人才的需求。①

新型工业化阶段仍然是市场导向的，与第二阶段的主要区别在于突显信息化在工业化进程中的变革性影响。与发达国家相比，我国工业综合实力存在较大差距，第三次工业革命通过数字技术、个人电脑、互联网使人类社会从机械化生产时代走进自动化生产的电子时代和信息时代，而信息技术和智能制造的到来给我们带来了迎头赶上、弯道超车甚至是革命性领跑的历史机遇。在世纪之交的路口，党的十六大提出走新型工业化道路，“以信息化带动工业化、以工业化促进信息化”，与传统工业化道路不同，强调信息化在工业化过程中的核心作用，与此并行的是信息技术对社会经济生活的全面渗透。经过十余年的发展与探索，党的十八大进一步丰富了新型工业化道路的内涵，提出信息化与工业化深度融合，以创新驱动发展，强调科技创新是提高社会生产力和综合国力的战略支撑，自此我国国家工业化战略从“追赶战略”转向“创新驱动发展战略”。

相应地，在高等教育发展政策上，《国家中长期教育改革和发展规划纲要(2010—2020年)》强调了两个层面的内容：一是旨在提高学生创新能力、就业能力的交叉培养与联合培养机制；②二是旨在强化高校科研资源智库功能的联合科研与资源共享机制。③ 而今，以无人驾驶、人工智能、新型材料、3D打印、5G通信等为标志的第四次工业革命势将席卷全球，深度影响人类社会生产生活的各个角落。④ 数字化、智能化革命不但深刻改变着生产组织方式和世界经济格局，也改变着人类的生存状态和学习方式，高等教育领域面临着自观念到模式到具体制度的新一轮革新风暴洗礼。

(二) 新型工业化时代对法学教育的要求

法学教育需以服务于社会发展为其导向，以法律人才培养和法学研究成果为更好的社会秩序体系提供智识支持。新型工业化时代的社会经济发展的标志性特征是

---

① 周光礼:《国家工业化与现代职业教育——高等教育与社会经济的耦合分析》，载于《高等工程教育研究》2014年第3期。

②《国家中长期教育改革和发展规划纲要(2010—2020年)》中要求“促进多学科交叉和融合”，“强化实践教学环节”，“创立高校与科研院所、行业、企业联合培养人才的新机制”，“重点扩大应用型、复合型、技能型人才培养规模”。

③《国家中长期教育改革和发展规划纲要(2010—2020年)》中要求“充分发挥高校在国家创新体系中的重要作用，鼓励高校在知识创新、技术创新、国防科技创新和区域创新中作出贡献”，“以重大现实问题为主攻方向，加强应用研究”，“促进高校、科研院所、企业科技教育资源共享”，“高校要牢固树立主动为社会服务的意识，积极参与决策咨询，主动开展前瞻性、对策性研究，充分发挥智囊团、思想库作用”。

④ Larry Elliott: *Fourth Industrial Revolution Brings Promise and Peril for Humanity*，载于 https://www.theguardian.com/business/economics-blog/2016/jan/24/4th-industrial-revolution-brings-promise-and-peril-for-humanity-technology-davos。

信息技术在新一轮工业化中的关键作用，而人类社会信息底层结构的改变将引起法律、法律职业以及法学教育的转型。信息底层结构在很大程度上决定了我们有多少法律，法律有多复杂，法律的改变有多频繁，以及什么人有责任和知识上的能力就法律提供意见。[①] 在这场史无前例的技术大变革之中，法学院可能无法选择保持站立于其传统模式中原地不动，许多国际知名高校的法学院已经在这一社会宏伟转型过程中探索改变教学理念、课程体系和课程内容，比如哈佛大学、牛津大学、哥伦比亚大学、斯坦福大学、麻省理工学院、纽约大学、乔治城大学、杨百翰大学等。[②]

法学院应研究和规划法律行业和法学教育的远景，至少思考以下两方面的问题：第一，新型工业化社会需要什么样的法学人才？第二，培养上述人才需要法学教育在哪些方面进行改革？

首先，新型工业化社会需要什么样的法学人才？近年来，我国法学专业毕业生的就业率处于低迷状态，引发了法学教育界的诸多思考：是不是我们法律相关职业的市场真的已经供大于求？还是我们培养的法学毕业生供不"应"求（此处"应"字作"回应"解，指我们向社会输出的法学毕业生难以回应社会发展对法律职业人能力的需求）？类似的问题在其他国家同样存在。有研究表明，目前世界各地的法学院都被批评，其录取的学生人数远远超过了法律职业所能录用的数量；研究者认为关注的重点并不在于法学院是否招生过度，而在于这些教育机构是否真正教了应该教的东西，在于法学院是否能够让法律专业的学生对未来的法律市场做足充分准备。[③] 2012 年，美国律师协会修订其《职业行为模范规则》中有关律师能力要求的相关条款，对执业中科技相关问题的了解也被列为能力要求之一。[④]

在新型工业化社会，具备以下两方面素质和潜力的法学人才在未来就业环境中会具有较强竞争力：一方面，能够应对信息社会给传统法律行业领域带来的挑战，对

---

① 人类已经经历了信息底层结构的四个阶段：口头时代、书写时代、印刷时代、通信信息技术时代。第五个时代即将到来，大约三四十年后，纳米技术、机器人技术、基因技术、信息技术将融为一体。目前，我们正从基于印刷的工业社会进入基于互联网的信息社会。参见【英】理查德·萨斯坎德：《法律人的明天会怎样？——法律职业的未来》，何广越译，北京大学出版社 2015 年版，第 182 - 183 页。

② 在哈佛大学、斯坦福大学、牛津大学等大学中，学习计算机技术、网络技术以及相关发明创造对社会发展的影响已经成为一项主流学习内容，哈佛大学博克曼中心的法律实验室所研制的法律管理软件系统已经被部分州使用，杨百翰大学法学院在 20 世纪 80 年代便开始了电子案卷课程的早期尝试，麻省理工学院法学院将科技元素融入法学教育改革的做法影响力不断扩大。参见 Oliver R. Goodenough, *Developing an E - Curriculum: Reflections on the Future of Legal Education and on the Importance of Digital Expertise*, 88 Chi. - Kent L. Rev. 845, 869 - 876, 2013. 哥伦比亚大学法学院的"数字时代法律诊所"以及乔治城大学法学院的"科技、创新与法律实务"研讨班也同样取得了教学成果。参见 Ronald W. Staudt and Andrew P. Medeiros, *Access to Justice and Technology Clinics: A 4% Solution*, 88 Chi. - Kent L. Rev. 695, 723 - 724, 2013.

③ 【英】理查德·萨斯坎德：《法律人的明天会怎样？——法律职业的未来》，何广越译，北京大学出版社 2015 年版，第 152 - 153 页。

④ 律师应当及时了解法律执业中的发展变化，包括伴随科技而产生的利益与风险。参见 Rule1. 1, ABA Model Rules of Professional Conduct.

新环境下的新问题具有较强的应变和处理能力;另一方面,能够敏锐发现和及时把握新兴技术带来的机遇,使其为法律行业领域所要实现的核心价值(公正、平等、秩序、效率等)提供增量。据此,除了具备扎实的法学基础知识和清晰的法学思维之外,法学毕业生在以下方面的能力会被强调:第一,实践能力,并非仅仅是传统意义上的法律实务技能,而是包含着迅速感知并融入既有法律职业的新变化以及新兴法律行业领域①的能力。第二,创新能力,主要来源于其跨领域知识结构。第三,持续学习能力,我们生活在一个信息爆炸的时代,知识正在以几何倍数急速增长,并且经常体现出学科交叉的面向,高等教育给予我们的知识储备很可能在毕业短短几年后便不再满足社会生存需要。我们不停歇地成为新的菜鸟。② 所以,在未来社会评价人才的标准并不仅仅关注其已经具备的知识体量,而是更为关注其持续吸收知识乃至创造新知识的能力。所以,在相当意义上,学习方法的讲授比知识本体的讲授更为重要。

其次,培养上述人才需要法学教育在哪些方面进行改革?相关改革可以从宏观和微观两个层面来观察。宏观层面包括拓宽专业口径和相关资源的结构性调整。前者比如2017年以来许多高校在尝试探索,而其法学院系也参与其中的大类招生和通识教育,又如通过学科融合助力复合型人才培养等。后者则涉及解构并重新整合教育资源,继而重构法学人才培养框架,包括科研与教学资源共享、院系之间资源共享、高校与实务部门资源共享等。微观层面涉及法学院的课程体系、课程内容、授课方式等具体环节。近年来,国外法学教育界兴起的对信息时代法学教育的若干探讨便主要集中于微观层面的具体改革研究。

下面便以北航法学院近年来的教育改革为个案,谈谈我们对新型工业化法学教育的理解。

二、北航法学教育模式的理念基础与构建过程

(一)北航法学教育模式的理念基础

北航法学院兴办于20世纪90年代我国高等教育大转型的浪潮之中,以开创和发展现代新型法学教育为基本目标,同时注重服务国家建设新型工业化法治战略需

① 关于法律人的新工作,许多法学教育界的专家尝试过举例,比如法律知识工程师、法律技术专家、跨学科法律人才、法律项目管理师、在线纠纷解决师等。

② 【美】凯文·凯利:《必然》,周峰等译,电子工业出版社2016年版,第5页。

凯文·凯利在《必然》一书中指出,未来的科技生命将会是一系列无尽的升级,而迭代的速率正在加速,我们永远都会是菜鸟,并永远因此保持虚心。永远是菜鸟是所有人的新设定,这与你的年龄,与你的经验,都没有关系。

求，牢固树立法学人才培养的中心地位，逐步形成了“科学基础、人文素养、实践能力、国际视野”协调发展的法学人才培养体系。结合新型工业化时代的社会发展需求，北航法学教育在办学理念上呈现出三方面的特点：

第一，战略性。北航法学院始终以探索和践行现代新型法学教育为目标，谋求“全球视野、长效发展”，结合我国全面建设法治国家的背景，充分融合北航现代科技教育战略优势，主动服从国家新型工业化道路的重大战略需求，打造体现时代特征的新型、卓越法学教育模式。以国家与社会发展需求为先导，强化基础性、前瞻性和战略性科研与教学，致力于智库建设与法学教学之间的良性互动。

第二，协同性。多年来，北航全面实施“空天信融合、理工文综合、产学研结合”战略，把法学学科作为精品文科的重点建设领域，构建“优势工科、扎实理科、精品文科”的学科发展生态，构建学科协同发展的世界一流大学。这使得北航法学院自始便生长于一个关注和强化协同创新的教育环境之中。这里，既包括与本校其他学科之间的协同，也包括与校外相关实务部门的协同。

第三，务实性。“尚德务实、求真拓新”是北航遵循的办学理念，“德才兼备、知行合一”是北航师生共同践行的校训。北航法学院注重学生实践素质的培养，通过实践教学，要求学生一方面具备宽广的视野，了解发展中的社会对法律从业者有哪些需求，进而调整自己的知识结构，而不是将关注点仍放在过去、倒行着走进未来；另一方面，落实于扎实的行动，锻炼工作环境适应能力和自我学习能力。

具化到人才培养目标上，北航法学院致力于培养具有中国特色社会主义法治思想、法学专业基础扎实、兼具工业和信息化知识背景、公益素质突出的复合型、应用型、国际化卓越法律人才。具体体现为以下培养标准：第一，体现新型工业信息化法学教育特色，服务国家战略需求，了解领域前沿，具有交叉研究意识与能力；第二，坚守社会主义法治理念和法律职业精神，公益素质高，社会责任感强，德才兼备；第三，专业基础扎实，思辨能力强，熟悉国情民情，解决实际问题能力突出；第四，具有国际视野，通晓国际法律规则，能够参与处理涉外法律事务。

（二）北航法学教育模式的构建过程

北航法学教育模式的形成经历了以下几个阶段：

1. 基础搭建阶段（1997—2007 年）

1997 年，北航整合法律教研室、专利研究所和北航法学研究所等单位，在人文学院设法律系，2002 年正式成立法学院。北航法学院具有注重特色发展和交叉研究的传统，在初步发展时期便有所体现，先后成立知识产权与科技法研究所（1997）、外层空间法研究所（2000）等体现特色领域优势的教学研究机构。

2. 框架形成阶段（2007—2012 年）

2007 年，学校决定加速发展法学学科，启动“快速发展战略”，法学院短时期内在师资队伍、学位点、学术研究、人才培养等方面取得重大提升;2010年,学校启动"理工文综合"和"精品文科"战略,法学院成为文科建设重点。此间,又一批面向国家战略需求的教学科研机构成立,即航空法研究所(2007)、法律与科技中心(2007)、频谱法律与标准研究所(2010)和科技证据法律与实验中心(2010)等。与此相应,形成了若干特色化课程。2011年,北航以文科为试点开始探索大类招生、通识教育、书院制改革,并同步启动完全学分制及培养方案改革,拓宽专业口径,关注全人培养。北航法学院在本次大转型中承担了核心工作,发挥了关键作用,法学院自身的课程体系也在本次改革中进行了结构性调整。2011年年底,北航法学院国家空管法规标准中心获批国务院、中央军委空管局重大科研基地,成为当前国家空管法律政策设计的唯一智库单位。2012年,教育部高等学校法学学科教学指导委员会、中国法学教育研究会与北航法学院成功联合举办了"新型工业化时代法学教育高峰论坛",对新时期法学教育模式转型与建设相关问题进行了研讨,取得了重要成果。

3. 全面拓展阶段(2012—2016年)

北航法学院在教学与科研领域同步推进新型工业化法学教育模式,人才培养与智库建设协同并举、互为支撑。一方面,于2012年成功获批建设"国家卓越法律人才培养基地"(58家之一)和"国家大学生校外法学实践教学基地"(20家之一),与最高人民法院应用法学研究所、北京知识产权法院、中航工业集团等京内外近三十所实务单位协力探索"高校-实务部门"联合培养模式,着力体现"教育资源社会化、司法资源教育化"。另一方面,依托学校在国家工业信息化进程中的独特优势,密切结合国家管理战略需求和产业发展需要,致力开创工业和信息化战略法学,范围涉及网络信息法、航空航天法、频谱与通信法、知识产权和科技法、建筑工程与金融法、产业监管法等领域,新建"网络信息安全与法治研究中心"(2014)、"建筑工程与金融法研究中心"(2015);整合组建"北航工业和信息化法治研究院",于2015年获批工信部首批重点实验室(工业和信息化法治战略与管理重点实验室),联手"千人计划"北航计算机学院蔡维德教授、芬兰坦佩雷大学信息科学学院李兴安教授等专家学者推进计算法律学、区块链、智能合约等跨领域科研和人才培养;同期整合组建"北京科技创新中心研究基地",2016年成功获批北京市人文哲学社科基地。

三、北航法学教育模式的具体内容

在新型工业化时代,"与科技融合的法律教育"[①]已经从特色发展方向逐渐成为主流发展方向。依托独特的理工学科资源和浓厚的高科技氛围,北航法学院探索建

① 这是一个科技时代,我们的法律不再是飘在天上的白云,它要落到技术上。科技和制度(后者就是法律文明)都是第一生产力,两者要结合起来。参见龙卫球:《理工类院校兴办法学院的定位与目标》,载于徐卫东、赵海峰主编:《理工类院校法学专业人才培养模式探析》,哈尔滨工业大学出版社2009年版,第33页。

立“标准化的常规培养”与“定制化的特色培养”相结合的人才培养模式，形成培养具备新型工业化背景的“法学与科技产业结合”复合型法律人才培养机制。具体内容包括：

（一）课程体系结构性调整和教学方法改革

经过“长城行动计划”等一系列重大教学改革，北航法学院本科人才培养课程体系经历了结构性调整，目前的课程体系包括大一阶段的通识教育和书院制培养，大二阶段开设大多数核心专业课程，特色化选修课安排在大三、大四高年级阶段。借助学校推进完全学分制的一体化改革平台，北航法学院与其他学院建立课程融合、课程互选机制。体现科技与法律融合的课程分落于低年级通识课和高年级选修课之中，相关通识课程比如“法律与科技”“全球工业信息化法治思维”“航空航天概论”等，旨在拓宽视野和思路，了解领域前沿发展和国家战略需求；同时在高年级选修课中保持并增加空天信法学特色课程的比重，例如航空法、外层空间法、知识产权法与专利检索、信息法、科技证据、建设工程法等选修课程①；此外，还与北京知识产权法院、中航工业集团、中航勘察设计研究院、中国互联网协会等实务部门联合开展了实践类课程，见下表所列。

科技与法律融合在课程体系中的体现

低年级通识课	如“法律与科技”“全球工业信息化法治思维”“航空航天概论”等课程
高年级特色化选修课	如“航空法”“外层空间法”“知识产权法与专利检索”“信息法”“科技证据”“建设工程法”等课程
实践类课程	与北京知识产权法院、中航工业集团、中航勘察设计研究院、中国互联网协会等实务部门联合开展

法学专业毕业必需的学分中，以下方面体现出新型工业化法学教育的指向：第一，学生需修满各类通识课共23学分。全校所有学院都可以开设通识课程，包括科技文明、社会科学、人文素养、经典研读四大板块，全校学生均可选择，其中有若干与自然科学、信息革命等内容相关的课程。第二，学生需修完高等数学3学分、计算机基础2学分，培养与科技特色融合的基本条件和能力。第三，跨专业课程至少修满2学分，比如“经济学原理”“管理学原理”等。第四，数据库使用2学分，课程名称是“法律研究与法律写作”，列入法学专业核心必修课加以要求，详见下表所列。

① 上述课程对学生研究方向的影响从近年来本科论文选题中可见一斑，比如将互联网股权众筹、P2P网贷监管、个人信息遗忘权、遥控驾驶航空器系统对第三人的损害赔偿责任、境外卫星电视节目落地监管、国家空间活动立法、国际空难事故中的承运人责任、信息化侦查与隐私保护、网络司法拍卖、比特币、第三方支付平台沉淀资金、克隆银行卡等领域的法律问题作为研究主题。

体现新型工业化法学教育指向的准出标准

毕业必需	通识课:23 学分,四大板块,各学院开设,全校通选
	基础能力课:高等数学 3 学分、计算机基础 2 学分
	跨专业选课:至少修满 2 学分,比如经济学原理、管理学原理等
	数据库使用:2 学分,列入法学专业核心必修课加以要求

在教学方法改革方面,北航法学院近年来在以下方面进行了探索。一是“互联网+”背景下的教学信息化建设。“互联网+”推动了信息技术与教育领域的融合发展,对教育变革产生了深刻影响,北航法学院以教学信息化建设助力教学方法改革,尝试以时代脉搏引领教育观念和教育实践,具体教学实践包括课程中心、智慧教室等。自 2014 年起,推行“全生命周期课程”管理模式,健全从课程申报、课程“上课”、课程评价到课程“下课”的一整套管理实施方案。[①] 所有教师均需建设所教授课程的“课程中心”,课程全程在线化管理。2017 年度开始探索启用智慧教室。[②] 二是在数据库之外,将教学软件平台引入实践类课程。例如法律实务综合模拟平台、法律诊所案件管理系统等,使学生通过软件平台上的电子案卷渐渐熟悉案件的电子化管理形态。[③] 对一两种软件的学习并不能够使学生掌握未来法律工作中可能面对的所有技术软件,但其目的在于培养学生的时代意识,使学生感知法律行业正在信息技术驱动下发生重要转型,以便对未来的工作环境有所准备,而且某些基本使用方法的通用性可以使学生未来在工作中能更快上手。

(二) 复合型人才的联合培养

1. 网络安全高级人才班

面向国家网络安全重大需求,北航法学院与国家计算机网络应急技术处理协调中心(CNCERT)合作举办“网络安全高级人才班”,联合培养硕士研究生,双方共同制定培养方案,设置覆盖计算机网络与通信、公共与经济管理、法学等多学科交叉的专业课程,北航法学院与 CNCERT 各为学生配备一名导师。学生除在北航完成基础课程的学习外,还将深入参与 CNCERT 相关课题研究或赴 CNCERT 实习,CNCERT 根据学生参与科研和实习工作的程度,提供助研金。学生毕业后参加 CNCERT 的应届毕业生招聘,有机会获得优先录用。

---

① 课程需经课程网站建设和开课申报,评审通过后才能纳入开课目录;满足选课人数,才能进入排课表;正式上课后,采取优胜劣汰机制,课程评价结果为“不合格”的,课程“下课”。

② 智慧教室是一种新型的教育形式和现代化教学手段,致力于教育与信息技术的深度融合,教学方面可实现课程全程多角度录像、课堂考勤、随堂互动、实时反馈等师生实时高效互动等效果。

③ 国外若干法学院在课程中引入 Hotdocs, A2J Author 等软件系统,其立意与本文所言类似。参见 Ronald W. Staudt and Andrew P. Medeiros, *Access to Justice and Technology Clinics: A 4% Solution*, 88 Chi.-Kent L. Rev. 695, 716, 2013.

“网络安全高级人才班”体现了卓越法律人才培养计划下复合型人才培养与应用型人才培养双轨并进的探索。目前，首届硕士生已在双方导师指导下顺利开题，并已于 2015 年毕业就业，前往 CNCERT 工作，取得了良好的培养效果。

2. 空间法律与政策硕士项目

空间法律与政策硕士项目下的培训班由联合国附属空间科学与技术教育亚太区域中心（中国）、亚太空间合作组织和北航联合主办，得到了联合国外空事务司、亚太空间合作组织、中华人民共和国外交部、中华人民共和国工业和信息化部、中国国家航天局等国际组织和政府职能部门的大力支持。

培训班以“空间技术应用与法律”为主题，聘请了来自美国、加拿大、德国、法国、瑞典、中国内地及香港地区相关领域的学者、专家、律师、政府及国际组织官员担任授课教师。世界知名的四大外层空间法专业研究机构——加拿大麦吉尔大学航空法与外层空间法研究所、美国国家遥感与航空航天法研究中心、德国科隆大学航空法与外层空间法研究所以及荷兰莱顿大学国际航空法与外层空间法研究所均派出专家参与课程设计和授课工作。培训班学员包括外方学员和中方学员（中方学员系来自北航法学院及其他高校法学院的学生）。培训内容涉及国际法与空间法，国际外层空间法的基本框架与体系，国家空间立法，国家空间政策，外空软法，与遥感、全球卫星导航系统、卫星通信有关的法律问题，空间资源开发的法律制度，空间商业发射服务卫星中的法律问题及空间环境保护等。培训环节包括专家讲座、实践课程、技术参观和学员交流等。

3. 跨学院联合培养博士生

自 2015 年始，北航法学院与计算机学院联合培养博士生，毕业后学生获得法学博士学位，研究方向为网络信息安全。目前，相关培养有序推进，学生不但需要研习法学课程，还需要前往计算机学院完成相关课程的学习；与此同时，学生深度参与“工业和信息化法治战略与管理重点实验室”中两院联合开展的课题研究活动，比如区块链的法律应用研究、计算法律学、智能合约相关研究等，已分别与法学院、计算机学院的导师发表《网络安全立法的七个重点问题》《两种选择、两种结果——the DAO 事件的反思》《英国国家战略新部署——区块链技术的新应用》等跨领域研究文章。

4. 为空天信行业实务人员继续教育提供平台

《国家中长期教育改革和发展规划纲要（2010—2020 年）》将继续教育纳入区域、行业总体发展规划，鼓励职前教育和职后教育有效衔接。终身学习的政策导向与新型工业化社会发展下知识迭代和交叉增长速度激增的特点相契合。北航法学院通过为用人单位量身打造“定制培养”，助力空天信特色人才培养。例如中航工业系统法学硕士和法律硕士班、空管法律硕士班等。

(三) 智库建设与教学改革联动

跨领域协同培养需以师资团队、交叉科研成果等资源为基础，北航法学院通过智库建设平台将上述基础资源加以整合，科研先导、反哺教学、服务社会。目前，北航法学院拥有三个国家级、省部级重点科研基地和战略智库，即国家空管法规标准中心（国务院、中央军委空管局重大科研基地，目前为国家空管法律政策设计的唯一智库单位）、工业和信息化法治战略与管理重点实验室（工信部首批部属重点实验室）、北京科技创新中心研究基地（北京市人文社会科学基地）。北航法学院亦与最高人民法院中国应用法学研究所、北京知识产权法院等实务部门达成战略合作框架协议，联合培养创新型高端法学人才，共同建设中国司法建设高端智库、决策建议信息港。以智库建设为依托，一方面，加强与校外相关实务部门的联合科研、人才培养；另一方面，加强与本校计算机学院、信息工程学院、航空学院、航天学院、飞行学院在课程、培养项目和师资等方面开展深度合作。协同师资力量，建设跨学科交叉研究师资团队，聘任蔡维德（北航"千人计划"特聘教授，研究方向为计算法律学）、李兴安（芬兰坦佩雷大学信息科学学院研究员，研究方向为数据挖掘与犯罪预防）、丁道勤（中国互联网协会互联网法治工作委员会委员，研究方向为电子商务与网络信息安全）等多位跨学科研究专家加盟本基地教学科研团队。

联合科研成效通过课程、讲座、论坛（比如北航互联网法治论坛、北航建设工程法律与金融论坛等特色论坛）等多元载体具化到人才培养领域，学生深度融入课题研讨。鼓励学生特别是研究生通过参与频谱立法、航空产业立法、空管立法、网络安全立法等大型科研项目，提升科技领域的法律研究与实践能力，鼓励研究生从事现代高科技与法律相结合的跨学科研究。中航工业集团、中航勘察设计研究院、国家计算机网络应急技术处理协调中心、中国互联网协会、工信部国家无线电监测中心等校外实习基地亦为该模式提供了体验环境。在 2015 年教育部法律硕士评估中，分析了北航法学院近年来毕业生就业去向结构：就业于航空、能源、工程、电信等国家战略行业法务领域的，占法律硕士就业总人数的 41%，体现出本基地培养新型工业化时代复合型法律人才的特色和优势，并获得校外评审专家的认同。

下图为北航法学教育模式概览图。

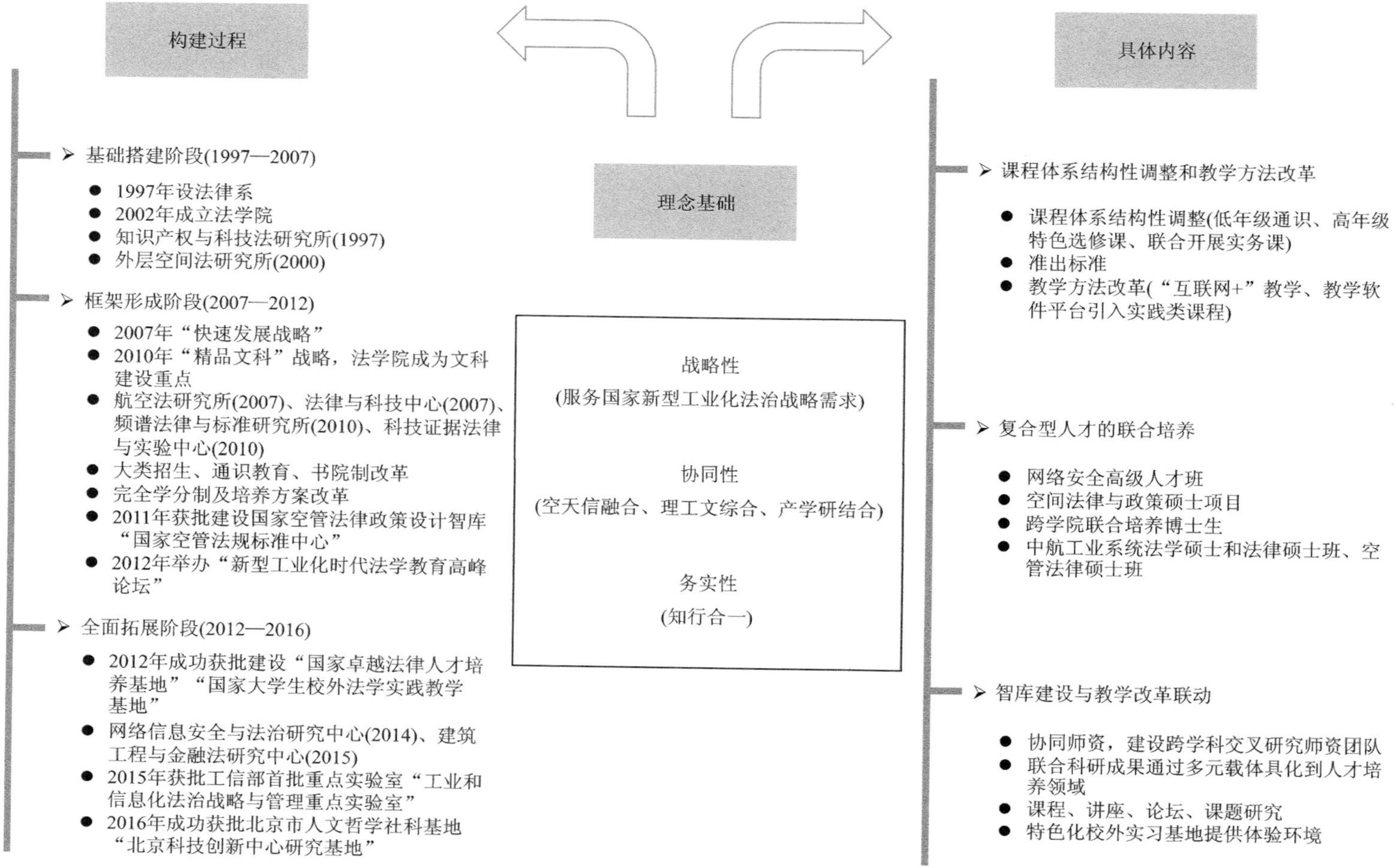

北航法学教育模式概览图

四、北航法学教育模式的启示与思考

(一) 开放性的协同思路和战略规划布局

早在2004年,我国便有法学教育专家指出,我们缺乏懂软件、懂网络、懂生物技术的法律人才,缺乏知识产权专家,更缺乏胜任法律全球化需要的人才;而有条件、有能力培养高层次法律人才的法学院系和师资又相对偏少。[①] 十余年之后的今天,状况并未从根本上获得改善,前文已表,法学就业率近年来持续走低,也许并不能够完全归咎于招生过度。伴随新型工业化社会发展脚步日益加快,复合型高级法律人才需求与学校培养力度不足的矛盾愈发凸显。信息技术不可阻挡地加速崛起,"信息处理变得越来越像是水、电一样的公共基础资源"[②],这一切使得法律人对若干问题需要重新思考和定位。否则,可能我们还在把学生培养成20世纪的法律职业人,而不是21世纪的法律职业人。我们认为伴随新一轮工业革命的到来,法学教育的出路在于"思变"[③],在于对法学教育体制进行结构性调整,进一步拓宽专业口径,通过师资协同、课程资源协同等方式解决培养力度不足的问题,通过加大实践课程比重、加强校内外实质化联合培养等方式,使学生了解当前的社会发展对法律行业的改变和人才需求。

(二) 以智库建设增效人才培养环境

高校的科研与科研机构的科研之间的较大不同在于前者以服务教育、引领教学、反哺教学为其重要目标之一。北航法学院以服务国家战略为人才培养和学术科研的重要指针,致力于国家智库建设,且所建均为交叉学科综合性战略智库。智库建设使得跨领域师资协同、交叉科研引领下的研究型教学成为可能,智库的部分研究成果通过多元渠道进入人才培养领域,使得基地培养的法律人才政治敏锐性强,视野开阔,紧跟前沿,并且更加注重知识的转化应用,智库建设与卓越法律人才培养互动互生的协同发展路径日显成效。有研究者认为法学院有机会在信息时代承担起"知识中心"功能,具体方法是借鉴自然科学学科的实验室建设,有效地将科研、教学和实务融为一体,每一个具体的科研项目都既为社会问题提供解决方案,也创造新的知识,同时培养学生。[④] 这一理念与北航法学院近年来开展的智库建设不谋而合。

---

① 张文显:《法学教育》,法律出版社2011年版,第34页。

② 【英】理查德·萨斯坎德:《法律人的明天会怎样?——法律职业的未来》,何广越译,北京大学出版社2015年版,第19页。

③ 创新的本质是"思变",而"变"的内容能够给社会发展中我们所倡导的价值带来增量才是真正的创新。

④ Vern R. Walker, A. J. Durwin, Philip H. Hwang, Keith Langlais, and Mycroft Boyd, *Law Schools as Knowledge Centers in the Digital Age*, 88 Chi.-Kent L. Rev. 879, 916, 2013.

(三) 人才培养模式创新:类型元素交叉

自获批教育部卓越法律人才培养教育基地以来,北航法学院一直结合时代发展要求和自身发展特色,在培养模式创新上进行新的尝试。我们探索将卓越法律人才培养的类型关键词"应用型""复合型""国际化"加以元素交叉,亦即"做乘法"的思路,衍生出更为体现北航特色且更具有战略性、竞争力的卓越法律人才培养模式新类型,即新型工业化时代下的"复合+应用"型法律人才、"复合+国际"型法律人才培养。"复合+应用"型法律人才培养至少体现于两方面:一是越来越多地倾向于选择具有复合型元素的实务部门作为实践教学合作单位,比如北京知识产权法院、中航工业集团法务部、国家计算机网络应急技术处理协调中心等;二是所建交叉学科综合性战略智库的教学研究团队中不但有来自不同学科的学者,也有来自实务部门的专家。"复合+国际"型法律人才培养主要体现于与国际相关组织合作开展复合型人才培养,比如前文中所列举的与联合国附属空间科学与技术教育亚太区域中心共同开展的空间法律与政策硕士项目。

(四) 信息化元素体现于教学内容和形式

北航法学院在教学内容和形式上均注意结合时代发展,融合工业信息化元素。本文第三部分中的"(一)课程体系结构性调整和教学方法改革"已经对此作了详细描述,这里着重谈谈法学教学中融入具体的科技性实际操作内容的必要性。日新月异的科技变革至少已经影响了法学教育四十年,早期始于 20 世纪 70 年代的 LEXIS 数据库使用,随后不断有科技创新并应用于法学教育和法律实务领域。曾经人们难以想象法律从业能力包括会使用计算机,也并不要求法学教育过程中把计算机作为教学工具,但现在已经难以想象法律从业者不会使用计算机。如果说,计算机只是成为了法律人日常使用的一般工具,法律从业者的核心技能并未在实质上发生太大变化;那么,当前某些技术兴起所带来的新型工具(比如 e - discovery, document assembly, legal project management, predictive coding, AI tools 等)却预示着科技将开始实质性地影响法律人的从业类型、工作方式和工作内容,进而对其在能力上提出了新要求。如果这些工具如预想那样在未来法律服务中占据主导地位,法学院便有责任帮助学生做好胜任未来工作的准备。

第十章　新发展理念下北航二十年法学教育回顾与展望[①]

龙卫球

感谢各位尊敬的法学教育家、院校负责人还有来自实务界的嘉宾,应邀莅临北航出席今天的论坛。借此机会,我想结合新发展理念的新时代背景,重点简单汇报一下北航法学院这二十年的发展情况,同时也就未来如何进一步发展的一些思路求教于各位同行,敬请指正。

北航法学院的发展可以分两个阶段:创业初期阶段和创业发展阶段。

首先是创业初期阶段,主要是从1997—2007年的十年。再远还可以回溯至20世纪50年代,那时有一个政治哲学教研室,中国政法大学民刑教研室高景亮等几位教师因为特殊原因调进了该教研室,在承担全校政治、哲学、人文等课程中,开始涉及一些法学的内容。1987年左右,学校在政治哲学教研室基础上成立了人文社会科学系,高景亮教授发起成立了专门的法律教研室,招进来最早的一批法律老师,比如中国政法大学87级刑法学硕士郑丽萍等,开设了法律基础、法理、经济法等课程。

1997年,学校改设人文社会科学学院,高景亮教授担任书记,后为院长,在这个时候决定设法律系,把学校各方面的法律力量统合起来,除了教研室外还有校法律室、专利事务所等,请来了北京大学出身的著名民法学者刘春茂教授担任首任系主任,还引进了武汉大学的陶毅教授等师资,开设法学本科,并且很快就有了民商法硕士点。2002年杜玉波书记、李未校长主政之后,学校决定进一步多科化,推进法学学科发展,在法律系基础上成立独立的法学院,2005年任命张慧玲担任首任书记,同年取得法学硕士点一级学科,顺利完成本科评估,稳步推进师资建设,到2007年形成了23人的队伍。这是创业初期,一点一滴有了很好的积累,可谓不易。

其次是创业发展阶段,从2007年到今天的十几年。2007年9月开始,学校引进我来担任首任院长,支持法学院"建设一流法学院、基础与特色并重"的快速发展战略,特别是在人事方面、学科建设方面给予了很多支持。学校当时为什么要发展法学学科?因为当时的书记、校长看到了中国和世界高等教育的大势,看到了北航作为一个工科专校办学是有瓶颈、不可持续的,一定要转向综合,所以提出优势工科、扎实理科、精品文科的转型战略,法学是放在精品文科的框架下来做,属于重中之重。那个

---

① 龙卫球:《新发展理念下北航二十年法学教育回顾与展望》,载于《北京航空航天大学学报(社会科学版)》2018年第2期。

时候几个文科和理科学院在北航的发展非常快，可以说一年一个大台阶，主要是人事政策力度大，怀进鹏院士当时是主管人事的副校长，在座的李军锋当时是人事处处长，非常开明、睿智，对学院看上的人才一路绿灯，使得我们迅速建成一支近60人的实力雄厚、布局均衡的师资队伍。学校在“211”三期、“985”二期和三期上给了我们新兴学科建设平台支持，鼓励进行学院之间的交叉融合，特别是依靠工信部、国家空管办公室、国家无线电办公室、中航工业集团等的特色法治战略需求，与电子信息学院、计算机学院、宇航学院等密切合作，极大推进了法学特色学科建设。2008年，在经管学院管理学下自主设置法律科学与管理二级博士点。2011年，在学校的支持下，成功获批了法学学科一级学科博士点，很快就扎实集中建成民商法、宪法与行政法、国际法、诉讼法、法理与法史、刑法六个二级学科博士点，其中民商法、宪法等迅速成为国内领先或者有较大影响的学科。2012年获批教育部首批卓越人才法律基地，同年借十五年院庆召开全国“新型工业化法学教育高峰论坛”，为我们积极探索新发展理念下的特色法学教育提供了智力支持。

2012年年底开始，北航法学院进一步明确了建设有战略价值的现代新型一流法学院的目标。实际上，就是特色发展更加凸显，这种特色体现为时代特色和战略特色。时代特色，就是紧紧扣住时代脉搏，抓住一切机会发展法学新兴学科、交叉学科，包括知识产权与科技法、航空航天法、频谱通信法、网络信息法等，在这些领域达到国内领先、国际有影响；战略特色，就是主动贴近北航优势和工信部工业化和信息化融合的战略需求，创建和发展工业信息化法律智库，开展相关重大对策和基础研究，进行高层次、特色化人才培养和聚集。学院在2012年到2017年之间成功建立了四个智库，包括国家空管委的“空管法律与标准研究中心”、工信部的“工业和信息化法治战略与管理重点实验室”、北京市的“北京科技创新中心研究基地”，以及教育部的“德国国别和区域研究中心”。这些基地，不仅成为我们法学院的研究基地和人才培养连接点，也越来越成为对外合作和开放科研的纽带，正在发挥越来越大的聚效价值。此次评估，我们取得了并列15名的好成绩。这些工作和成绩的取得，都是与学校领导的支持分不开的，与在座的各位法学界领导和同行的支持分不开的，与全院师生的努力分不开的。

北航法学教育下一步的建设思路是：适应双一流的新的大势，继续践行既定的建设有战略价值的现代新型一流法学院的目标，进一步体现时代特色、战略特色、开放特色。这主要体现在以下几个方面：

首先，坚持新理念办学。我们将以双一流建设为契机，紧扣新时代思想脉搏，坚持新发展理念与法学教育紧密融合，自觉经受自观念到模式到具体制度的新一轮法学教育革新风暴洗礼，致力于将“创新、协调、绿色、开放、共享”的新发展理念有机融入法学教育模式革新之中，探索回应相关领域法治需求对人才培养和科研创新提出的新课题与新挑战。

其次，坚持时代特色办学。我们将以顺势而为、顺时而进的精神办好时代需要、好用的法学院。今天，以无人驾驶、人工智能、新型材料、3D打印、5G通信等为标志的第四次工业革命势将席卷全球，深度影响人类社会生产生活的各个角落。数字化、智能化革命不但深刻改变着生产组织方式和世界经济格局，也改变着人类的生存状态和学习方式，科技创新成为经济结构调整和持续健康发展的决定性力量，在人才需求上体现为对富有创新精神、实践能力强、学科交叉融合的高层次技能人才的需求。

再次，坚持战略特色办学。我们始终以服务国家战略、适应国家与社会发展需求为先导，强化战略新型师资与法学人才培养，强化基础性、前瞻性和战略性学科建设与科研贡献。这种战略办学，着重体现于地域性层面：中国法学教育战略办学将扎根于中国大地，致力于服务中国国家治理与社会经济发展现实需求，为建设“科技强国、质量强国、航天强国、网络强国、交通强国、数字中国、智慧社会”提供有力支撑。

最后，坚持开放办学。当今新时代、新发展背景下，需要对法学教育体制进行结构性调整，通过开放办学方式，加强专业协同、师资协同、资源协同、动态协同等，解决过去培养视野狭窄、画地为牢、回应社会力度不足等问题。新的开放办学模式又主要体现于四个方面：

一是校内开放协同。以学校强化协同创新的教育环境为依托，加强与计算机学院、电子与信息工程学院、航空学院等在课程、培养项目和师资等方面的深度合作，协同各方资源，建设跨学科交叉的教学科研师资团队。

二是校外开放协同。加强与校外相关实务部门的联合科研、人才培养，建立协同共建战略合作关系；加强校内外实质化联合培养，探索“高校-实务部门”联合培养新形式，着力实现“教育资源社会化、司法资源教育化”，使法学院在信息时代承担起“知识中心”功能，有效地将科研、教学和实务融为一体。

三是国际开放协同。持续巩固和提升国际化办学平台，密切对外交流，深入发掘国际合作潜力，探索与国际组织、国外实践基地开展合作，增效国际应用型、复合型人才培养。

四是动态开放协同。开放办学应包括时间上的开放因素，紧跟时代发展脚步，结合社会发展新需求，不断调整建设举措，使法律人才培养和法学研究成果为国家治理体系和社会经济发展及时提供智识支持。新时代社会经济发展的标志性特征是信息技术的关键作用，而人类社会信息底层结构的改变将引起法律、法律职业以及法学教育的转型。当前的加速信息化时代，科技升级与知识迭代以几何倍数急速增长，在这一新形势下，“及时调整”与“有效回应”将成为未来法学教育发展的关键词。

第十一章 法学专业实习的“北航模式”:锥形立体结构支撑[①]

付翠英[②] 初殿清

摘 要:专业实习是法学实践教育的重要形式。传统的法学专业实习在实习岗位的专业性、学生自主性、过程控制、协调效应等方面都存在很多问题,实习形式化现象严重。法学专业实习的“北航模式”具有自己的独特性,即递进式的实习课程设置,在实习定位上强调“看”与“干”的结合;依托与实务部门共建的法律实践教育基地,在实习主体关系上由“锥形立体结构”支撑;实习过程中建立由带队教师和岗位导师按照不同方向联合督促、指导的理论与实践结合的机制,取得了显著的实习效果。

关键词:法学 专业实习 北航模式 实践教育

兴趣和需求是创新人才成长的两个不可或缺的因素,解决兴趣问题要从基础教育阶段开始全面实施素质教育,解决需求问题,除了专业学科结构调整适合社会需要外,就是加强实践环节的教育。[③] 实践教育,既能解决兴趣问题,也能解决需求问题。法学作为应用型学科,实践教育是其必经环节。[④] 实践教学一般分为两部分:一是校内实践,如模拟法庭、法律诊所等实验室;二是校外实践,即到法律实务部门进行见习和实习(即广义的专业实习)。实践教学和理论教学应当并重,不能偏废。任何其他形式的实践课,都不能代替专业实习。因为专业实习收效显著,是其他教学手段所不能取代的。[⑤] 由于各国法科学生培养体制不同,实习机制也差别很大,难以为我们所借鉴。

回顾过去各高校的实习安排不难看出,高校普遍要求学生参加法学专业实习,并将实习纳入必修课管理体系,且基本以大四安排的毕业实习为主。根据法学专业院校毕业生的访谈回忆,20 世纪 80 年代的高校普遍采用学院组织的集中实习模式,一

---

① 付翠英、初殿清:《法学专业实习的“北航模式”——锥形立体结构支撑》,载于《北京航空航天大学学报(社会科学版)》2014 年第 6 期,第 96 - 103 页。

② 北京航空航天大学法学院教授,博士生导师。

③ 杜玉波:《关于创新人才培养的几个问题》,载于《中国大学教育》2012 年第 9 期,第 4 页。

④ 2012 年 5 月,教育部与中央政法委员会联合印发了《关于实施卓越法律人才教育培养计划的若干意见》,要求实践教育环节占总学分的 15%。教育部特别发出《关于开展“本科教学工程”大学生校外实践教育基地建设工作的通知》,强调利用校外实践基地,改革实践教学模式。

⑤ 刘静峰:《论法学本科生实习的重要意义》,载于《南开大学法政学院学术论丛 》2002 年 S2 期,第 213 页。

般是由学校领队老师把学生送到实习地点，由学生自主在实习单位实习，时间很长，一般要有2～3个月专业实习期。那时的大学生人数少，社会重视，实习单位也给压重担，法律也无对法律职业人员的执业要求，法院实习生可以代审判长独立审案，检察院实习生可以代公诉人独立支持公诉等，但往往缺乏教师指导。随着法学专业招生人数的迅速扩大①，办学经费短缺，再加上学生的就业、考研和司法考试等压力②，最终使专业实习走向形式化。有学者非常形象地总结了形式化实习的类型：放羊式、撞钟式、点卯式、欺骗式。这种实习使学生成为井中的皮球，在实习岗位上漂浮，名为实习，实为混日子。③ 2010年教育部颁布的《国家中长期教育改革和发展规划纲要》提出，高等教育承担着培养高级专门人才、发展科学技术文化、促进现代化建设的重大任务。据此，法学教育界也开始讨论专门化、精英化、实践化。2012年5月，教育部与中央政法委联合印发了《关于实施卓越法律人才教育培养计划的若干意见》，该意见中要求实践教育环节占总学分的15%。该意见配合教育部特别发出的《关于开展"本科教学工程"大学生校外实践教育基地建设工作的通知》，提出建立实践基地，改革实践教学模式。北航被列入应用型卓越法律人才培养计划，并获得校外实践教学基地建设项目。如何利用这一机遇？结合北航的理论与实践并重的教学传统，法学院对实习课程设置、传统校外实习存在的问题进行了深入研究，试图探索出一条专业实习的新型实践教学之路。在实习课程设计上，为了改变一、二年级学生的"应试型"思维方式④，在四年学制的本科生培养计划中增加了两个校外实习环节，一是大学二年级暑期(第三学期)的一个月的实习(课程名称定为"专业见习")；二是大学四年级第一学期进行的一个月的实习(课程名称为"专业实习")，见习课程和实习课程的培养目标有所不同，但都是在实务岗位上"执业"化培养，培养过程没有区别。故本文标题中将其统称为专业实习，在具体论述时，为了区别不同目标和管理模式，有专业见习和专业实习之分。专业见习采用了集中模式，专业实习采用了相对分散模式。在对比传统集中实习和分散实习的优劣后，摸索出了以"锥形立体结构"为基础、重过程控制的专业实习新模式，简称"北航模式"。

一、传统实习模式存在的问题

传统实习模式是一种笼统性称谓，根据在同一个实习单位是否有规模和有组织，

① "法律院校越办越多，至今将近700所，而在校法科生已经达到40余万人的天文数字。"参见许身健：《认真对待法学教育》，载于《检察日报》2012年9月21日。

② 我国的司法考试是法学专业学生都要经历的，按照现在的规定，只要能够毕业获得学位的本科生都可以申请司法考试，对大学生而言，司法考试时间正好是大四上学期9月份第三个周末。该安排对法学专业本科教学冲击很大。

③ 曾跃林：《论法学专业实习的重构》，载于《高教论坛》2013年第12期，第38页。

④ 邵维国、张竹云：《法学专业"全学程"实践课程体系的构建》，载于《黑龙江教育(高教研究与评估)》2014年第1期，第1页。

可分为集中实习和分散实习。采用简单定义法，集中实习是指法学院校统一联系实习单位，统一组织派出学生前往参加的实习；分散实习是指学生自行联系或经由教师介绍而前往实习单位进行的实习。在不同模式的实习中有无老师指导、专业技能岗位的提供情况如何、实习效果如何都会因集中实习和分散实习不同而有所不同，具体如下：

（一）实习岗位的专业性

实习岗位的专业性是保证学生在实习中掌握职业技能的基础，这对于实习生来说至关重要，是决定实习质量的关键环节。因为实习活动的专业性是质量评估的重要指标。在实务单位，有很多内部机构，有的与法学专业联系紧密，有的则可能相对疏远。相对而言，集中实习的模式更利于保证实习岗位的专业性。与此相关的一个关键因素是，由于学院事先沟通和系统组织，实习单位对安排实习比较重视，这一优势可能在一定程度上会受到集中实习人数规模的影响，因为各实习单位的法律事务核心业务量是有限的，有时法律事务部门难以消化所有实习生的实习要求，个别情况下，少数实习生可能会被分配到边缘部门或后台部门。

当然这并不是说分散实习模式一定难以保证实习岗位的专业性，但往往需要辅以某些条件。比如，某位老师的好朋友在某实务单位任职，学生通过此人推荐而进入核心业务部门；或者，学生通过比较强大的个人关系而进入某单位实习，实习单位格外关照，安排其进入核心业务部门；又或者，运气较好，实习单位刚好有某一核心业务岗位特别需要人手，而相关工作又是学生力所能及的。总之，分散实习也可能取得甚至比集中实习更好的实习效果，但因人而异；而集中实习模式给大家提供了在核心业务部门实习的平等机会。

（二）学生自主性

由于涉及各种成本投入，且为了便于管理，高校法学院系每次联系的实习单位往往数量不多，种类也有限（比如主要是法院），参加集中实习的学生只能在其中加以选择。分散实习模式下，学生的自由选择度更高，可以选择自己更感兴趣的专业领域和更喜欢的单位，不必受到学院提供的数量有限的实习单位的局限，而自由选择度又直接影响着学生在实习活动中的积极性和主动性。实践教学与理论教学的重要区别之一就是对学生的自主性要求不同，在实践教学中，学生的自主性非常重要，直接影响着实践教学的效果。在学生自主性方面，分散实习体现出更多优势。

（三）过程控制

过程控制的缺位是实习类实践教学的通病，它直接影响着实习效果。相对而言，集中实习模式更利于过程控制的有效开展。集中实习的情况下，学校将学生统一派出、统一管理，往往还会有带队教师或责任教师全程监督，从而保证学生切实参加了实习活动。分散实习对学生的实习过程缺乏必要监督。这可能是分散实习存在的最大问题。首先,分散实习难以做到真正地实习,学生常不到实习岗位,而通过“开证明”的方式代替实习。其次,对于那些切实参加了分散实习的学生而言,因实习过程缺少来自学院和教师的监督与指导,实习效果难以保证。

(四)协同效应

协同效应(Synergy Effects),简单地说,就是“1+1>2”的效应。① 传统的实习特别侧重于实习的个体效果,忽略了实习产生的协同效应。分散实习情况下,同批前往同一单位的,常见的是 1~2 人。受制于人的精力和时间,分散实习难以实现信息交流和资源共享,即便实现,也难以对一个实习单位的业务进行全面了解。集中实习一般有 10 人以上,同期多人在同一个单位被分派到不同的内部岗位实习,在实习体会交流、信息共享、内部组织管理和外部影响等方面,协同效应高于分散实习。

二、“北航模式”的设计思路和特点

法学教育应当定位为法律职业教育,对这种观点已经基本达成共识。法学是一个应用型学科,必须培养学生的职业认同感和职业判断力。基于此,一个好的专业实习“必须同时发挥职业教育与学术教育两个方面的功能,充分考虑我国司法现实背景中的三个因素,处理好理论与实践、理想与现实的关系,解决好模式选择的问题,方能得到持续而稳定的发展”。② 为了实现这一目标,需在总结传统实习模式存在的问题后,遵循强化过程、重在实效、协同管理的实习理念,从实习定位、实习主体之间的关系、实习单位的选择、实习计划的制订、实习过程中的协同管理、实习效果等方面重新进行制度性设计。

总结起来,法学专业实习探讨的“北航模式”具有以下特点:

(一)实习定位:“看”与“干”的结合,重在教育培养

北航法学本科的专业实习分为两个阶段,即大二学生的暑期集中实习和大四学生的相对分散实习。前者是典型的集中实习,而后者采用了允许学生自行联系实习单位(在此称为自主实习)与学院提供实习单位相结合的相对分散实习形式。与传统实习不同的是,这两个阶段的实习都是依托基地进行的,仅有个别学生在完成实习培养计划要求的前提下,因特殊情况而自主联系实习单位进行实习。

两个阶段的实习要求尽量体验两种以上不同的法律职业或岗位,如以前去了法

---

① 参见 http://baike.baidu.com/link? url=jiqI7aFQ3NK3O4fvlI2T9EwaV7zIA3RJFmISf4d2Ed4A2KFuNqiK3a0eVhF5F21Z。

② 张放、彭瑾:《法学本科专业实习的宏观分析》,载于《西华大学学报(哲学社会科学版)》2005 年第 6 期,第 114 页。

院,下次实习就尽量到除法院以外的单位。两个阶段的实习侧重点不同,暑期集中实习的是大二学生;秋季相对分散实习的是大四学生。大二学生实习的重点是“看”;大四学生实习的重点是“干”。“看”解决了学生对法律职业的认知;“干”则提升了学生的专业技能和综合能力。实习定位不同,实习过程也有所不同。当然,这种“看”和“干”的划分不是绝对的,专业见习虽说是在“看”,但要亲自参与,当没有本岗位业务时,要及时到其他岗位进行实践;而“干”的同时,也需要多方面“看”。在实习过程中,重点是边看边干边培养,要发挥指导教师的作用,把理论与实践结合起来,形成互动。

(二)实习主体之间的关系:锥形立体结构

从整体看,“北航模式”是一个点面结合的锥形立体结构,其基本内涵是:专业实习是法学院、共建单位和责任教师为学生提供支点、创造环境,通过理论教学与实践教学的有机融合,提高其实务技能、职业素养、就业能力,同时有效推动本学院教学改革的过程(如下图所示)。

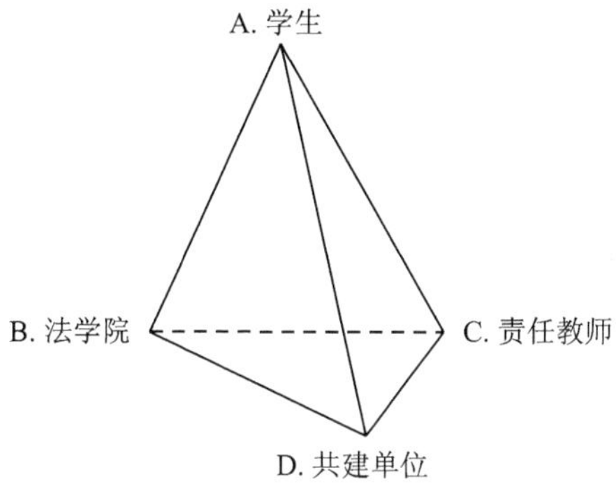

具体来讲,该结构的内涵可以进行如下分析:

1. 点的分析

① 点 A(学生)。学生处于立体结构的顶端,意味着学生是实践教学的工作核心。专业实习的各项制度安排都以提高学生的积极性、自主性和满意度为宗旨。

② 点 B(法学院)。法学院在整个结构体系中是重要的统筹者和资源供给者:其一,为专业实习提供经费支持;其二,为责任教师的共建方提供院方支持,并为其勤勉工作提供激励机制;其三,为共建单位、院系教师、学生提供交流平台资源;其四,统观全局,结合专业实习开展情况,推进法学实践教学改革。

③ 点 C(责任教师)。“北航模式”下的责任教师有三层含义:一是法学院负责基地建设的教师(下称项目教师);二是学院派出与学生一起实习的带队兼指导教师(或称带队教师);三是基地指派的指导学生的实习导师(或称岗位导师)。不同的责任教师职责不同,在学生实习前后及实习过程中,承担着实习主体之间的具体联络、专业指导、协调沟通、信息反馈等工作。责任教师高度尽职,是学生实习质量的保障。

④ 点 D(共建单位)。共建单位是与北航法学院共建实践基地的实务单位，在整个实习体系中，是重要的平台提供者。在实习前，基地必须明确实习导师，保证学生一到岗就能获得及时的指导，不出现盲区。

2. 面的分析

① 面 BCD(法学院-责任教师-共建单位)的工作主要包括：一是确立共建关系之前的前期调研；二是与选定的具有合作意向的实务单位正式签约，协议内容覆盖专业实习、合作科研等方面；三是专业实习正式开展的过程中或者结束后，三方面进行座谈交流和信息交互反馈。

② 面 ABC(学生-法学院-责任教师)的工作主要包括：一是法学院日常理论教学的开展，为专业实习做好专业基础知识的储备，必要时及时调整培养计划。如在大二暑期见习之前，就必须修完民法、刑法等实习法和程序法，劳动与社会保障法也是实习中经常涉及的，因此由原来在大三上改为在大二下学期上，等等；二是法学院与责任教师分别签订工作协议，明确责任教师的工作职责。

③ 面 ABD(学生-法学院-共建单位)的工作主要包括：其一，共建单位提前给出接收实习学生的名额；其二，为体现一定程度的学生自主性，在实习前给学生提供实习基地名录及岗位要求、人数，尊重学生的第一志愿，出现分歧时，由学院在此基础上再行协调安排，使实习秩序井然；其三，法学院从实习学生和共建单位那里获得相关信息反馈，以推进本学院的实践教学改革。

④ 面 ACD(学生-责任教师-共建单位)，这是专业实习的核心层面，工作主要包括：其一，根据制定的实习培养方案，共建单位对学生进行岗位安排和岗前培训，为学生分派实习指导老师，责任教师在此基础上根据学生的特点提供工作分配参考；其二，带队教师是一个人带领并指导 10～15 名学生，全程对实习活动进行过程控制，及时了解实习进展，组织小型座谈，结合理论教学对学生在实习中发现的问题进行专业指导并确定科研选题；其三，责任教师与共建单位对实习中出现的各种问题进行及时协调解决。

(三) 共建的实践基地：数量多、覆盖广、重基层、重公益

基地建设及其选择是保障北航实习模式形成的基础。法律专业就业的广泛性、实习时间的有限性和集中性要求对基地要进行选择性建设。截止到 2013 年 5 月，北航已与京内外 16 所实务部门建立了共建法学实践基地的合作关系，包括法院、检察院、公安局、司法局"阳光中途之家"、团中央、劳动仲裁委、商事仲裁委、企事业单位、公益组织、社会团体、中介机构等，其中基层单位多、公益性单位多，如团中央志愿者部、国家残联、进城务工人员维权中心等。对于京外基地的建设，既选择经济发达的东部沿海(福建福鼎)，也选择有着浓厚传统文化的中原大地(河南开封、山东高密)，还有北京远郊(密云)。实践基地的数量多、覆盖广，为我们的学生提供了一个丰富多元的可选单位名录。重基层、重公益反映了北航法学院人才培养的目标——"接地

气”和公益心。

(四) 专业实习过程的控制:签协议、订计划、强落实

实习基地的数量和分布结构是北航模式能够有效运行的重要基础,保证实习基地的稳定性是北航模式实现的关键。为了建立交流合作的长效机制,北航法学院采用签订协议和共同制订培养计划的方式与各实务单位建立起稳定的合作关系。共建协议在双方多次交流协商的基础上拟定和签署,力求全面、详备、清晰,明确规定双方合作事项、合作期限、权利义务等。所谓强落实,就是认真履行协议、执行预先制订的培养计划,使实习关系主体全面到位。制订的计划既要符合实习基地的工作需要,也要让学生能够了解并掌握核心业务岗位的职业技术。因此,派出的实习学生人数要与业务单位的实习岗位相匹配,以岗位定人数。学生实习时间有限,要在有限的时间内提高动手能力,实习导师不可或缺。

“北航模式”在落实培养计划中的一个突出特点是:“一对一”,即一岗一生、一生一导,也就是说,一个岗位尽量安排一个学生,一个学生配备一个实习导师。一岗一生,可以保证在有限的时间内使学生获得充足的实践经验,若人数多业务量少,工作量难以饱满,学生会无所事事;一生一导,可以保证学生在实习过程中随时向实习导师咨询并获得相应的指导。为了保证“一对一”要求的实现,法学院事先与共建单位根据其业务情况,确定实习岗位以及可容纳的实习生人数,选定有经验的法律职业人并聘为实习指导老师。

(五) 突出实践教学的教学性,发挥学院责任教师的作用

专业实习是实践教学的有机组成部分,而实践教学是一个偏正短语,其中心词仍然是“教学”。这意味着,学院不能把学生完全放手交给实习单位,实习导师虽说可以在实践教学中承担很好的专业顾问或技术指导工作,但教学活动与实务工作毕竟有很大不同,实务工作侧重于知识点的应用,而教学侧重于知识体系及方法传授。责任教师就专业领域中理论界关注的主要问题对学生进行指导,引导学生在实习中留意与这些问题相关的实务做法;推荐学生阅读相关书籍,利用实习机会强化思考;结合学生发现或提出的实务问题,在理论层面引导思考问题的角度。实务人员思考问题的角度与学界还是有所不同的,在法学研究的层面上,仍然需要理论视角。学生在实践中遇到问题,也会想找专业教师倾诉和交流。因此,实习导师难以替代学院教师在实践教学中的角色。

学院责任教师制是“北航模式”的重要特点,是对传统集中实习模式积极因素的吸收和适当革新。法学院选派本院专业教师担任各实践基地的责任教师。其重要作用体现为:① 代表学院与共建单位加强沟通,以确保建设进度和质量,做好实习筹备工作;② 代表学院对学生的实习过程强化监管,组织落实实习培养方案;③ 及时对实习学生进行专业指导,定期组织座谈,促进理论教学与实践教学的有机融合;④ 作

为学院、共建单位、学生之间的重要信息枢纽，通过信息互动来把握实习动态，做好实习总结、交流与归档工作，形成实习研究成果；等等。

三、“北航模式”实施的基础和条件

要使实践教育获得良好的培养效果，无法回避的是：实践教育比起纯粹的理论教育是一种“高消费”教育，其对人力、财力的投入都是理论教育不可比的。这成为许多法学院校“重理论轻实践培养”的借口。在国家中长期教育规划实施之际，北航法学院得到教育部和学校的支持，在专业实习领域开始大胆尝试。

（一）国家级项目建设的支持

2012年年初，教育部批准并公布了“十二五”期间“高等学校本科教学质量与教学改革工程”建设项目，北航法学院获批建设国家级法学实践教育基地项目，跻身于迄今获批的20家第一方阵高校法学院之列。同年8月，北航法学院成为首批被列入“卓越法律人才培养计划”的法学院。国家级项目的大力支持为“北航模式”的成功启动与快速形成奠定了坚实基础。

（二）北航重视实践教学的良好传统

北航是工科为主的高校，重视并支持实践教学是学校的传统，学校教务处专设实践教学科，由副处长专门抓实践教学。北航法学院也注重实践教学体系建设，由实践教学中心负责，建立起由公益服务和实验室构成的校内实践平台，具体有公益法律服务中心、学生法律服务中心、模拟法庭实验室、法律诊所实验室、科技证据实验室、北航研法堂（学生创意中心）等。公益法律服务中心得到中央专项彩票公益金法律援助项目的支持，与北京海淀区法院立案厅联系作为法律诊所实验场所，每天有学生轮流值班为当事人提供咨询；学生法律服务中心是全国首家专门为学生提供法律服务的公益组织。校内的实践教学和校外基地的专业实习合作形成多点辐射实践教育立体平台。经过三年多的运行，“北航模式”取得显著成效，产生了良好的教学效果和社会影响。北航法学院未来五年的“重点发展战略”关注实践基地和实践教学的特色化建设，将以打造人才培养品牌为中心，全面提升北航法学院的人才培养质量。

（三）学生人数相对较少

实践教学是一种要求精细、成本较高的教学方式，对学生人数的控制更有利于实践教学的深入有效开展。北航法学院秉持培养精英人才的小班教学理念，各级本科生人数均为60～70人，这种学生人数规模为北航法学院实践教学的全面深入开展和前述特色建设提供了客观条件。相对较少的学生人数不仅使得各实习单位每期人数控制成为可能，也使实习学生与责任教师之间的关系更为密切，互动更频繁，利于增进交流,使每个学生都得到充足的实践机会。

(四) 有充足的实践教学师资保障

没有充足的师资保障,提高学生的实习效果只能是一句空话。实践教学师资来自两个方面,一是北航法学院的教师,二是聘请的实习单位的实践指导教师。北航法学院实践教学中心是一个开放性的中心,凡是学院教师都可以直接参加实践教学。在集中实习时,学生分成若干实习小队,每个实习小队都有学院派出的专业教师带队并全程跟踪,督导学生实习并与基地进行协调。分散实习的情况下,基地项目责任人兼做带队教师,全程跟踪并督导学生实习。如果说投入实践教学的师资数量是形式上的要求的话,那么保障实践教学质量和效果的,则是负责实践教学的项目责任教师、带队教师、岗位导师的以培养学生为己任的社会责任之心。他们充满热情、不计酬劳、工作积极向上、富有敬业精神,向学生输出的都是正能量,这为“北航模式”的可持续发展提供了实质保障。

四、“北航模式”的具体实践——以2012、2013年专业实习为考察样本

(一) 专业实习的基本情况

北航法学院实行集中实习试点是从2011年开始的,当时只有10名同学自愿报名参加,正式铺开则是2012年。2012年6—7月和10—12月、2013年7—8月,北航法学院分三次派出学生前往共建单位参加暑期京外实习和秋季毕业实习,取得了良好的实习效果。

2012年6月下旬,第三学期开始,学生们组成两个暑期实习小队,共40人(有部分学生去台湾了)分别前往福建福鼎市人民法院、霞浦县人民法院以及内蒙古自治区牙克石市人民法院和人民检察院进行了为期一个月的实习。9月底司法考试结束后,大四学生的秋季专业实习开始。学院为学生提供了包含16个共建单位的可选名录,并列明各单位拟接收的实习生人数。综合考虑学生的选择意向和各实习单位的接收能力后,学院分别向北京市第一中级人民法院、海淀区人民检察院、海淀区司法局“阳光中途之家”、国家残联维权部、团中央志愿者工作部、北京仲裁委员会、北京市劳动仲裁委员会、中国纺织工业联合会社会责任推广委员会、中航勘察研究设计院等合作单位派出实习生。学生可以根据就业取向选择适合的基地实习,也可以自己选择经过学院认可的单位实习。2013年7月暑期小学期开始,67名学生被分派到北京密云区法院、山东高密市公安局、河南开封市检察院和龙亭区检察院、福建福鼎法院等四地的五个共建基地实习。

所有实习都是按照既定的实践教学计划进行。学校组织人员,确定实习地点,进

行实习前动员，派带队教师跟进；共建基地负责人组织岗前培训，确定实习岗位和实习导师。每个基地都把学生安排到业务量大的核心岗位，以便学生能在一个月的时间内获得充分的实务锻炼机会。

北航法学院非常注重实习前、实习过程中和实习后的信息互动和经验交流。在实习之前，针对即将实习的学生，由实践教学中心组织实习前动员和培训，与实习基地进行沟通，确定实习培养方案；实习过程中，有带队教师进行督导，组织学生进行小范围的汇报，走访实习基地岗位导师；实习后，学生提交实习日志和实习报告，及时召开学生之间的经验交流会，同时还针对高校与实务部门联合培养机制展开研讨，完善实践教学培养计划。

通过专业实习来学习技能、提高素质的过程有其自身的规律和要点，学生在专业实习中的收获大小因人而异。有些学生适应实习环境的能力较强，很快就能把握实习的重点，并且能够找到方法应对干扰实习的不利因素；然而，也有部分学生直至实习将要结束时才摸到门路，但为时已晚。为了提升实习效果，对实习规律、经验和要点进行总结、交流与传承是非常必要的。实习经验传递是助推实习效果提升的重要能量，能够帮助新的实习学生节省许多经验成本，尽快进入实习角色，把握实习关键环节，并能更好地化解实习中面临的问题。“北航模式”考虑通过集中座谈的方式完成这种经验传递，这种方式一方面可以扩大受益面，另一方面也是形成实践教学成果的重要途径。

（二）专业实习效果分析

专业实习最大的受益者是学生。通过实习，学生可以了解并掌握法律职业的相关技能；通过实习，学生获得了社会人际关系的初步体验；通过实习，学生找到了理论差距。学生的实习效果主要通过实习过程中以及实习结束后的督导、座谈、交流、回访获得。实习过程中，由责任教师对实习负责检查督导工作，并组织学生反馈实习问题；实习结束后，责任教师马上组织学生交流实习体会，使不同岗位的实习学生能更全面地了解法律职业的内容及意义。实践教学中心在听取学生的交流体会，查阅学院的实习手册后，又及时走访共建单位，听取实习导师的意见。对实习学生、共建单位、责任教师的反馈信息等的分析显示：“北航模式”不仅可行，而且极富优势。实习已经不仅仅是学生的必修课，带队教师、基地实习导师通过指导学生的实习及其他相关交流活动都有所收获，其效果已经远远超过预期，具体表现为：

1. 增强学习的主动意识和主体地位

学生普遍认为，经过实习，自己最重要的收获就是学习变得更加主动和积极了。实习过程中遇到了问题会积极想办法解决，而不再是在老师的施压下解决，化“被动”为“主动”了。“北航模式”最大限度地尊重学生对实习单位的选择，且通过实施岗前培训，配备带队教师、实习导师等措施，使学生感受到了自己作为实习主体的地位。

2. 全面提升综合素质

实习活动不但有助于培养学生未来作为法律从业者的实务技能和职业道德,而且还能够使其环境适应能力、协调沟通能力、就业能力等综合素质得到较大提升。

3. 学生能够基本掌握一两项专业实务技能

从学生的实习报告以及座谈交流的情况看,经过一个月的实习,学生至少能掌握一项实务技能。第一,前往共建单位参加专业实习的学生都被安排在与法学专业相关的核心业务部门,这使得学生们获得了较高的实习起点,能够充分地将有限的实习时间用于了解与法学专业相关的实务工作的运作状况,分析和把握专业实务问题并找到解决问题的方法。第二,各共建单位对实习学生进行了正规系统的岗前培训,使得学生能够迅速融入单位环境、进入工作角色。第三,各共建单位为每名实习生安排业务精熟、经验丰富的人,以案代课,让学生感受现场,言传身教,梳理理论,认真细致,使学生明确了实习方向且法律思维也得到实际的应用,对所学专业知识的认识与理解更为深入。

4. 激发学生兴趣,实现理论学习与实践学习的良性互动

我国的法学本科教育采用的是高中毕业生一入校便直接开始法律理论学习的形式,学生对于法律所追求的公平正义仅有抽象的认识,甚至觉得虚无缥缈,法律制度的适用对他们来说也是纸上谈兵,这势必难以点燃几乎没有任何社会阅历的他们的兴趣点。通过专业实习尤其是大二暑期的专业见习,可以使学生切身体会到法律的价值以及公平正义的实现途径,激发他们对法律学习的兴趣和热情。通过实习,学生们还能了解到自己理论上的欠缺,因而回校后学习会更加刻苦,以弥补不足。尤其是在实习过程中,学生不是盲目地为了实践而实践,而是在学校带队教师的引领下,参考实习导师的意见,就理论和实务中存在的问题展开专题研究,形成研究报告或论文。通过这一过程,可促进学生法律思维形成,提高分析问题和解决问题的能力,从而实现法律理论与法律实践学习上的良性互动。①

5. 深化专业实习课程建设和实践教学改革

“北航模式”注重实习效果的回访与总结,回访与总结过程中获得的信息和数据都对未来深化专业实习课程建设和实践教学改革具有重要研究意义。相关信息和数据主要通过如下来源获得:① 项目教师在对本基地合作单位及实习学生回访的基础上,完成该基地本年度的建设与执行手册,每份手册中都详细汇报了该基地实习的基本情况及数据、推进过程、实习学生与实习单位的信息反馈、效果分析、完善方向等。② 北航法学院法学实践教学研究中心在每期实习结束后都集中召开回访式总结交流会及项目教师和带队教师座谈会。③ 北航法学院重视与合作单位以及其他实务

---

① 在《福鼎法律评论》创刊号中,有 11 位实习同学写了自己的专题。参见 http://huang20000hui.fyfz.cn/b/720948。

部门开展面对面的交流互动，了解其对实践教学改革的建议。在2013年1月和6月，北航法学院法学实践教学中心召开了两次研讨会，分别以"法学院校与司法机关合作机制"和"法学实践教育基地建设及专业实习培养方案"为主题展开了交流，为法学专业实习的"北航模式"的形成奠定了理论基础。[①]

6. 增进法学院系与实务单位的合作交流

一方面，以开展专业实习为契机，秉持"请进来、走出去"的实践教学理念，北航法学院与相关实务单位展开了较多的交流互动，如专题调研、学术交流、数据收集与分析等。突出成果就是黄卉老师主持完成的《福鼎法律评论》。该刊达成的目标是：一是为法官和未来法官（法科学生）服务，整理法律思维，研究法律解释和法律适用技术；二是支持法学研究风气转向到法学研究者关注司法实践，特别是以个案或系列同案研究的方式，为法律适用者提供解决实际法律问题的方法和方案，期待"丰富的法律理论严重脱离丰富的法律实践"现象能够得到改善；三是成为法学研究者和以法官为主的法律适用者良性互动的讨论空间，为他们摸索社会热点中的法律问题提供一个连续性的输出园地。[②] 该刊作者包括学者、法官、学生，为法学研究者、司法实务者、法律学习者搭建了互动的平台，也是法学教育、科研与法律职业深度衔接的典范。

五、结　语

法学专业实习要克服形式化弊端，关键在于实习平台的建设和实习管理体制的跟进。要真正让专业实习发挥培养卓越人才的效用，必须使平台建设也就是实践基地建设做到可持续发展。只有实习过程控制得好，使学生在有限的时间内能够获得最大化的来自实务界的各项信息，才能保证实习质量，才能完成"认识—实践—认识"的第二次飞跃。由于实习受岗位业务量的影响，如果在实习期间没有一个案件可以直接参与，实习效果便可想而知。所以，实践基地的选择尤为关键。

---

① 参见 http://fxy.buaa.edu.cn/dispnews.php? newsid=1713&pmenuid=90&pntid=68&sntid=69；http://fxy.buaa.edu.cn/dispnews.php? newsid=1810&pmenuid=90&pntid=68&sntid=69。

② 黄卉：《福鼎法律评论》创刊号序言，法律出版社2012年版。

第十二章 “强基础、重交叉”——对标国家战略和社会发展需求，办好新时代一流法学教育[①]

周友军 初殿清 邹沛东

北航法学院兴办于20世纪90年代我国高等教育大转型的浪潮之中，服务于北京航空航天大学建设扎根中国大地的世界一流大学定位，以开创和发展现代新型法学教育为基本目标，同时贴近国家新型工业化的法治战略需求，是一所扎根于理工名校，基础扎实、特色鲜明、人才培养突出的新兴法学院。在2016年教育部第四轮学科评估中，北航法学院由第三轮学科评估的并列第29名上升至并列第15名，获得B+的评估结果，发展进步势头显著。

一、“强基础、重交叉”的法学教育理念

学院坚持“强基础、重交叉”的法学教育发展理念。建院20余年来，北航法学教育从无到有，从系到院，从创建到崛起，历经萌芽、开办、独立办学、快速发展等阶段。2007—2012年，学校加强法学学科建设，启动“快速发展”战略，学院先后获批法学一级学科博士学位授予权和国家复合型卓越法律人才基地，并在民商法、宪法与行政法、法理与法律史、刑事法、诉讼法、国际法等主要法学学科设立了二级博士点，逐步建立起包含本科、二学位、硕士、博士在内的全方位人才培养体系。基于此，学院下设民法、商法与经济法、国际法、诉讼法、法理与法律史、宪法与行政法、刑事法的七大研究中心，强化法学基础学科建设，师资结构不断完善，研究能力持续提升。

习近平总书记指出，法学学科体系建设对于法治人才培养至关重要。在法学学科体系建设上要有底气、有自信。要以我为主、兼收并蓄、突出特色，深入研究和解决好为谁教、教什么、教给谁、怎样教的问题，努力以中国智慧、中国实践为世界法治文明建设作出贡献。

我们认为，要实现一流的法学学科体系建设，国内一流大学的法学教育应当对国家战略需求和社会发展的实际作出及时回应，“把论文写在祖国的大地上”，在服务好

---

① 周友军、初殿清、邹沛东：《“强基础、重交叉”——对标国家战略和社会发展需求，办好新时代一流法学教育》，载于《人民法治》2018年第16期，第52-53页。

中国发展实际中不断积累学科建设成果，最终形成对于世界文明的贡献。随着新型工业和信息化社会持续发展以及全球产业格局深度调整，新时代对复合型法律人才的需求远超以往。因此，除了具备扎实的法学基础知识和清晰的法学思维之外，北航法学院始终强调法学毕业生必须具备较强的实践能力、跨领域创新能力、持续学习能力。培养这样的法律人才需要解放思想，在宏观和微观两个层面进行改革。宏观层面的改革包括拓宽专业口径和相关资源的结构性调整；微观层面的改革则涉及课程体系、课程内容、授课方式等具体环节。经过近十年的探索，学院以战略、协同、务实等理念为引导，在人才培养、师资引育、科学研究、社会服务、交流合作等领域走出了法学学科的北航道路，进入一个兼具深厚学科基础和自身鲜明特色的新发展时期。

二、开放协同的高质量、复合型法律人才培养

近年来，学院秉持开放协同的理念，通过资源结构整合和课程改革，大力培养高质量、复合型法律人才。通过“长城行动计划”等一系列重大教学改革，人才培养的课程体系完成了结构性调整，目前的课程体系包括大一阶段的通识教育和书院制教育、大二阶段的核心专业课程，以及高年级阶段的特色化选修课。借助学校推进完全学分制的一体化改革平台，与其他学院建立课程融合互选机制。低年级相关通识课程如“法律与科技”“全球工业信息化法治思维”“航空航天概论”等，旨在拓宽视野和思路，加强各学科学生专业互动，熟悉科技前沿和国家战略需求。同时，在高年级选修课中增加空天信法学特色课程的比重，例如“航空法”“外层空间法”“知识产权法与专利检索”“信息法”“科技证据”“建设工程法”等选修课程[①]，如下图所示。

此外，学院还与北京知识产权法院、中航工业集团、中航勘察设计研究院、中国互联网协会等实务部门联合开展实践类课程，充分利用各类优势资源，培养学生扎实的学术功底和分析能力，为学生自主开展学术规划和职业规划提供指导和养分。

在研究型人才培养方面，学院与国家计算机网络应急技术处理协调中心(CNCERT)合作举办“网络安全高级人才班”，积极参与联合国附属空间科学与技术教育亚太区域中心(中国)空间法律与政策硕士项目，与计算机学院联合培养网络信息安全方向法学博士项目，这些举措都服务于推动高层次、国际化、复合型法学人才的培养。

---

① 上述课程对学生研究方向的影响从近年来本科论文选题中可见一斑，比如将互联网股权众筹、P2P网贷监管、个人信息遗忘权、遥控驾驶航空器系统对第三人的损害赔偿责任、境外卫星电视节目落地监管、国家空间活动立法、国际空难事故中的承运人责任、信息化侦查与隐私保护、网络司法拍卖、比特币、第三方支付平台沉淀资金、克隆银行卡等领域的法律问题作为研究主题。

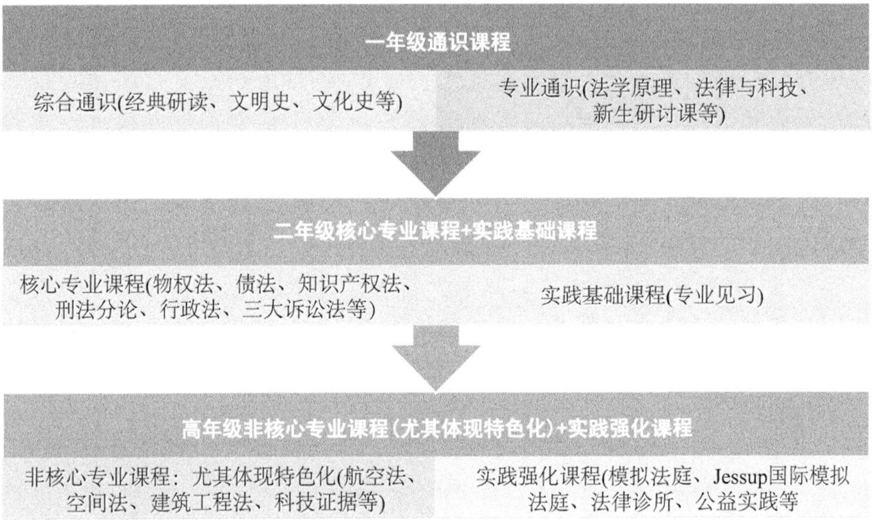

三、质量优先、结构完善的师资队伍建设

作为北航首批综合改革试点学院之一，北航法学院大力推动质量优先的人事制度改革，通过长聘遴选机制、岗位保障机制等，合理调整师资结构，有效吸纳和配置国内外一流师资人才，努力建设一支年龄结构合理、职称结构有序、学缘结构完善的学术队伍，从而服务和推动北航“双一流”大学建设。

目前，我院师资雄厚、结构合理、充满活力、国际化程度高。现有专任教师 56 人，包括教授 18 人(含院聘 2 人)、博士生导师 17 人(专职 13 人，兼职 4 人)、副教授 25 人、讲师 13 人。其中，具有博士学位的占 92%以上，具有海外留学经历的占 90%以上，具有海外博士经历的占 15%。1 人为教育部长江学者特聘教授，1 人为中组部“万人计划”哲学社会科学领军人才，1 人为中宣部“四个一批暨文化名家”，2 人为享受国务院政府特殊津贴专家，1 人入选“百千万人才计划”，3 人为中美富布莱特学者，1 人为德国洪堡基金学者，3 人入选教育部“新世纪优秀人才计划”，3 人为“卓越百人”，2 人获得宝钢优秀教师奖，3 人为北京市优秀教师，3 人入选“北京市青年英才计划”，多人获得其他省部级“优秀教师”称号或进入省部级人才计划。近三年，法学院教师获批国家社科基金项目 9 项(包括重大项目 1 项)，在 SSCI、CSSCI 核心期刊发表论文 100 余篇。师资队伍建设发展成绩斐然。

四、面向工业和信息化前沿的智库建设和社会服务

学生的跨领域协同培养，需要以师资团队、交叉科研成果等资源为基础。我院通

过高层次智库平台建设，将上述基础资源加以整合，科研先导、反哺教学、服务社会。目前，北航法学院拥有四个国家级、省部级重点科研基地和战略智库：即国家空管法规标准中心（国务院、中央军委空管局重大科研基地，目前国家空管法律政策唯一智库单位）、工业和信息化法治战略与管理重点实验室（工信部首批部属重点实验室）；北京科技创新中心研究基地（北京市哲学社会科学基地）、网络空间国际治理研究基地（网信办、教育部首批研究基地），如下图所示。此外，北航法学院还与最高人民法院中国应用法学研究所、北京知识产权法院等实务部门签署战略合作协议，共建中国司法高端智库、决策建议信息港。以高层次智库建设为依托，学院提升了以科学研究和人才培养服务国家战略和产业发展需求的能力；同时，学院也广泛吸纳了学校信息科学、航空航天等学科的教学、科研资源，实现了理工人文前沿交叉研究与重大社会服务的融合共进。

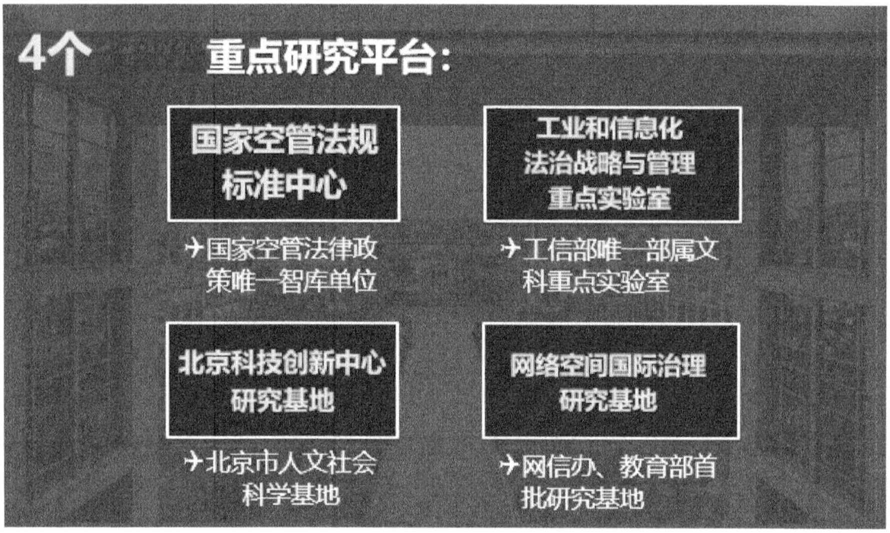

近年来，学院通过高层次智库建设和社会服务，开办了北航互联网法治论坛、北航建设工程法律与金融论坛等前沿学术论坛品牌。学院相关学科的教师和研究生广泛参与到空管立法、无线电频谱立法、航空产业立法、网络安全立法等大型科研项目中，提升了学院在工业和信息化法制领域的研究能力和学术影响力。从2015年教育部法律硕士评估中对就业的分析来看，我院41%的毕业生到航空、能源、工程、电信等国家工业和信息化重点行业领域就业，这充分体现了相关行业对于北航法学院科学研究和人才培养工作的认同，也对学院积极发展特色学科形成了强有力的正反馈。

五、对标QS的“双一流”交流合作体系

世界大学排名QS体系中，强调了全球同行声誉和师生国际化比例对于高等教

育质量的意义，这些指标也反映了“双一流”建设的核心要求。为此，北航法学院充分利用平台资源，坚持有所作为的交流合作思路，通过打造国际、国内高端同行学术交流平台、推进全球合作伙伴计划，构建瞄准学术前沿，培养学术共同体的交流合作体系。

学院在国际交流合作方面推出了诸多具体举措，致力于打造高水平国际国内学术交流平台，如两岸民商法前沿论坛、政治宪法学年会、外层空间法商业化法律研讨会、海峡两岸保险法青年学者论坛、北航互联网法治论坛、北航建设工程法律与金融论坛等，以促进行业交流，发出北航声音，贡献北航智慧，形成一批具有北航特色的学术成果。

我院还与学校一起，协同推进全球合作伙伴计划，坚持以我为主的合作思路，着力汇聚促进自身学科发展的国内外学术资源。目前，学院已与美国、加拿大、法国、德国、英国、意大利、西班牙、澳大利亚、芬兰、比利时、爱沙尼亚、日本、韩国等以及我国港澳台地区的多所大学和研究机构建立了紧密联系，推动师生互派互访和科研合作。

展望未来，在“双一流”建设的时代背景下，我院将积极践行北航“尚德务实、求真拓新”的办学理念，继续坚持“强基础、重交叉” 法学教育和学科建设道路，扎根中国大地，推动形成新时代人才培养和学科建设的北航模式。

第十三章 美国案例教学视域下法学本科教学方式之改革①

郑丽萍② 宁势强③

摘 要:美国案例教学法所具有的一定普适性以及两大法系的逐渐融合,虽然为中国借鉴美国案例教学法奠定了一定的可行性基础,但是中美两国法律制度和教育体制的差异,使得中国不能直接移植美国案例教学法。虽然不能直接采用美国案例教学法之“形”,但美国案例教学法之“核”,即“让学生像律师一样思考”,培养学生的思辨和实务能力,却可以跨越这种差异,为中国法学本科教学所借鉴。以美国案例教学法之“核”为视角,审视中国法学本科教学,可发现目前中国的法学本科教学在授课方式、教学案例选择等方面都有待转变和努力。

关键词:美国 案例教学 法学本科 教学方式 教学案例

法学教育是绝大多数法律从业者的入场券,可以说国家的法治建设离不开法学教育,而法学本科教育又是法学教育的最基础部分,很多法律职业者思考问题的能力都是在这个阶段初步形成的。中国法学本科教育的传统教学模式基本上是以给学生传授法律知识为要旨,往往忽略学生法律思维能力的培养和训练。为此,很多法学教育和实务工作者都对中国法学本科的教学模式提出了质疑,有的还提出了引进美国的案例教学法的观点。一时间,关于法学本科教学改革的呼声风起云涌,各院校法学本科教学方式改革也开展得如火如荼。然而,融合了美国案例教学法的法学本科教学方式的改革似乎并没有取得预期的理想效果。在美国行之有效的案例教学法在中国却产生了南橘北枳的结果。是中国的法律体系和法学教育制度根本不适合引进美国的案例教学法,还是在改革过程中因出现了某些偏差而导致了改革的不理想?本文通过比较中国与美国法律体系和法学教育的差异,为如上问题找到答案,进而对中国法学本科教学改革提出有益的建议。

---

① 郑丽萍、宁势强:《美国案例教学视阈下法学本科教学方式之改革》,载于《北京航空航天大学学报(社会科学版)》2017 年第 4 期,第 103 - 113 页。

② 北京航空航天大学法学院教授、博士生导师。

③ 北京航空航天大学博士。

一、美国案例教学法简介

美国案例教学法于19世纪70年代由美国哈佛大学法学院院长兰德尔(Langdell,1826—1906年)首创。它将普通法看作是法律原则和规则的渊源,把案例看作是一种可以从中阐明法律原则的、经过推理归纳的原始经验材料,认为研究法律要寻根溯源,而法律的源头就是已经判决生效的判例汇编。[①] 这种教学方式的宗旨在于探究法律原则及规则的来源,培养学生思考问题的能力。兰德尔抛弃了旧版教科书,以案例汇编作为教学资料,但并非所有案例均可以成为教学资料,能够作为教学资料的是那些经过精挑细选可以推导出相应法律原则与规则的案例。兰德尔作为美国教育史上"最具影响力的人物"[②],其所创造的案例教学法是对美国法学传统教育发起的一次挑战,其将法律教学视为有逻辑的、科学的观点和做法,这使得其受到了很多法学家的批判。例如:认为"法律的生命在于经验而非逻辑"的霍姆斯大法官就十分不认同兰德尔的观点和做法,他认为兰德尔所说的"法律发展之中唯一起作用的力量是逻辑"的观点是十分荒谬的。[③] 但最终这种教学方法所取得的实效还是使兰德尔在哈佛大学的法学教育中站稳了脚跟,随后也在其他大学逐渐得到了广泛的使用。按照兰德尔所创造的美国案例教学法,教师上课时并不会直接告诉学生法律规则是什么,而是以苏格拉底式提问的方法来进行授课,目的在于"让学生像律师一样思考问题"。苏格拉底曾说过:"我只知道一件事,那就是我什么也不知道。"[④]这句话也成了他教授学生时的座右铭。在他的课堂上,他与学生共同探讨问题,通过对话交流引导学生,让学生身临其境地思考问题。美国案例教学法吸取了苏格拉底教学法的这种精髓,学生在课下阅读相关的案例材料,在课堂上教师不直接讲授法律知识内容,而是就学生课下所阅读的材料向学生提问,学生通过教师的引导,由相关法理自主探究应当学习的内容。同时,兰德尔特别强调课堂讨论的重要性,主张由学生自主讨论分析法院判决意见。这种教学方法并不是让学生记住判例,而是培养学生运用法理进行推理的能力,从而达到运用法律正确分析案例的目的。以"让学生像律师一样思考"为目标的美国案例教学法,如果从具体层面分析,其设定的目标是不可能实现的。这是因为:其一,律师作为法律职业的名称,其本身包含不同的类别,同一类别的律师思考问题的方式尚且不同,那么"像律师一样思考"到底该如何思考?况且,思考作为一种抽象的心理活动,其本身可能因人而异,而有时对于同一问题人们并不能判定到底哪种思考方式更为优越和正确。其二,教授学生的主体是教师,而教师毕竟不等同

① 王祥修:《美国法学案例教学法及其对我国的启示》,载于《职业时空》2013年第3期,第79页。

② Bruce A. Kimball, *The Langdell Problem: Historicizing the Century of Historiography*, 1906 - 2000s, Law and History Review, Vol. 22:2, p. 277 - 337(2004).

③ 李政辉:《美国案例教学法的批判历程与启示》,载于《南京大学法律评论》2012第2期,第347页。

④ 沈岚霞:《重温苏格拉底——西方教育理论的开创者》,载于《上海教育》2007年第13期,第4页。

于律师，即使在有些情况下教师恰巧是具有实务经验的律师，但如何保证教师都具有律师经验？没有实务经验的教师到底该如何把握"让学生像律师一样思考"的教学目标？所以，从具体层面来看，这个目标太过理想化，也正因如此，这种教学方式在美国备受争议和批判。但如果从宏观层面而言，美国案例教学法强调教学本身应当注重与实践的结合，课堂不能只是教授学生法律知识，还应当培养学生思考问题的能力。从这一角度而言，美国案例教学法的确具有诸多值得肯定和借鉴之处。

二、中国法学本科教学借鉴美国案例教学法的可行性基础

有学者称中国与美国法律制度的不同决定了美国案例教学法不适合中国的法学本科教学。[①] 而事实上，如果中国法学本科教学欲学习和借鉴美国案例教学法，两国法律制度的不同是否会影响案例教学的成效，是否会产生南橘北枳的结果，这的确是不可回避的现实问题。那么，美国案例教学法在中国现今法学教学中没有取得理想效果的根本原因是否真的是如本段开头所说的法律制度的不同？对此笔者持否定意见。

(一) 美国案例教学法的普适性

美国案例教学法虽然是以美国法律制度为基础发展起来的教学方法，但是，教学方法作为教师教授学生的一种方式，其本身不可避免地具有一定的普适性。事实上，中国传统法学教学中的案例分析法与美国案例教学法在一定程度上具有相通的部分，二者均是通过对具体案例的分析达到教学目的。二者的不同之处在于，中国的案例分析教学法是以教师讲授为主，而美国的案例教学法是通过学生自主探索达到教学目的。

中国以美国案例教学法为视野对中国法学本科教学方式进行改革，并非要将美国案例教学法完全照搬照用到中国法学本科教学中，而是要将其所具有的教学理念移植到中国，以期弥补中国法学本科传统教学中不注重培养学生独立思考能力、论辩能力和实务操作能力的缺陷。因此，仅以两国的法律制度不同就简单否定美国案例教学法的普适性是不具有说服力的。

不同教师运用同一教学方法也可以使得教学方法具有教师自身的特点，同理，教学方法与法律制度融合也必定会表现出不同的特点。因此，只要将美国案例教学法中适合中国法学教学的内容剥离出来，使其与中国法律制度相融合就完全可以在中国法学教学中应用。由此可见，美国案例教学法是否适用于中国法学本科教学的关键并不在于中国与美国法律制度的不同，而在于能否看到教学法本身所具有的一定

---

① 宋贻强：《中国法学案例教学法批判》，载于《当代教育理论与实践》2012 年第 9 期，第 52 页。

的普适性。

(二)两大法系的逐渐融合

仅从美国案例教学法所具有的普适性角度来谈在不同的法律体系下引进这种教学方法的可行性不免显得过于苍白。法律在很大程度上是现实社会生活的反映,是由现实社会的物质基础、文化基础所决定的,不同的国家由于政治、经济、文化传统、宗教信仰及生活习惯等的不同,法律也具有较大的差异。因此,与本国法律特点相结合的、适合本国法学教学的方式未必适合其他国家的法学教学。这种论调具有一定的合理性,在经济全球化的背景下,两大法系的逐渐融合,也为中国学习和借鉴美国的案例教学法提供了现实的可行基础。

以德日为代表的大陆法系与以英美为代表的普通法系是当今世界上两大法系。起初,两大法系在法律渊源、立法与法律适用、诉讼制度等方面都表现出了巨大的差别。但是自20世纪以来,两大法系逐渐呈现出相互融合的趋势。造成这种相互融合的原因在于,以制定法为渊源的大陆法系的法律虽然具有安定性的优点,但同样也体现出滞后性的缺陷,而以判例法为渊源的英美法系的法律虽然灵活,但却无法避免体系庞杂的弊端。正是由于两大法系各自的上述优点与不足使得二者相互借鉴,逐渐融合。因此,在当今的现实社会,孟德斯鸠在两个世纪前所作出的“为一国人民而制定的法律,应该是非常适合该国人民的,如果一国的法律可以适合于另一个国家的话,那只能是非常凑巧的事”①的论断是否还完全成立,已经是非常值得推敲的事情了。当今的现实社会正如德国比较法学家茨威格特所说:“制定法在欧洲大陆占绝对优势的时代现在已经过去了;反过来,普通法那里也为着法律统一的合理化和简化而使用立法的趋势正在增加。所以,人们有理由相信,大陆法系和普通法系尽管是从对立方向出发的,但在它们的法律方法和技术上正在逐渐靠拢”②。

尽管有个别学者称中国属于有别于其他法系的中华法系③,但毋庸置疑的是,中国法律不论从法律渊源还是从立法及司法技术上看,在本质上均无法脱离大陆法系而独立存在。因此,从两大法系逐渐融合的趋势来看,因为中国与美国法律制度的不同而不能在中国适用美国案例教学法的结论是不具有说服力的。

事实上,中美法律制度的差异也并非绝对的,受经济全球化的影响,以社会生活为基础的法律在各国之间具有了越来越多的共通性的特点。这为中国法学教育借鉴美国案例教学法奠定了可行性根基。

---

① 【法】孟德斯鸠:《论法的精神》(上册),张雁深译,商务印书馆1982年版,第4-7页。

② 【德】茨威格特:《比较法总论》,潘汉典、米健、高鸿钧等译,北京法律出版社2003年版,第394页。

③ 张晋藩:《多元一体法文化:中华法系凝结少数民族的法律智慧》,载于《民族研究》2011年第5期,第1页。

三、中国法学本科教学借鉴美国案例教学法面临的问题

虽然以美国案例教学法为视野对中国法学本科教学方式进行改革存在一定的可行性基础，在现实的教学改革中也取得了一定的成效，但不可否认的是，实践中也出现了不少问题，成效并不是十分显著。因此，以现今取得的实际成效为标准评价中国的法学教学改革，并进而得出中国法学教学与美国案例教学法不相容的结论，似乎也有一定的道理。但实然的未必是应然的。虽然美国案例教学法的普适性以及两大法系的融合，使得中国借鉴美国案例教学法具有了一定的可行性基础，但毕竟中国与美国不论是在教育体制还是在法律制度方面都存在较大差异。现今中国法学教育在借鉴美国案例教学法方面所产生的问题，与中国在改革过程中不注重这种差异，一味简单强调借鉴存在很大的关系。

为此，借鉴美国案例教学法应当注意美国与中国法学本科教学存在的如下基础性差异。

第一，法律制度差异。案例教学法之所以在美国产生并成功得以运用，与美国的法律制度是密不可分的。诚如前文所述，两大法系的融合在一定程度上可以缓和和解决这个问题，但融合不等于相同，因此差异还是存在的。众所周知，美国是以判例法为主的普通法系国家，其法律以判例法为主、制定法为辅。因此，美国案例教学法在形式上表现为训练学生推导法律规则，并将其应用到新的事实环境中。但中国是以制定法为主的大陆法系国家，成文法讲究的是法条的逻辑，因此，成文法国家的法学教学往往以学习和理解制定法的内容为主。

事实上，反对中国法学教学借鉴美国案例教学法的学者，也正是主要基于以上差异而考虑的。但笔者认为，这种差异并不能完全否定中国借鉴美国案例教学法的可能和价值。中国法律条文也并非无源之水、无本之木、凭空制定的，其条文背后也蕴含着深厚、复杂的理论基础和现实原因。因此，以经典的司法判例探究法律条文背后所蕴含的理论基础和现实原因同样不失为一种很好的教学方式，同样可以达到美国案例教学法所能达到的教学目的。在这里，特别值得一提的是，能否避免法律制度所造成的这种冲突与教师的个人能力是息息相关的。因为能否真正找到和理解法条的“源”和“木”取决于教师个人的学术能力，用哪些案例作为教学对象往往也都是教师个人所决定的，因此，教师个人对法律条文和这些案例的理解程度也必定会影响学生是否能真正领会和把握法律条文的精髓。

第二，法学教育体制的差异。目前，中国法学教育以法学本科及研究生教育为主，此外，还包括高职教育、成人自考等教育形式，其中法学本科教育是大部分法律从业者的法律启蒙教育。法学本科教育作为法律基础教育目前在中国的多数院校基本都采用大班教学的形式，教师注重的往往是法学基础理论知识的教授。虽然绝大多

数院校也会安排学生进行为时一个月或更长时间的社会调研或实习，但无论从学校和学生的重视程度，还是从实习的内容和效果来看，这种实习往往形式大于内容。另外，有些法律院校虽然对学生进行了专业划分，学生甚至分属于民商法学、经济法学及刑事司法等不同的法学院系，但所有这些学生在校期间所学习的内容实际上并无多大差异，学生并没有因为专业或学院类别不同而受到多少特色教育。因此，可以说目前中国法学本科教育是以基础教育为主、实践教育为辅，以规格教育为主、特色教育为辅。

与中国法学教育体制不同的是，美国的法学教育起点为研究生教育，学生学习法律的前提是已经取得其他学科的学士学位。美国不存在法学学士学位，其有三种法学学位，分别为：Master of Law（LL. M.），Judiciary Doctorate（J. D.）和 Judiciary Science Doctorate（J. S. D.）。这三种学位译成中文分别为法律硕士、法学初级博士和法学博士。其中，法律硕士一般是为在国外已经取得法学学士学位的留学生所设置，很少有美国本土学生在读。法学初级博士对于美国本土学生而言相当于中国法学本科教育，其目的在于培养法律实务工作者，因此，其教学注重具体案例分析和学生实务能力的培养。法学博士是与法学初级博士平行的一个学位，但其设置目的在于培养法学家，因此，其教学方式完全不同于法学初级博士，更注重学生法学理论能力的培养。美国案例教学法事实上是应用于 LL. M. 及 J. D. 的教学方式，并不适用于 J. S. D. 的教育。因此，中美两国法学教育体制的这种不同，也是既承担培养法学实务人才，同时也承担为法学硕士、法学博士教育输送法学研究人才的中国法学本科教育，在借鉴美国案例教学法时必须要考虑的。

除去如上差异外，当今中国法学教学借鉴美国案例教学法还会面临如下问题：第一，如上文所述，美国的法学教育起点是具有本科学位的研究生教育，因此学生具有较高的领悟能力，如果将美国案例教学法这种教学方式应用于中国法学本科教学，层次相对较低的中国法学本科学生是否能够接受可能是一个问题。第二，同样与学生相关，即学生的知识背景问题。在美国，案例课前学生会以所讨论的问题为对象，阅读大量的文献，课下他们对案例本身了解得已十分透彻，所以课堂上的重点将放在解决他们在阅读过程中产生的问题。在中国，学生课前似乎很少有了解知识背景的习惯。所以，案例教学在中国法学本科教学中所能取得的效果可想而知。第三，授课形式的不同也是中国法学教学所面临的巨大障碍。中国的法学本科的大班教学方式完全不同于美国的小班教学，教师是否能够顾及班上的每位同学也是不得不考虑的。

综上，无论是从法律制度体系还是从法学教育体制及其特点来看，中美两国法学本科教育的差异均是存在且无法回避的。虽然这并不意味着中国法学本科教学就不能借鉴美国案例教学法，但生搬硬套，直接移植，肯定是行不通的。

四、对于中国法学本科教学借鉴美国案例教学法的建议

由于法律及教育制度的差异等原因，中国法学本科教学在形式上不能直接移植美国案例教学法，但美国案例教学法之“核”，即“让学生像律师一样思考”，培养学生思辨和实务能力，却可以为中国法学本科教学所借鉴。以美国案例教学法之“核”为视角，审视中国法学本科教学，建议对中国的法学本科教学做如下转变和努力。

（一）授课形式的转变

中国传统的法学本科教学以教师讲授为主，这种教学形式不利于培养学生思考问题的能力，往往是教师讲什么学生记什么。一方面，学生会因为死记硬背而感到厌烦，结果可能是教师所讲授的内容都不能得到有效记忆；另一方面，学生即使记住了教学内容，还是不能理解其内在的道理，下次遇到相同的问题时，仍然不能主动探究。这样的教学形式使得学生课堂学习的知识不能有效地运用于实际生活，从而导致理论教学与社会实践严重脱节。因此，授课形式的转变将是教学改革的重点。借鉴美国的案例教学法，同时兼顾中国法律的特点和法学教育的实际情况，应将现在单纯的教师讲授方式转变为教师讲授与学生自主探索相结合的教学方式，其中应以教师引导下的学生自主探索为主。上课前，教师应将课上所要讨论的案例资料分发给学生，让学生熟悉案例材料，仔细思索案例背后可能蕴含的法学原理。然后，课上通过教师、学生相互研讨、辩论的方式进一步拓展、深化或矫正学生的理论和观点。这种教学方式一方面可以让学生有运用法律规则、法律原则及法学理论来分析具体问题的机会，另一方面也可以激发学生运用法学知识思考实际问题的热情，达到培养学生法律思维的能力。

（二）教学案例的选择

兰德尔认为：“掌握法学原理最有效的方法是学习包含着这些原理的经典案例。”[①]美国案例教学法的成功与教师选择的案例的经典程度是息息相关的。在案例教学中，学生对于法律原则或规则的理解取决于案例这个“源”与“木”，如果在案例选择的问题上出现误差，自然也无法期待学生正确和深入地理解相应的原则或规则。事实上，学生课堂的活跃程度与教师所选用的教学案例也有直接的关系。如果教师所选的案例不恰当，也会影响学生自主学习和探索的积极性。

因此，教师在选取与理论知识相对应的案例时应当注意以下几个方面的问题。

---

① AMY R M, *Teacher thinking and case method: Theory and future direction*, Teacher College Press, 1993, p. 64.

第一，选取的案例应尽量避免过难过偏。案例的作用在于让学生理解其所学习的法理，因此，能让学生恰到好处地理解其所学习的内容是最合适的选择。如果案例偏难偏怪，学生理解案例本身就很吃力，就必将严重影响学生对案例背后所蕴藏的法理的探究。第二，案例应当具有争论性。只有有争议的案例才能引发不同观点，这样学生在维护自己观点、批判别人观点的同时一方面掌握了所应学习的内容，另一方面也拓展了看待问题的视野。第三，案例应当尽量避免过于综合。如果一个案例所涉及的内容包含多个知识点，应尽量保证除所要探讨的问题之外，其他知识点应当是已经掌握的或给予相关提示的，避免由于过于综合而使学生不能理解所要掌握的内容。

（三）学生个人的努力

学生个人的素质也是影响案例教学成果的重要原因。中国法学教育虽然并非精英教育，法学本科生的总体知识水平在一定程度上可能也确实不如以研究生教育为起点的美国法学学生，但这并不意味着中国学生就注定不如美国学生，也不意味着中国学生的能力水平就一定达不到案例教学的要求。目前中国法学本科学生在案例教学中整体呈现出不尽如人意的状况，但通过教师和学生个人的努力，这种状况是完全可以改善的。

按中国传统的观念来看，教学方式改革的重点应当放在教师的教学形式上，学生是学习的主体，不应与教学方式相关。但事实上，在当今的教学理念中，学生不仅是教学的对象，也是教学的主体。教学方式的成功与否与他们也有直接的联系。美国案例教学法的成功虽与教师有关，但与学生的努力也是脱不了关系的。因此，以美国案例教学法为视野审视中国的法学本科教学，作为教学主体的学生在如下方面也应予以努力和加强。

1. 加强课前阅读和思考

学生是课堂的重要参与者。学生只有在课前大量阅读与课堂讲授内容相关的知识和资料，才能保证在课堂上充分参与讨论，通过与教师、其他同学的观点、思维碰撞更深入地理解所要学习的内容。在美国的案例教学中，学生事先必须投入大量的时间阅读、思考教师布置的案例资料。如果学生事先没有认真阅读、思考相关的案例资料，那么在讨论环节就只能尴尬地作为旁观者，因为教师在课堂上一般是不会对案例的背景予以介绍的，他们会就案例直接让学生进行讨论。事实上，中国法学案例教学课堂正是因为缺少学生课下认真阅读、思考这一环节，才使得学生过分依赖教师课堂的讲授。因为课上的时间十分有限，因而学生在课上根本没有足够的时间消化、思考案例中的内容，只能被动接受教师的传授。这种状况也使得案例教学根本起不到培养学生独立分析、思考问题的能力的作用。为此，在中国的法学本科案例教学中，除教师外，作为教学主体而非仅仅是教学对象的学生，应更加重视和强化自己的课前阅读与思考。

2. 提高课堂参与的积极性

毋庸讳言,中国学生课堂活跃的程度与美国学生相比,存在着较大的差距。造成这种现象的原因是多方面的,可能有教学体制的问题,也有文化传统、国民性格等方面的问题。如有的人认为,中国国民谦虚、谨慎、不张扬的性格本身就决定了中国学生在课堂上会是比较沉闷的,而美国张扬、高调、强调个性的文化传统决定了他们的学生在课堂上会很活跃。撇开文化传统、国民性格这些方面的因素不论,事实上无论何种原因造成的这种差异,中国学生课堂参与的积极性都是可以改进和提高的。在这方面,除了教师要作出努力,尽量调动学生的积极性外,学生个人的主动和努力也是非常重要的。

(四) 教师业务能力的提升

俗话说:"师高则弟子强。"培养优秀的学生,教师的作用是不可忽视的。因此,教师应当不断提高自身的理论知识水平和司法实践能力。澳大利亚悉尼新南威尔士大学法学院院长保罗·列孟德说得好:"法律教师比他们的学生需要更多的学习。一个懒得学习的教师是不称职的教师。"[①]

案例教学法的实施,首先要求教师了解并能运用这种方法。如果教师的知识领域、知识层次和实践能力不足以引领学生积极思考,那么这种教学方法就不可能在培养学生方面发挥应有的积极作用。因此,教师必须有能力对学生经过阅读和思考所形成的初步观点和结论作出评析、指点和批判,并能够引导学生达到更深层次的理解。为此,教师也需要拿出足够的时间做好充分的课上准备。

这里需要特别强调的是,以"像律师一样思考"为培养目标的案例教学法,对于教师个人的司法实务经验和能力也是具有很高要求的。事实上,正如前文所述,案例教学的目标之一就在于培养学生的思辨能力和司法实务能力。如果教师本身没有接触过司法实务工作,那么,如何期待他们通过课堂将司法实务中的问题和经验传递给学生?因此,教师个人的司法实务经验和能力对于案例教学成功与否是十分重要的。中国目前的实际状况是:仅有少数教师具有一定的司法实务经验,而多数教师普遍缺乏这方面的实际经验,因此,这部分教师要想很好地进行案例教学,首先应增强自己的司法实务经验和能力。

(五) 课堂人数的限制

根据相关调查,课堂人数与教学效果有着一定的联系。[②] 一般情况下,教师对每个学生的关注程度会随着课堂人数的增多而降低,所以大班教学的弊端在于教师不

---

① 杨斐:《法学教学方法的地位和作用的再认识》,载于《广东外语外贸大学学报》2007年第5期,第47页。

② 孙庆刚:《论高校课堂人数与课堂效果的关系——基于多元线性回归的一个实证检验》,载于《黑龙江高教研究》2012年第11期,第158-160页。

能有效顾及班上的每个同学，教学效果也会因此受到影响。对于案例教学而言，由于课堂人数过多而影响教学效果就更为明显。因为课堂讨论是案例教学的主要形式，这种形式依赖于学生与教师的互动。在相同时间的条件下，人数过多必定会减少每个人与教师互动的时间，教学成果也会由此受到影响。所以，对课堂人数进行限制是十分有必要的。

当然，这也并不意味着课堂人数越少越好。一方面，课堂人数与教学成本是成反比的，也就是说，当学生总数一定时，课堂人数越少，班级数会随之增加，那么所花费的教学成本也就会随之增加。在目前教育资源有限的情况下，这种教学成本也是中国法学教学不得不考虑的。另一方面，对于课堂讨论而言，事实上也只有保证一定数量的人数才能达到讨论的目的，所谓“集思广益”“人多力量大”在这里也是同样有道理的。对于同一问题，每个人的观点可能都不尽相同，只有保证一定的学生基数，才能得到较为全面和深入的讨论结果。

第十四章　日本法学本科教育的特色[①]

刘　颖[②]

明治维新以后，日本制定了文明开化的基本国策，以西方为蓝本，迅速走上近代化的道路。随着变法图强对法律相关专业人才的需求不断加大，近代法学教育在日本应运而生。日本政府一方面直接在以东京大学为首的帝国大学内创设法学部，另一方面则颁布各种法令来鼓励私立大学兴办法学教育，由此便奠定了官学与私学并存的法学教育体系。

笔者曾经留学并任教的中央大学（Chuo University）正是在这一背景下，由穗积陈重、菊池武夫等少壮派法学家于1885年创立。时至今日，中央大学虽然早已发展成为文理兼备的综合性大学，但法学部依然为其王牌学部，在日本享有极高的声誉。这不仅因为中央大学法学部在历史上名流辈出，更因为其法学教育在当今日本占有举足轻重的地位，例如，司法考试的合格人数连续多年在全日本排名第一。下文将以中央大学为例，鸟瞰日本法学本科教育的现状。

一、前瞻性而科学合理的课程设计

本科教育乃是大学的根本，在日本是由法学部来承担法学本科教育的重任。目前，全日本大致有一百余所大学都设有了独立的法学部。法学部主要囊括法律与政治这两大学科。法律学科对应我国的法学本科。无论是东京大学等公立大学，还是中央大学、早稻田大学等私立大学，一般都将法律学科分为三个方向，即法曹方向、公共法务方向、企业方向。学生若要从法律学科毕业，至少需要取得120～140个学分，但在履修科目的选择上，学生则享有较大的自主权。尽管不同大学的法学部在具体的科目设置上有所不同，但法律学科的履修科目大致分为通识科目（教养科目）、外语科目及专业科目等三类。

在中央大学，法律学科的学生若要顺利毕业，至少需取得124个学分。其中，通识科目包括社会、历史、科学与技术、信息与数学、心理与文化、思想与哲学、文学与艺术、身体与健康等类别，学生至少需取得20个学分，而且至少需在身体与健康类别取得4个学分。关于外语科目，学生则至少需在英语和第二外语（德语、法语、汉语、俄

① 刘颖：《日本法学本科教育的特色》，载于《人民法治》2018年第18期，第24-26页。

② 北京航空航天大学法学院副教授、博士生导师。

语）上分别取得 8 个学分，共计 16 个学分。

另外，在专业科目上，学生至少需取得 80 个学分。根据难易度或履修顺序，专业科目又可分为基本科目、核心科目及发展科目。学生一经入校，最先接触到的便是基本科目。法学入门、宪法 1（人权）、民法总论、物权法、债法总论、刑法总论、法曹论、法社会学、罗马法、法思想史、英美法概论、外国法概论以及导入演习和基础演习等科目将在一年级和二年级阶段为学生的法学本科学习打下一个良好的基础。从二年级开始，学生可以根据自身的职业规划或兴趣爱好来选定专业方向，并据此履修相关的核心科目和发展科目。核心科目包括宪法 2（统治）、债法各论、刑法各论、担保法、行政法总论、行政救济法、公司法、民事诉讼法、刑事诉讼法以及专业演习，等等。发展科目则不仅包括亲属法、国际法总论、环境法、税法、证券法、保险法、经济法、知识产权法、国际私法、劳动法、民事执行保全法、破产法、犯罪学、法哲学、日本法制史、西方法制史、行政组织法、国际经济法、东洋法制史、亚洲法、比较法等法律领域的科目，还包括行政学、政策学、宏观经济学、财政学、金融学、会计学等其他学科领域的科目。

法曹方向的学生以成为法官、检察官或律师为职业目标，而这些职业资格均以通过司法考试为必要条件。司法考试由宪法、行政法、民法、商法、民事诉讼法、刑法、刑事诉讼法等七大必考科目和破产法、税法、经济法、知识产权法、劳动法、环境法、国际法等选考科目组成。因此，法曹方向的学生往往以司法考试中必考的“七法”为中心展开学习。公共法务方向的学生以成为公务员为职业目标，因而往往会优先履修宪法、民法、刑法、行政法等公务员考试中的重点科目，再辅以选修行政学、财政学等其他学科领域的科目。企业方向的学生毕业后多半会进入各大公司工作，因而在校期间除了履修在商业运行中所不可或缺的民法、公司法、劳动法、环境法、知识产权法等科目外，往往还会选修亚洲法等与未来工作相关度较高的科目。

二、多层次而独具一格的课堂教学

日本的法学部的教学形式看似与我国的法学院相同，即大多数科目以教师给学生上“大课”为主，但在教学人员配备、具体授课方式、课堂教学目标等方面，又与我国的法学院存在显著不同。

首先，从教学人员配备来看，日本的法学部一般会委任最资深的教员（通常为知名教授）为一年级新生讲授法学入门这一科目，然后会尽可能地选择有丰富研究和教育经验的中坚教员（通常为教授，也有可能为副教授）为学生讲授宪法、民法、刑法、商法、民事诉讼法、刑事诉讼法等核心科目，最后会指派入职年限不长的年轻教员（通常为讲师或副教授）为学生讲授经济法、知识产权法、国际法、破产法、劳动法等发展科目。以笔者所属的民事程序法方向为例，自二战以来形成的惯例便是，一名学者由助教或博士成为讲师后，在 25～35 岁期间首先要讲授破产法，在 30～40 岁期间再讲授民事执行保全法，往往自 40 岁起才开始讲授民事诉讼法。如此安排的好处是显而易见的。一方面对学生而言，越是基础的知识，越是由法学大家以深入浅出的方式传授，有助于培养学生对法律学科的兴趣并加强其对法律学科的理解；另一方面对教员而言，从发展科目开始讲授，也是与年轻教员在职业生涯的早期阶段研究深度长于广度的成长规律相适应的，有助于年轻教员尽快完成从“专注于研究”到“研究与教育并重”的角色转变。

其次，从具体授课方式来看，虽然大多数科目都会采用与我国法学院相同的讲义形式，但亦有部分必修科目采用演习形式。所谓讲义，是指教师在课堂上以口述的方式向学生传达自己的授课内容，从而引导学生由基本概念逐步建立起学科知识体系。与我国法学院近来流行采用 PPT 作为教学辅助方式所不同的是，日本法学部的教员基本还是坚持板书这种传统的教学辅助方式，其优点在于使教师能够根据学生的实际课堂反应来把握讲授的详略和快慢，并使学生能够始终将注意力集中于教师的口述。另外，若是采用讲义形式，教师一般会在第一次课堂教学时推荐教科书及参考书。教科书通常为 400 页左右的概说书，而参考书则包括体系书、判例书、评注书，等等。当然，各种版本的《六法》以及各科目的《判例百选》也是学生上课的必备。无论是否推荐教科书，绝大多数教师都会准备非常详细的纸质版讲义，并提前将讲义提供给学生，而且每年还会根据学说的发展和判例的变迁修改和完善讲义。

除了讲义科目外，每名学生若要顺利毕业都必须履修演习科目。所谓演习，即研讨课（seminar），采用讨论式、启发式、参与式的课堂教学方法，先由学生就某一课题进行报告或者就某一案例进行分析后，再由教师引导学生通过提问与答疑就该课题或案例展开深入探索和研究。可见，教师从课程的讲授者转变为学习的引导者、推动者、配合者以及研究主体的设计者、研究方向的把握者，学生从课程内容的被动接受者转变为主动学习者乃至研究者，从而实现以教为中心到以学为中心的转变。演习科目又分为导入演习、基础演习和专业演习，均采用不超过 20 个人的小班形式，并且是通年授课。导入演习安排在本科一年级，目标在于使学生掌握完成大学本科学业所必备的基础技能。具体到法律学科而言，教师通常会在前几次课上向学生详细讲授撰写案例分析和学术论文的方法、步骤，再由学生在之后的课堂就自己撰写的案例分析和小论文进行报告，最后由教师及其他学生指出报告者的不足并帮助其改进。由此，刚刚从中学升入大学的新生便能在教师手把手的教导下，迅速掌握研究课题或案例的选择、立论、推论、结论等研究方法，并具备初步的研究能力。基础演习安排在本科二年级，目标在于使学生通过对法律、政治、文化、历史等领域基础知识的自主学习，培养研究兴趣，并确定今后的发展方向。专业演习安排在本科三、四年级阶段，实质是使学生在一名“本科生导师”的指导下，就某一具体课题展开学习与研究。在此阶段学生已经对自己的未来发展有较为明确的规划，因而往往会据此来选择进入哪位教员的研讨班。

最后，从课堂教学目标来看，日本的法学部明显偏重讲授对实定法的解释与运用，即法解释学。教师在课堂上结合法条介绍完相关法律制度的构造和内容后，往往着重讲解该法律制度的立法旨趣和法理基础。对于重要的法律制度，教师不仅会向学生阐明通说或多数说，而且会向学生提示少数说，并分析各种学说的争论点，有时还会结合判例说明最高法院的立场及相关批判。在期末考试中，教师通常允许学生将法条带入考场，但学生在答题，尤其是案例分析题的解答中，除需指明设例所应适用的法律制度外，还需详细论及适用该法律制度的理由，由此考查学生对学说状况是否清楚掌握、对法理基础是否透彻理解。换言之，相对于识记法律概念、背诵法律条文的能力，教师更加注重培养学生理解法律制度、适用法律规范的能力，以帮助学生建立起法律意识并最终达到能够运用法律思维去发现、分析和解决社会生活中所发生的现实问题的目的。

第十五章　慕课(MOOC)时代的通识教育

翟志勇

摘　要:通识教育是古典自由教育的现代延续,旨在培养负责任的人、现代社会的公民和高素质专业人才,但是由于大学教育的特殊性,通识教育的理念与实践之间,总是存在巨大的鸿沟。慕课(MOOC)的出现为问题的解决提供了新的契机,通识教育可以将一部分课程开在慕课上,并利用慕课资源开展翻转课堂,从而最大限度地实现通识教育从知识的传授到人的培养的转型。随着慕课的进一步成熟,慕课学堂和学分课程将会进一步丰富通识教育资源,从而建立起数字化时代的通识教育模式。

关键词:通识教育　自由教育　慕课　翻转课堂　慕课学堂

一、从自由教育到通识教育

中文"通识教育"一词通常对译的英文是"general education",与之相关但又有所差别的是自由教育或博雅教育(通常对译英文"liberal education")。通识教育实际上是一个现代概念,是19世纪末20世纪初随着研究型大学的兴起和学科分化而出现的一个概念,旨在追求一种跨学科或超越学科的普遍性知识与教育,当然其中的核心是人文主义的教育。而自由教育是一个古典概念①,古典时期的自由教育仅限于有闲阶层,根本含义是"适于或有助于造就自由人""自由人不仅是统治阶级,而且是有闲阶层,他们的教育仅限于自由的技艺(liberal arts),没有任何实用的色彩。自由人被培养成为思索与追求美好人生的人,他们的教育既是非专门化的(unspecialized)也是非职业化的(unvocational),其目的是培养出一个对于自身、对于自身在社会和宇宙中的位置都有着全面理解的完整的人"②。自由教育以人的自我完善为根本目的,完全不考虑教育的功利性追求。因此,今天的通识教育实际上是自由教育在现代社会的延续,但又承载着比自由教育更多的职能,必须面对并解决更为复杂的困境与问题。

1945年《哈佛通识教育红皮书》即《自由社会中的通识教育》对通识教育的定义

① 施特劳斯:《什么是自由教育》,载于豆瓣网:http://www.douban.com/note/249843337/。

② 哈佛委员会:《哈佛通识教育红皮书》,李曼丽译,北京大学出版社2010年版,第40页。

是:“通识教育不是关于‘一般’知识(如果有这样的知识的话)的空泛的教育;也不是普及教育意义上的针对所有人的教育。它指学生整个教育中的一部分,该部分旨在培养学生成为一个负责任的人和公民。”这个通识教育的定义,实际上延续了西方古典时期的自由教育传统,旨在培养“负责任的人和公民”。今天的通识教育虽然已经不限于少数上层有闲阶层,而是普及到全部受教育者,但在理念上基本延续了儒家君子养成和自由教育的传统。由此也就意味着,通识教育本质上是终生教育,不仅贯穿学生时代始终,而且延伸至社会中的人。所以《哈佛通识教育红皮书》讨论的不只是大学的通识教育,还包括“中学的通识教育”和“社会中的通识教育”。大学中的通识教育只是一种承上启下的阶段性教育而已,这也预示了后面将要谈到的大学通识教育的困局。

就培养一个负责任的人而言,诚如黄俊杰所言,“通识教育就是一种建立人的主体性并与客观情境建立互为主体性关系的教育,也就是一种完成‘人之觉醒’的教育”[①]。在这个意义上,通识教育实际上从中小学阶段就开始了,而且家庭教育将发挥至关重要的作用。而到了大学阶段,通识教育所面对和探讨的必然是人类历史中那些永恒不变的生存困境和伦理道德,在内容设计上,人类文明的历史以及在此历史长河中形成的各类人文经典,特别是古典时期的各类经典著作,必然是通识教育的重点。正是在不断的历史回溯和经典研读中,通识教育传承人类文明,并在此基础上培养学生健全完整的人格,以从容应对当下的种种困境。[②]

就培养一个负责任的公民而言,在一个日益多元复杂和全球化的时代,通识教育承担着凝聚社会共识、培养合格公民的时代使命。这不仅仅是人才培养问题,也是国家战略问题。特别是在崇尚自由的现代民主社会,通识教育不但要塑造个体的自由人格,还要为社会提供基本的价值共识,以免在多元分化的社会中,个体的自由抉择瓦解了基本的社会价值,进而动摇人类文明的基石。从美国通识教育的发展历史来看,在每一次对于通识教育的重大讨论或改革的背后都能看到某种社会与文明危机的影子。一战的爆发催生了哥伦比亚大学的通识教育,二战之后美国通识教育风起云涌,通识教育在培养完整的人这个基本的目标之外,还要培养适应现代社会的自由且具有美德的公民。

此外,在一个学科分化和专业至上的时代,通识教育鼓励一种超越具体学科的整体的知识观,用孔子的话说,就是“君子不器”[③],珍视“非功利”学习的价值,认为“一种宽广的和基础的教育通过坚持基础知识、反思、艺术创造与分析的重要性,通过坚持科学概念与经验的精确性,将改变和解放学生”[④]。

---

① 黄俊杰:《全球化时代的大学通识教育》,北京大学出版社 2006 年版,第 48 - 89 页。

② 【美】艾伦·布鲁姆:《美国精神的封闭》,战旭英译,译林出版社 2007 年版,第 18 - 24 页。

③ 朱熹:《四书章句集注》,中华书局 1983 年版,第 57 页。

④ Harvard University Faculty of Arts and Sciences:*Curricular Renewal in Harvard College*,2006,p. 73 - 96.

因此，通识教育与旨在培养学生将来从事某种职业所需能力的专业教育（special education）截然不同。专业教育培养学生像专家一样在一个狭窄的领域里以一种专业的视角来思考，通识教育恰恰要将学生从这种专业禁锢中解放出来，使他们可以在更宽广的领域内自由思考。通识教育在 20 世纪初兴起，正是为了应对 19 世纪末急剧分化的专业教育所带来的知识碎片化，从而保证学生在将来成为各种各样的专家的同时，仍不失宽广的视野和多维的思考，更不失健全的人格和自由的品性。从这个意义上讲，通识教育的内容也就不限于自由教育所重视的古典语言和古代经典，而是超越人文教育，扩大到社会科学和自然科学领域。随着社会的发展，诸如生命科学、人与自然等主题也被逐步纳入通识教育领域。因此，当今社会的通识教育至少包含了三个层面：人的教育、公民教育、专业精英教育。由此也就不难理解哈佛大学通识教育设定的目标了：通识教育为学生的公民参与作准备；通识教育教导学生将自己视为诸人文、观念和价值传统的产物，并参与到这些传统中；通识教育为学生批判性地和建设性地应对变革作准备；通识教育培育学生对其所言所行的伦理维度的理解。[①]也就是说，通识教育不但要培养"负责任的人"，而且还要为现代社会培养合格的公民，并且是具有专业素养和精神的负责任的人和公民。通识教育依然固守着自由教育的根基，但无论教育的对象、内容还是方式，都大大地扩展了自由教育。

二、大学通识教育的困局

上述通识教育的理念基本上被人们所接受，每一所致力于通识教育的大学都会阐述一套更为完整的通识教育理念，但要兑现上述理念，实际上困难重重。[②] 人们通常将国外大学的通识教育作为向往的目标，但实际上国外一流大学的通识教育也存在着理念与实践之间的巨大落差。如黄俊杰的考察报告揭示出日本大学的通识教育实际上步履维艰[③]，而美国大学的通识教育同样因实用主义的社会风尚而始终面临困境与危机。[④] 只不过这种理念与实践之间的背离在中国的大学更为严重而已。因此，大学通识教育的困局既是一个普遍性的问题，也是中国大学通识教育举步维艰的根源所在。

首先，大学是学生学习的重要阶段，但实际上已经处于学习的收束阶段，而通识教育所追求的那个目标是培养"负责任的人"，但"公民的培养"需要从小开始，正如柏拉图所言"凡事开头最重要。特别是生物，在幼小柔弱的阶段，最容易接受陶冶，你要把它塑成什么型式，就能塑成什么型式"。[⑤] 因此，最初的家庭教育和中小学教育对

① Harvard College: *Report of the Task Force on General Education*, 2007, p. 6 - 32.

② 高全喜：《通识教育的理想与现实》，载于《文化纵横》2012 第 6 期，第 99 - 104 页。

③ 黄俊杰：《全球化时代的大学通识教育》，北京大学出版社 2006 年版，第 157 - 172 页。

④ 方军：《实用主义：美国大学通识教育的困境与危机》，载于《复旦通识教育》，2014 年第 11 期，第 39 - 47 页。

⑤ 柏拉图：《理想国》，郭斌和、张竹明译，商务印书馆 2002 年版，第 71 - 277 页。

于人格的塑造至关重要,到了大学阶段,学生的人格基本上接近成型,再加上学生在这个年龄段正处于青春期和叛逆期,此时的人格塑造不能说完全无用,但客观上讲已经有点晚了,只能说是锦上添花,而不可能从根本上改造,因此,《哈佛通识教育红皮书》花了一定篇幅来讨论中学的通识教育问题。大学通识教育必须放在学生整个教育历程中考察,换句话说就是,通识教育的理念需要学生的整个教育历程来兑现,大学只是其中的最后一个阶段而已,无法要求大学来承担全部通识教育。当然,这个问题在中国的大学里表现得更为严重,由于独生子女政策和应试教育,今天的学生大部分都是被宠爱的一代,也是只管学习的一代,而且由于中小学填鸭式的应试教育,很多学生到了大学阶段开始厌学,不要说通识教育,就是对一般的专业教育也是得过且过,在这种情况下,通识教育要培养负责任的人和公民,试图以几个学分或十几个学分的课程来纠正学生十几年的家庭教育和中小学教育,实际上困难重重。但或许也正因为如此,反而使得通识教育在大学阶段非常必要,因为这或许是学生在走向社会前接受全人教育的最后机会了。但由此造成的结果就是通识教育理念与实践之间必然存在着巨大差距,如何去填补这个差距,以及是否有可能填补这个差距,是所有通识教育实践者必须面对和思考的问题。

其次,虽然实行通识教育的大学一般都将通识教育视为本科教育的重要组成部分,并将其置于比专业教育更为基础的地位,但毫无疑问,今天的大学基本上都是专业导向的,这在本科实行文理学院的美国大学亦如此。虽然在文理学院没有明确的专业区分,但学生仍被要求在高年级时有一个集中学习的专业方向,而且研究生阶段的专业导向也诱使学生在本科阶段就有明确的专业倾向性,并为升入专业学院提前选修一些相关的课程。另外,整个社会都是专业导向性的,学生为了在走入社会时占得先机,学习往往都是以就业作为导向的,这导致的最终结果是,即便文理学院为学生的通识教育提供了最佳的场所,但学生的学习依然是专业导向性的。这个问题在中国更为严重,因为中国的大学在本科阶段就存在严格的专业划分,高考的时候学生就选择了明确的专业方向,在这种情况下,通识教育课程必然是专业课程的辅助性课程,无法取得根本性地位。为了解决这个问题,诸如复旦学院和北航文科试图打破专业壁垒,在录取学生时不分专业,经过一年的通识教育后再让学生选择专业,这在一定程度上保证了通识教育的基础性地位,但实际上依然无法改变大学本科的专业化倾向。因此,在整个本科教学培养计划中,通识教育很基础,但基础往往也意味着不受重视。

再次,通识教育试图追求一种超越学科或跨越学科的教育,这使得通识教育的课程设置非常困难。现在的通识教育课程体系,大概可以分为三大类:第一类是完全抛开现有的学科分界,回到学科分化前的古典时代,研读各类古典时期的经典著作,这在一些推行“极端”通识教育的学校得到贯彻,但这种完全摒弃专业或将专业彻底延后的做法效果如何,现在仍然存在很大的争议,即便是这种极端通识教育的亲历者,对此也是心存疑虑。[①②] 第二类是课程设置建立在现有的学科分化之上，但试图跨越学科分化，以哈佛大学的分布式通识课程为典型代表，也是一种惯常的模式。它要求学生在诸多的通识教育领域中至少选修一定的学分，实际上是试图以知识门类的齐全来兑现通识教育所许诺的那个一般性(general)知识。但这种模式很容易使得学生对所有问题都是蜻蜓点水，知其然而不知其所以然。第三类是课程设置混合模式，它以共同核心课程(common core curriculum)为基础，同时采取分布式课程设置，以芝加哥大学通识教育为代表。这种模式实际上是对通识教育理念与实践之间巨大鸿沟的一种妥协，是一种不得不然的做法。[③]

最后，通识教育通常与专业教育相对应，但是颇为吊诡的是，今天几乎所有的通识教育课程的授课教师都是专业教育的产物，即便这些授课教师在读书期间接受过通识教育，但他们最终也都从某个专业获得博士学位并且成为这个专业领域的研究者，即便是像文史哲这样的通识教育核心领域，通识教育课程的授课教师也依然首先是文史哲专业教师，当转换身份开设通识教育课程时，他们依然保留着深深的专业印记。与此同时，在现有的研究型大学中，一位教师如果不是完全教学型的公共课教师，通常都要肩负教学和科研双重任务。由于科研的量化考核，教师更愿意将大部分时间和精力投入到科研之中，这就使得很少有优秀的教师愿意从事通识教育的教学工作，除非对教学工作充满热情。

如果不使通识教育沦落为通常不被重视的公共课，则需要大量优秀教师的积极投入。因此，通识教育对于师资的高要求与实际上优秀师资的匮乏之间的矛盾，同样是通识教育必须面对而又很难解决的一个困局。

正因为上述诸种困局以及教育管理者和学生对通识教育的认识偏差，使得今天大学通识教育宣传起来阳春白雪，但落实起来举步维艰。就像当年的全校公共选修课一样，初衷是好的，但实施的结果不但差强人意，反而成为学生逃课混学分的温床。中国当下的大学通识教育应避免重蹈全校公共选修课的覆辙。

三、从知识的传授到人的培养

从1999年大学推行素质教育以来，中国大学广义上的通识教育已经实施十多年了，最初主要是以全校公共选修课的方式开设。这类课程被视为专业课的补充，目的是帮助学生开阔视野、提高人文素养，但客观而言，今天的全校公共选修课远远达不到这个目标，更不要说实现通识教育所追求的培养“负责任的人和公民”的目标，因

① 纪语：《“极端”的通识教育》，载于《复旦通识教育》2013年第10期，第1－11页。

② 尚知雨：《反思原典课程式通识教育》，载于《复旦通识教育》2013年第10期，第12－19页。

③ 范广欣：《芝加哥大学的西方文明核心课程：通识教育与大学理念》，载于《复旦通识教育》2008年第2期，第185－210页。

此,最近几年很多大学开始探索通识教育,试图建立起一种全新的教育课程体系。[①]在笔者看来,与之前的全校公共选修课相比,通识教育应该从知识的传授转向人的培养。

(一) 人格的养成

人的培养包括两个方面:一方面是人格的养成,另一方面是能力的培养。前者实际上就是自由教育所追求的全人的教育。但正如之前的论述所指出的,全人的教育是从小开始的教育,大学阶段在人格的养成方面能够做的十分有限,而在有限的时间中,如何能够通过几门课程最大限度地养成学生的自由人格呢?在笔者看来,经典研读课程是最为有效的通识教育。

意大利著名作家伊塔洛·卡尔维诺(Italo Calvino)曾经非常精彩地阐发了何为经典、为什么要阅读经典。在他看来,经典作品是那些你经常听人家说"我正在重读……"而不是"我正在读……"的书。[②] 它们对读过并喜爱它们的人构成一种宝贵的经验,"要么本身以难以遗忘的方式给我们的想像力打下印记,要么乔装成个人或集体的无意识隐藏在深层记忆中"[③]。从而使得几千年的历史积淀融入人们有限的生命之中,似乎人们是从历史的源头一路走来。每一个个体都有时空的限度,但经典作品的研读,为人们提供了超越时空的人生体验,使得人们可以在整个人类文明中认识自己,思考自己所处的这个时代。

通识教育为什么要求研读经典呢?或者说为什么要以经典研读为核心呢?这还要回到通识教育的本真之中来回答这个问题。培养一个完整的人,需要将其置于人类完整的历史中,从而使得人类对于人之为人的全部探索构成其内在生命的一部分,身体成长需要外在物质的滋养,而心灵成长所需的养分只能在文明传统中汲取。经典著作的研读是心灵成长的过程,经典著作对于人类错综复杂的问题进行多层次、全方位的探讨,有助于一个完整的人的养成。不仅如此,经典著作所探讨的都是人类永恒的问题,并展现了这些问题由以生成的历史维度和各种可能性,这有助于人们理解和认识当下的困境,并在各种各样的新思潮下,保持自由之精神和独立之人格。例如:北航文科的通识教育,在本科一年级的经典研读课上讲授《论语》和《理想国》,这是全部文科学生的必修课程,这两部著作可以说是中西方知识分子思考人类问题时永远无法忽略的著作。

对于本科生来说,经典著作的研读构成其生命体验的重要环节,每一本经典著作的研读,都会增添独特的滋味和意义,"这种青少年的研读可能(也许同时)具有形成性格的作用,理由是它赋予我们未来的经验一种形式或形状,为这些经验提供模式,

① 北航高研院通识教育研究课题组:《转型中国的大学通识教育》,浙江大学出版社2013年版,第66-113页。

② 【意】伊塔洛·卡尔维诺:《为什么读经典》,黄灿然、李桂密译,译林出版社2012年版,第1页。

③ 【意】伊塔洛·卡尔维诺:《为什么读经典》,黄灿然、李桂密译,译林出版社2012年版,第3页。

提供处理这些经验的手段,比较的措辞,把这些经验加以归类的方法,价值的衡量标准,美的范例:这一切都继续在我们身上起作用,哪怕我们已差不多忘记或完全忘记我们年轻时所读的那本书。……这种作品有一个特殊效力,就是它本身可能会被忘记,却把种子留在我们身上"①。经典著作的研读或许无法起到立竿见影的作用,但学生毕业走向社会后,经典著作中展现出来的人性的复杂,会潜移默化地影响他们的所作所为。

当下,绝大多数通识教育课程体系都采取类似哈佛大学的分类模式,将全部课程分为几大类别,要求学生在每个类别下至少选修若干学分,如此面面俱到的课程安排,表面看来为学生提供了完整的知识,但实际上由于学生不可能在任何一个门类中深入学习,所以最终所获得的只是不同学科门类中支离破碎的知识片段。将分化开来的学科简单地拼凑起来,不但不能纠正学科分化的弊病,反而进一步加重了学科分化。分类模式所追求的完整是一种破碎的完整,与其预想的目标背道而驰。更为重要的是,为了照顾到非本学科学生的接受能力,通识教育课程往往比专业课程要简单和通俗,久而久之,便成了学生混学分的各种概论性课程,这也就是今天高等学校通选课的命运。② 分类模式的误区在于将人的整全置换为知识门类的整全,对于各种知识门类都有所涉猎的人只能称之为博学之人,而非通识教育旨在培养的完整的人。当然,对于大规模的全校性通识教育来说,分类模式似乎是一种不得不然的方式,但在分类模式中,至少需要有经典研读这样的整全性的课程类别,以便培养学生成为完整的人。

(二) 能力的培养

人的培养的第二个方面是能力的培养,高素质专业人才或者说拔尖创新人才除了健全人格之外,还需要有综合性的创新能力。专业教育提供的专业能力固然重要,但通识教育鼓励一种超越具体学科的整体的知识观,也就是孔子所说的"君子不器"。通识教育珍视非功利学习的价值,认为一种超越具体学科的基础性教育和交叉学科教育,能够将学生的思维彻底解放。专业教育培养学生将来从事某种职业所需的专业能力,培养学生像专家一样在一个狭窄的领域里以一种专业的视角来思考,在现代社会劳动分工中,这是必需的但也是不够的。而通识教育恰恰要将学生从这种专业禁锢中解放出来,使他们可以在更宽广的领域内自由思考。

无论是 ABET(Accreditation Board for Engineering and Technology,工程技术评审委员会)制定的工程教育认证的 11 条标准,还是近年来在国际上颇具影响力的(Conceive,Design,Implement,Operate)工程教育模式的 12 条标准,都充分体现了对工程技术人才综合素质的全面要求。通识教育在 20 世纪初兴起,也正是为了应对

① 【意】伊塔洛·卡尔维诺:《为什么读经典》,黄灿然、李桂密译,译林出版社 2012 年版,第 3 页。

② 甘阳:《文明 国家 大学》,三联书店 2012 年版,第 310－320 页。

19世纪末急剧分化的专业教育所带来的知识碎片化，从而保证学生在将来成为各种各样的专家的同时，仍不失宽广的视野和多维的思考，更不失健全的人格和自由的品性。

在一个日趋多元、复杂且国际化的社会，通识教育所追求的能力的培养至少涉及三个层次：

首先是国际化的视野，这不仅因为今天的知识已经完全国际化，所有的学习和研究都是在世界知识格局内展开的，更重要的是中国即将成为国际化的大国，中国培养的高素质拔尖创新人才需要在国际化的大视野下来思考自己的人生价值、职业规划和社会责任等问题。一种多元的且宽广的国际化大视野，能够将学生从狭隘和僵化的视野和心胸中解放出来，将为学生的创造性提供广阔的天地。

其次是交叉学科的多维思考能力和批判性的创新能力，与国外一流大学的学生相比，这是中国大学生普遍非常缺乏的。现代科技的发展，大多是“破坏性”的创造，是突破固有思维传统的创新。麻省理工学院(MIT)是一所理工科发达的学校，但却是美国创新能力最强的学校之一，究其原因，就在于其对于交叉学科教学和研究的高度重视，不仅重视理工科之间的交叉，还重视理工科与人文社会科学之间的交叉。MIT的理工科学生都要选择某个文科领域进行深入学习，并且其学习深度达到了该领域的专业深度，目的就是培养学生多维度思考的能力，从而激发学生的创造能力。这样的能力培养是偏狭的专业教育所无法完成的，通识教育责无旁贷。

最后是卓越的自我展现能力，也就是培养学生卓越的阅读和理解能力、思考和判断能力、书写和表达能力。这些看似最基本最简单的能力，如果要达到卓越，就需要严格的学术训练。目前，我国高校的学术训练大多仍停留在专业训练层面，很多学生专业能力很强，但口头表述和书面表达能力却很弱，在正式场合进行自我展示所需要的综合能力非常缺乏，这些都需要严格的学术训练。通识教育应该强调学生平时的作业训练，取消或者减轻期末考试的负担，每门课至少要有四次书面作业，任课老师需要批改后反馈给学生，目的就是通过严格的学术训练来培养学生卓越的自我展现能力。

对于通识教育，课程分类不是核心，课程内容和教学方法才是核心。通识教育必须摒弃那些简单的知识传授型课程，也就是各类导论性和通论性课程，重新围绕人格养成和能力培养设计课程内容，鼓励设置经典研读和综合性的交叉学科课程。要特别注重培养学生的听说读写能力，将考核的重点放在平时的作业上，而非期末考试上。无论是人格养成还是能力培养，都要求通识教育最好是小班教学，这实际上给本来就紧张的师资问题带来了更严峻的挑战。不过慕课(Massive Open Online Course，MOOC)的出现和蓬勃发展，可能为这个问题的解决带来了新的契机。

四、基于慕课的通识教育

(一) 慕课的兴起

慕课是指"大规模在线开放课程"。"大规模"是指课程受众规模非常巨大,甚至可以说没有上限,这区别于传统上有一定课容量的课堂;"在线"是指课程是在网络上开设的,学生在网上选课、修课、考核,学生跟授课教师、助教和同学都是通过网络连接起来的,将传统的课程搬到了网络上;"开放"是指几乎没有任何限制性条件,任何人只要注册账号就可以学,而且基本上是免费的。当然如果想要获得证书,则需要交纳一定费用,如目前 Coursera 上的课程证书费用是 39 美元。慕课与传统的视频公开课有所区别,传统的视频公开课只是简单地将课程录制下来后放在网上,而慕课基本上是把一节课程切成一组小视频,每个视频大概 10～20 分钟,同时内置测试功能,通常配备助教答疑解惑。① 2012 年被视为慕课元年,这一年三大主流慕课平台 Coursera,edX 和 Udacity 相继上线。但慕课的发展并非一蹴而就,而是随着互联网技术的成熟和在线课程理念的更新不断完善的。慕课的发展最初源于 2001 年 MIT 推行的"公开课"(Open Course Ware,简称 OCW),MIT 将大量课程录制好后放到网络上,供全世界的教育工作者和学生免费使用。2007 年美国犹他州立大学 David Wiley 教授基于 wiki 发起开放课程 Intro to Open Education,世界各地的学习者不仅可以分享课程资源,而且可以参与课程创新。2008 年加拿大女王大学(University of Regina)的 Alec Course 教授发起网络课程 Media and Open Education,邀请全球众多专家远程参与教学。这两门提供开放内容和开放教学的课程被视为慕课的前身,在此基础上,一种强调联结主义(Connectivism)的大规模在线开放课程概念被提出,被称为 cMOOC。2011 年秋,斯坦福大学的两位教授将"人工智能导论"课程开到了网络上,吸引了 16 万人注册学习,开创了 xMOOC 模式。"与 cMOOC 课程主要依赖课程设计者单兵作战、用户关联设计,从而无法规模化制作相比,xMOOC 模式被学界认为与 OCW 模式有着更密切的亲缘关系,从而提供了在 OCW 模式的经验基础上批量制作课程的可能性,这种可能性直接促使了三大 MOOC 教育平台的诞生,并反过来促进了 xMOOC 课程的'井喷'式发展。"②

慕课的兴起,用现在比较时髦的话来讲,属于互联网的"破坏性的创新"。现在各个领域都是这种情况,互联网会对某个传统领域进行破坏性的冲击,但并不是把这个

① 赵国栋:《微课与慕课设计初级教程》,北京大学出版社 2014 年版,第 13－27 页。

② 李曼丽、张羽、叶赋桂等:《解码 MOOC:大规模在线开放课程的教育学考察》,清华大学出版社 2014 年版,第 66－99 页。

领域彻底消灭掉,而是重新定义传统领域,重新思考传统领域的新的可能性。[①] 如互联网金融,更多的不是取消金融或者消灭传统的银行业,而是让人们重新思考在互联网时代金融应该怎样运作。因此,像互联网重新定义很多传统行业一样,慕课时代的教育会被重新思考,会被重新定义。那么,慕课对于通识教育有什么特殊的意义呢?第一,慕课上将出现海量通识教育课程资源,无论对照哪个学校的通识教育课程分类,基本在慕课上都能找到大量的课程。笔者相信,以后慕课平台上将会出现海量课程,覆盖全部通识教育课程门类,无论你想修读哪方面的课程基本都可以找到。第二,现在的慕课有别于过去的传统公开课,传统公开课就是单纯的视频,现在的慕课内置了测试功能,此外还有助教答疑,也有作业要求。平时有问题可以在附属的学习论坛中提出,因为有大量的选课学生,问题会被迅速解答,助教也会随时关注热点问题,并反馈给任课老师。因此,慕课所设计的学习论坛、辅导、作业,在一定程度上弥补了传统在线教育的不足。慕课平台上的"签名追踪体系"(Signature Track System)可以确保学术诚信。第三,现在一些慕课平台正在与一些大学合作开办学分课程。如 2013 年 Coursera 宣布旗下 5 门课程的学分获得美国教育委员会(ACE Credit)的官方认可,也就是说,学生在 Coursera 上学完这 5 门课后,将有可能转换为所在大学的相应学分。此外,Coursera 还与美国一些州的公立大学系统合作,开发各自系统的慕课课程,这样州内的学生就可以实现跨校选课。[②] 因此,慕课的兴起,使得之前在全校公共选修课和通识教育中开设的大量导论性的知识传授型课程变得意义不大了,学生如果有兴趣或受到指导,完全可以实现在慕课平台上的学习,而且更为方便、快捷和有效。通识教育应该将更多的资源放在人的培养的课程上。

(二) 翻转课堂

除了学生直接在慕课平台上学习通识课程外,教师还可以基于慕课课程资源,开设翻转课堂(Flipped Classroom 或 Inverted Classroom),这既有助于将世界上最优质的教育资源引入课堂,更有助于兑现通识教育追求的目标。翻转课堂提倡一种混合式教学与学习模式,"是相对于传统的课堂上讲授知识、课后完成作业的教学模式而言的。它是指学生在课前观看教师事先录制好的或是从网上下载的教学微视频以及拓展学习材料,而课堂时间则用来解答学生的问题、订正学生的作业,帮助学生进一步掌握和运用所学知识"。传统的教学模式中,知识传授在课堂上由教师完成,知识的内化在课后由学生自主完成,而在翻转课堂中,知识的传授由学生课前在网络上完成,知识的内化则由教师帮助学生在课堂上完成,这是所谓翻转的意义所在。[③]

---

① 【美】阿兰·柯林斯,理查德·哈尔弗森:《技术时代重新思考教育》,华东师范大学出版社 2013 年版,第 126-141 页。

② 吴剑平、赵可:《大学的革命:MOOC 时代的高等教育》,清华大学出版社 2014 年版,第 78-79 页。

③ 陈玉琨、田爱丽:《慕课与翻转课堂导论》,华东师范大学出版社 2014 年版,第 14 页。

基于慕课的翻转课堂现在也被称为 SPOCs(Small Private Online Courses),即小规模私下的在线课程,是指教师将慕课资源运用到自己的课堂教学中,从而将自己从知识的讲授中解放出来,专注于课堂上的讨论与辅导。SPOCs 被视为 MOOCs 发展的新趋势,是慕课在课堂上运用最有效的形式,哈佛大学已经计划大胆地采取 SPOCs 课堂模式。[①②] 翻转课堂在中小学已经有了广泛的应用,并且取得了可测量和评估的教学成果,其中尤其以可汗学院为典型代表。[③]

如果说通识教育应该摒弃那些知识传授型课程,将这部分课程交由学生在慕课平台上自行学习,那么大学通识教育课程应该将有限的资源集中在以小班教学为主的研讨课上,因为研讨课是最有助于学生人格养成和能力培养的。慕课平台上提供了大量世界名校的优质课程资源,如果大学通识教育教师能够将这些资源引入到课堂,通过翻转课堂的模式,帮助学生消化这些课程资源,那么无疑将大大提升中国大学通识教育的课程水平,并且能够在课程讨论之中,培养学生批判性阅读和思考的能力。"教育实际上并不像某些人在自己的职业中所宣称的那样。他们宣称,他们能把灵魂里原来没有的知识灌输到灵魂里去,好像他们能把视力放进瞎子的眼睛里去似的。……知识是每个人灵魂里都有的一种能力,而每个人用以学习的器官就像眼睛——整个身体不改变方向,眼睛是无法离开黑暗转向光明的。"[④]教师不是要将知识和思想灌输到学生头脑中,而是帮助学生在自己的头脑中发现知识和思想,教师的角色是知识和思想的"助产士"或"接生婆"。

(三)慕课学堂与学分课程

除了翻转课堂之外,一些慕课平台也在尝试跟高校合作建立慕课学堂和学分课程,慕课学堂旨在为学生在线上学习之外,提供一个线下交流的场所和机会,其实很多慕课平台的学习者都会在私下建立各种学校小组,定期组织讨论。慕课学堂无疑是将这种线上学习与线下学习的模式机制化,大学可以专门开辟一些慕课学堂教室,配备一些慕课学堂指导老师,从而使学生在线上学习的同时,可以在校内有进一步讨论和答疑的场所,这有助于培养学生自主学习的能力。现在很多学校都建立了类似通识教育中心的机构,可以探讨由通识教育中心来建立和管理一些通识教育慕课学堂,将部分基于慕课的通识教育课程落实到本校的教学计划之中。

此外,慕课学堂可以建立期末的考试机制,学生在网络上学习课程,在慕课学堂

---

① Tim G: *SPOCs may provide what MOOCs can't*,载于 http://www. university business. com/article/spocs - may - provide - what - moocs - can% E2% 80% 99t。

② Sean C. *Harvard plans to boldly go with "Spocs"*,载于 http://www. bbc. com/news/business - 24166247。

③【美】萨尔曼·可汗:《翻转课堂的可汗学院:互联时代的教育革命》,浙江人民出版社 2014 年版,第 91 - 134 页。

④ 柏拉图:《理想国》,郭斌和、张竹明译,商务印书馆 2002 年版,第 277 页。

参加考试并获得学分。此外,如上所述,一些慕课平台单独或与高校一起合作开办慕课学分课程,这些尝试虽然刚刚起步,但实现起来并非不可能,例如:edX 在比尔及梅琳达·盖茨基金会的支持下,与波士顿的两所社区大学合作,引入了 MIT 的计算机科学在线课程。[①]

此外,完全在线的学分项目现在也已经退出,如 2013 年 Udacity 宣布与乔治亚理工学院和 AT&T 合作,正式开发一个学费仅为 7000 美元的在线计算机硕士学分。[②] 大学完全可以与慕课平台合作,或联合建立慕课平台,将一些优质的教育资源开发成学分课程,为了确保课程的质量,除了现有的慕课平台的测试功能外,还可以在期末建立现场的考试制度,以检测学习的效果。

五、结　语

通识教育当下面临的首要问题是超强的通识教育理念与差强人意的实践效果之间的巨大差距,这在中国大学特别是以理工科见长的中国大学最为严重,而慕课的兴起或许有助于缩小这个差距,虽然不可能完全消灭。在慕课时代,通识教育应该建立分级课程体系,以兑现通识教育不同的承诺。

对于那些知识普及型的通识教育课程,完全可以让学生在慕课平台上修课程,与慕课平台合作开发学分课程,或建立慕课学堂以便提供辅导与测试。对于那些注重能力培养的课程,完全可以建立基于慕课的翻转课堂,将知识点的讲授交由慕课完成,教师则在课堂上组织讨论,训练学生各方面的能力。对于那些有助于人格养成的课程,特别是经典研读课程,除了可以借助翻转课堂外,还要完全实现小班化教学,注重教师和学生的面对面讨论,真正实现言传身教。随着课程分级体系的建立,教师的角色也将实现分化,不同类型的教师可以专注于不同的课程,学校的助教资源也可以被完全调动和运用起来。

慕课的发展对高等教育提出了新的挑战,但挑战也就意味着机会,在这个过程中,做通识教育应该解放思想,充分利用慕课资源,建立起全新的通识教育课程体系,以对应通识教育的理念。

---

① 【美】威廉·鲍恩:《数字时代的大学》,中信出版社 2014 年版,第 76 页。

② 李曼丽、张羽、叶赋桂等:《解码 MOOC:大规模在线开放课程的教育学考察》,清华大学出版社 2014 年版,第 66-68 页。

第十六章　理工科大学的通识教育——麻省理工学院的经验与启示

泮伟江

摘　要:北京航空航天大学的通识教育实践和探索取得了重要的成绩,率先在中国探索出了一条理工科大学的通识教育模式,但在此基础上,其仍需继续借鉴麻省理工学院等世界一流理工科大学通识教育的经验。麻省理工学院通识教育经历了一个从无到有、不断发展壮大的历史过程,取得了重要的成就,很值得借鉴。其通识教育课程体系既考虑到了通识教育的一般规律,又充满理工科大学通识教育的特色,这尤其体现在它的人文、艺术与社会科学类通识教育课程体系的具体内容与安排上。此外,麻省理工学院通识教育课程的管理体系对中国理工科大学通识教育也很有借鉴意义。

关键词:理工科大学　通识教育　通识必修课程　分布式课程　集中式课程

一、导　论

近些年,在许多有识之士的推动下,中国大学的通识教育改革取得了许多可喜的成绩。目前,除了北航之外,许多其他大力推行通识教育改革的大学都是传统人文社会科学基础比较深厚,文理科发展相对比较平衡的综合性大学,如北京大学、复旦大学、中山大学等。其中北京大学其实可能不用进行通识教育改革,因为北京大学历来的教育传统,就是最好的通识教育。例如:北京大学向来有一种传统,即各个学科的学生之间互相"串门",除了学习本专业的知识之外,还经常到历史、哲学、中文等其他专业听课,学生相互之间也能够打破专业的界限,进行自发的沟通和交流。在这个意义上,通识教育强调的许多内容,他们实际上都自动地实现了。因此,拥有独特的人文社会科学的传统和优势的综合性大学,进行通识教育改革相对比较容易,也不需要那么迫切地进行改革。

相对而言,像北航这种以工科见长的重点大学虽然招收的学生很优秀,但因为本身的学科体系比较单一,且人文与社会科学等相对薄弱,所以,通识教育改革就显得更为迫切,同时通识教育改革的条件也相对匮乏。在这种情况下,北航的通识教育改革能够取得目前的成绩,非常不容易。总结北航的通识教育经验,至少有以下几点值得重视。[①] 第一，北航的管理层对通识教育比较重视，也有比较清醒的认识。无论是政策和资源配置，只要对通识教育真正有利，北航的决策者们都是毫不吝啬的。这构成了北航通识教育发展的重要基础。第二，北航虽然是理工科背景的学校，校内优质文科资源比较匮乏，但北航的优势是背靠全国高等教育资源最丰富的北京市海淀区学院路，周围是北京大学、清华大学、中国人民大学、中国政法大学和北京师范大学等传统或新兴文科强校，因此，可以有效地吸收整个北京市的文科资源为我所用。第三，光有这样一种周边资源优势是不够的，更重要的其实还是北航自身内部的通识教育机制的创新。因此，北航通识教育的第三个成功经验，就是从一开始就避开了中国通识教育的一些陷阱，强调小班教学和经典文本研读的重要性。[②] 同时，北航的通识教育也强调从大学一年级的新生抓起，重视新生通识教育的体验课程。目前北航的通识教育模式更类似于芝加哥大学的通识教育模式[③]，与哈佛大学的通识教育模式不太一样[④]。就此而言，北航的通识教育改革与复旦大学的通识教育改革差异比较明显，而更加类似于中山大学的通识教育改革。[⑤] 从效果上来看，近些年，北航在通识教育方面做了很多有益的探索，取得了不少成绩，也为国内同行所瞩目。

北航是中国最好的工科院校之一，在工科领域具有领先优势，目前正朝着空天信融合的世界一流大学迈进。在理工科大学推行通识教育改革与在综合性大学和以文科为主的大学不同，具有自己的优势和特色，但也有自己的局限性。如何发挥理工科大学自身的优势和特色，并结合其来探索具有北航特色的通识教育模式，是北航通识教育改革必须解决的一个问题。目前，北航通识教育改革虽然取得了一定的成绩，但主要还是集中在文科，正在尝试在理科生中推行通识教育，已取得了一些初步的成绩，但仍面临着一些基本的困难。在这种情况下，适当借鉴世界一流理工科大学的通识教育经验，也许是可行的。本文对麻省理工学院(MIT)通识教育的研究，主要借鉴了中国国内教育学界的研究成果，笔者也对 MIT 的最新通识教育报告进行了全面和细致的研读，并对 MIT 官网上提供的课程信息进行了分析和观察。

MIT 是世界著名的一流理工科大学，英才辈出，自 1944 年以来，几乎平均每年都有一位诺贝尔奖获得者，曾经连续 14 年在美国工学院中排名第一，在各种类型的世界大学排行榜上也一直名列前茅，是北航一直以来学习的对象。与许多人的第一印象不同，MIT 不但工科水准世界一流，文科实力也非常强悍。例如：在 MIT 的诺贝尔奖获得者中，就有将近 20 人是诺贝尔经济学奖的获得者。根据 1981 年美国大

---

① 关于北航通识教育的成功经验，北航人文与社会科学高等研究院院长高全喜也做了一个总结，详见高全喜所写的《以通识教育探索大学教改》，载于《中国改革》2012 年第 9 期，第 58－62 页。

② 甘阳：《大学通识教育的两个中心环节》，载于《北京：读书》2006 年第 4 期，第 3－12 页。

③ 林孝信：《芝加哥大学的通识教育》，载于，http://blog.sina.com.cn/s/blog_b1f603220101f87n.html。

④ Jennifer M S，Stephen M K，Evelynn M H：*The Harvard sampler：liberal education for the twenty－first century*，Boston：Harvard University Press，2011：ix－xiii.

⑤ 高全喜：《通识教育的理想与现实》，载于《文化纵横》2012 第 6 期，第 99－104 页。

学研究生教育质量评定结果,MIT 的语言学、经济学、政治科学、哲学分别名列全美第一、第一、第六和第八位。[①] 根据 USNews2009 年"最佳研究生院"的排名,在人文与社会科学领域,MIT 的经济学排名全美第一,政治科学排名第十,心理学排名第十二。[②]

当然,一所大学的文科的强大与其通识教育的成功,并不完全是一回事。文科的强大,既关涉师资同时也是科研实力的体现,通识教育虽然得益于师资实力和科研实力,但更强调教学和学生培养方面,两者的侧重点是不同的。同时,虽然说人文课程是通识教育的核心内容,但通识教育并不仅仅局限于人文课程。因此,MIT 的通识教育并不能与 MIT 的文科教育画上等号。实际上,MIT 的通识教育的视野和抱负,要远高于 MIT 的文科教育事业,是一个更为宏大和完整的教育计划,凝聚了 MIT 的主事者和教育者长达 100 多年的探索,对于北航的通识教育改革有着非常重要的借鉴意义。

二、MIT 通识教育的历史

北航与 MIT 虽然同为以工科为特色的知名大学,但二者创立的背景不同。北航创立的一个特殊背景是 1952 年国家院系的大调整,一大批综合性大学被拆分,重新组装,相当于是把民国时期建立的现代大学体系,重新改装成了苏联计划经济模式的高等教育体系。由此,出现了许多全新的独立建制的工科院校,而综合性大学则明显减少,哲学、社会学、历史学、文学等传统文科院系则大量被取消。[③] 此种院系兼并对于新中国的工业化发展,虽然起到了重要的历史作用,但其弊端也非常明显。其中最严重的一个弊端就是人才培养模式的单一化,过于强调对专业性人才,尤其是工程类和技术型的专业性人才的培养。[④] 这种在"学好数理化,走遍天下都不怕"思想指导下的工科教育模式,培养出了大量中等技术型人才(无论是对新中国成立后的工业化运动,还是改革开放后的经济发展,这些人都作出了不可磨灭的贡献),但却很难培养出更高层次的领导型人才。同时,学生的精神世界过于单薄,视野狭隘,对于中国今后在全球范围内更高层次的发展与竞争,是一个很大的制约。

独立建制的工科型大学,是高度工业化的现代社会中人才培养的一种特殊模式,确实有其存在的合理性和必要性。但即便是此种工科型大学,在人才培养时,也必须注重通识教育,注重对"人"本身的培养,而非仅仅是对"专家"的培养。在这一点,工科大学的鼻祖 MIT,给北航提供了一个非常好的典范。

MIT 创立于 1861 年,刚好是美国南北战争之后。MIT 创立之初的 1864—1865

①② 娄枝:《麻省理工学院文科发展的借鉴与启示》,上海交通大学 2009 年版,第 9 页。

③ 李琦:《建国初期全国高等教育调整述评》,载于《党的文献》2002 年第 6 期,第 71-77 页。

④ 周光礼、吴越:《我国高校专业设置政策六十年回顾与反思》,载于《高等工程教育研究》2009 年第 5 期,第 62-75 页。

学年，学生人数只有 72 人，绝大多数来自美国马萨诸塞州，外州的学生只有 5 个。如今，MIT 已经是一所举世闻名的名牌大学，学生人数超过 10 万人，其中只有不到 1000 人来自马萨诸塞州，学生来源遍布全球，其中美国本土之外的学生占学生总人数的 1/4，是一所名副其实的一流的国际化大学。①

MIT 在西方大学发展的历史中也具有特殊的地位。在 MIT 之前，西方大学的历史源远流长。1088 年创立的波伦那(Bologna)大学一般被公认为世界上第一所大学。根据现在的情况来看，中世纪的大学其实是研究生院，一般只有四个学院和专业，即神学院、法学院、医学院和文学院。文学院相当于现在的本科学院，主要是培养学生运用拉丁文等基本语言的能力。神学院、医学院和法学院则是研究生院，必须经过文学院的学习并经考核合格后才能够进入。

自中世纪以来，西方的大学虽然屡有改革和创新，如 19 世纪柏林大学创立了一种现代研究型大学的新模式，但整个大学传统更强调自由地探索和求知，更强调理论研究而忽略实用的工程技艺。MIT 在创立之初就强调工程和现代科技教育，更强调对应用型和实用型人才的培养，这在整个西方高等教育史上是一种革命性的改变。②这种做法很快就成为现代高等教育的潮流，即便是牛津大学、剑桥大学、哈佛大学、耶鲁大学这些传统的综合性大学，实际上也深受其影响，现代专业教育也是无所不在，变成了现代大学高等教育的主流了。③

即便如此，MIT 在建校之初，即保持了相当清晰的认识。虽然 MIT 已经看到了整个世界高等教育发展的大趋势，注重实用型和应用型科技人才的培养，但 MIT 同时也认识到了基础理论研究的重要性。MIT 第一任校长罗杰斯本身就是一位非常著名的博物学家。罗杰斯早在 MIT 创立之前 15 年，就曾经在一封信件中提到他对即将创立的这所大学的设想：该所大学应该“传授所有为工艺提供基础和解释的科学原理”，而非“在工场能够学到的技能的运作和细节”。④ 由此可见，MIT 在创立时，虽然强调对工程师和应用型技术专家的培养，但仍然非常重视科学原理和通识教育。从该阶段的课程体系来看，除了核心的工程技术课程之外，也有许多自然科学基础理论课程，甚至许多人文课程。因此，与中国 1952 年院系调整时大量取消人文课程的

① MIT：*Report of the task force on the undergraduate educational commons*. Cambridge：MIT Press，2006，p. 8.

② MIT 自觉地将自身发展与国家重大战略性需求结合在一起，这与北航的目标定位是非常类似的。例如：第二次世界大战时期，MIT 集中了美国 20%最优秀的科技人才，成立了辐射实验室，完成了美国的雷达研制工作，每月生产 2000 套雷达设备，就是 MIT 服务于国家重大战略性科技需求的明证。此外，MIT 还致力于将高科技产品转化为现实的生产力，其中波士顿西区的“128 公路”便是一个明证。详见余凯所写的《通识教育与麻省理工学院的发展：一个简史》，载于《中国大学教育》2002 年第 4 期。

③ 伯尔曼：《法律与革命：西方法律传统的形成》，贺卫方、高鸿钧、张志铭等译，中国大百科全书出版社 1993 年版，第 154 - 155 页。

④ 朱燕飞、石云里、陈长荣：《从 MIT 看中国高校通识教育发展的策略》，载于《清华大学通识教育研究》2005 年第 2 期，第 63 页。

做法不同,MIT 在建校之初就具有非常强大的通识教育的"基因"。

当然,通识教育并不仅仅是一个理念,同时也是需要物质基础来支撑的。因此,MIT 早期的通识教育服务于工科学生的培养,虽然在理念上很受重视,但没有完全的独立地位。这种情况持续约半个世纪以后,校方开始认识到单一工科教育有问题,应把工科和理科结合起来。此时,MIT 在整个教学模式上进行了改革,除工科外,还专门设立理科学院,而理科专业的核心就是通识教育。从这个意义上说,MIT 的工科通识教育最初的切入点是理科。

第二次世界大战结束后,MIT 发现自己的通识教育有一个严重的缺陷——对文科太轻视了,于是提出一个大的方案,即除了理学院以外还要有人文学院,文科不能仅作为教研室存在,还必须设立独立学科。他们的目标并不是仅让理工科学生听一听文科的课,而是对文科也要有精深的研究。他们秉承的理念是,MIT 工科是最前沿的,人文科学也要做到在全美是最顶尖的。只有这样,通识教育才能反哺工科。

这个阶段开启的一个重要标志就是 1947 年开始着手进行,于 1949 年完成并公布的刘易斯通识教育报告(Report of the Committee on General Education)。1947 年,MIT 有感于教育质量的下降,委托刘易斯领导教育调查委员会对学校的教育状况进行评估。刘易斯报告的一个核心观点,便是强调人文社会科学对于复合型人才培养的重要性。虽然此前 MIT 一直重视人文社会科学方面的教育,但刘易斯的报告认为人文与社会科学的此种重要性仍然不够突出:

"没有人能够精确地描述随后可能遇到的挑战。我们认为第一步是为学者提供大量在该领域承担创造性工作的机会,使其具有与学院其他领域相同的高专业水平。通过鼓励充分发展该领域以使其获得重要的独立性发展权利,而不是主要作为其他专业的服务性辅助措施,我们相信学院的人文和社会科学教育质量能够得到实质性提升"。①

正是在刘易斯的报告的建议下,1950 年 12 月,时任 MIT 校长基利安成立了人文与社会研究院。即便如此,这并不意味着 MIT 要改变自身的办学特色与定位,朝综合性大学的方向发展。在这方面,校长基利安的头脑非常清醒:

"委员会所推荐的这所学院的建立,并不意味着麻省理工学院打算现在或未来成为一所具有广泛人文性质的学校,我们仍应保持像过去那样的限定性目标,将学院集中在科学、工程、建筑及管理几个方面"。②

这对北航通识教育改革特别具有启发和借鉴意义:一方面,它启发北航必须要花大力气建设文科,尤其是精品文科。即使北航的工科在中国是比较好的,但如果文科是三流的,通识教育也一定做不起来,因为通识教育的成功是需要制度基础的。因此,文科从零敲碎打的公共课教学的方式质变为独立建制的学院,同时也强调文科学

①② 李珍:《基利安校长时期麻省理工学院人文社会科学发展的特征及动因分析》,载于《现代大学教育》2013 年第 5 期,第 74 页。

院的科研水平，瞄准中国乃至世界一流的目标，对于理工科大学通识教育的开展是非常重要的。这一点，MIT 在 60 多年前就意识到了，北航虽然醒悟得比较晚，但最近 20 多年，也迈出了这一步，尤其是最近 10 年，北航文科的发展还是很喜人的。这成了最近五六年北航通识教育改革能够发展起来，取得初步成功的重要基础。另一方面，如果放弃自己的传统和特色，邯郸学步式地全面复制综合性大学的做法，也不可能成功。MIT 文科的突出特点是小而精，每个专业都精挑细选，只发展通识教育特别需要的专业，而且一旦决定，就会下巨资扶植。此外，MIT 的文科确实跟工科结合在一起。以艺术专业为例，不同于其他学校，MIT 把艺术和计算机、数字化联系起来，如把达·芬奇所有的画都数字化，用数字来研究艺术的规律。

三、MIT 通识教育的课程设置

通过对 MIT 通识教育历史的回顾可知：MIT 从其成立之初，由于其创始人罗杰斯校长的远见卓识，便具有了通识教育的基因，这为后来 MIT 通识教育的发展和成功奠定了坚实的基础。尽管如此，随着社会的发展以及 MIT 自身的发展，既有的通识教育课程逐渐不能满足社会的需要，也无法满足 MIT 自身发展的需要。MIT 逐渐从一个相对比较注重基础理论研究的技术大学，转变成技术和基础理论并重的理工科大学，最后通过刘易斯改革，进化达到“优势工科，扎实理科，精品文科”的学科均衡的状态。MIT 整个学科布局的合理化，为其通识教育的发展提供了最重要的基础。但这还不够。通识教育要搞得好，还是需要有一套系统和精妙的课程体系。20 世纪 50 年代以后，MIT 提出了一套通识教育的课程体系，经过 60 多年的反复试验、评估和修正，目前已经相对稳定和成熟，在 MIT 的人才培养过程中发挥了重要的作用。2006 年，时任 MIT 校长再次组织一个调查小组，对 MIT 50 多年来的通识教育体系进行评估。评估小组虽然尖锐地提出，随着时代的变迁和国际化的发展，MIT 的通识教育面临着新的环境和形势，需要进行大刀阔斧的改革，但同时也承认，建立在刘易斯报告基础上的 50 年代的通识教育体系是相当成功的，其核心内容和原则历经 50 年保持稳定，并且应该继续坚持下去。① 同时，该调查委员会也在报告中承认，20 世纪 50 年代以来 MIT 的通识教育课程体系，也持续地为学生今后的职业和人生提供了强大的帮助和指导，也是相当成功的。事实证明，MIT 的毕业生从事更为高深的科学研究的比例要远远高于同类院校，同时 MIT 虽然是一所以工科见长的理工科院校，但 MIT 的毕业生并不仅仅局限于成为工程师与技术专家，而是广泛地分布在各个领域，并且都取得了惊人的成功，如成为企业家、商业领袖、科学家、工程

---

① MIT：*Report of the task force on the undergraduate educational commons*. Cambridge：MIT Press，2006，p. 7.

师等。①

MIT 的本科课程分成两个部分：一个部分是通识课程，是全校学生都必须修的，称作通识必修课(General Institute Requirements, GIRs)；另外一部分是专业课程，根据学生选择的专业不同，学生修的课程自然也不同。限于主题，本文重点介绍 MIT 的通识必修课程。GIRs 包括 6 类课程："6 门核心科学课程，2 门科学、技术限选课程，1 门 12 学分或 2 门 6 学分的实验必修课程，8 门人文、艺术和社会科学(Humanities, Art sand Social Sciences, HASS)课程、4 门交流必修课、4 门体育课。"②

在 MIT 的全校通识课程中，科学基础理论课程有 6 门，仅次于 HASS 课程。由此可见，MIT 的理工科大学身份，既构成了其通识教育的某种局限性，同时也是其优势的体现。通识教育涉及的并不仅仅是人文社会科学的内容，自然科学基础理论的通识教育同样非常重要，也是通识教育的核心内容。

除了自然科学基础理论课程之外，HASS 通识教育课程构成了 MIT 全校通识必修课程的几乎半壁江山，总共有 8 门。以一学期 1 门课程计算，8 门课程刚好持续 4 个学年，相当于贯穿学生整个大学本科阶段的学习。MIT 的 HASS 通识教育课程包括分布式课程(Distribution Component, HASS - D)，集中式课程(Concentration Component, HASS - C)，任意选修课程(Elective Component，称 HASS - E)3 种，每一种课程中又有多门课程供选择。就课程的深度而言，3 类课程分别处于不同阶段。其中分布式课程的难度是最浅的，更强调课程本身的趣味性和基础性，重点在于培养学生对 HASS 某个具体知识领域的兴趣。MIT 对分布式课程也非常重视，既然是为了引起学生的学习兴趣，自然就会尽量多地给学生提供各种学习和体验的机会与可能性。因此，MIT 为学生提供了差不多 600 多个学时的分布式课程选项。就类别而言，MIT 的分布式课程又分为 3 个类别，分别是人文类课程(HASS - H)、艺术类课程(HASS - A)和社会科学类课程(HASS - S)。其中人文类课程更强调文本的精读，与传统的历史、哲学和文学类课程比较接近，社会科学类课程则更强调现代社会科学的方法准则，带有更强的实证精神。原则上，所有的学生都必须在 3 个类别的分布式课程中各选择一类进行学习，因此，在 HASS 的 8 门课程中，分布式课程就有 3 门。

除了分布式课程外，集中式课程也是 MIT 的 HASS 课程的重中之重。刘易斯报告强调的一个核心要点就是要加强 MIT 的 HASS 研究的深度和水准，反对仅仅在全校的公共选修课教研室的水平上来发展 HASS 研究。为此，MIT 不惜专门成立文科学院来实现这一点。因此，MIT 毕业的学生，不仅仅拥有基本的 HASS 视野、兴趣和基础，而且要达到对 HASS 某个领域的相当有深度的理解与把握。集中式课程

① MIT: *Report of the task force on the undergraduate educational commons*. Cambridge: MIT Press, 2006, p. 7.

② 李好：《麻省理工学院 HASS 课程体系研究》，湖南师范大学 2014 年。

就是为了实现这个目标而设计的。集中式课程总共有29个领域,每个学生都被要求在其中的某个领域选择3～4门课程进行连续和追踪性的学习和研究。具体是3门课程还是4门课程,则要根据具体的学习领域来决定。不仅如此,MIT还为每个学生配一个指导集中式课程学习的导师,学生必须在导师的指导下从集中式课程的29个领域中选择某个领域作为自己今后学习的领域,且其最后的选择也必须经过该导师认可。学生选择好某个具体的集中式课程领域之后,还要在该领域进行第二次选择,即选择自己准备修习的具体的3～4门集中式课程,这同样要在导师的指导下进行并获得导师的认可。

集中式课程的29个领域,分别对应如下内容:非洲人和非洲侨民的研究,美国研究,古代和中世纪研究,人类学,考古和考古科学,艺术、文化和技术,亚洲人和亚洲侨民的研究,比较媒体研究,发展经济学,经济学,伦理学,外语和文学,历史、工艺建筑学,拉丁美洲和拉丁美洲人研究,语言学,文学,中东研究,音乐,哲学,政治科学,心理学,宗教研究,俄罗斯及欧亚研究,科学,技术和社会,戏剧艺术,城市研究,妇女和性别研究,写作等。①

在这29个集中式课程的领域中,有些课程是专门为集中式课程设计的,有些课程既可以被当作集中式课程来学习,也可以在学习深入到一定阶段后,被转化成专业辅修课程(也就是中国学生比较熟悉的第二学位课程)来学习。

除了分布式课程和集中式课程以外,MIT还设计了一类任意选修课程,以增强HASS课程体系的灵活性。一般来说,任意选修课程有1～2门。例如:按照标准设计,一位MIT的本科生会修3门分布式课程、3～4门集中式课程,此后他就必须选修1～2门任意选修课程。如果此前他已经选修了4门分布式课程,4门集中式课程,他就不必再选修任何任意选修课程了。

综上所述,HASS课程体系的核心,还是分布式课程和集中式课程的阶段式区分。实际上,该区分的一个重要指导思想便是根据学生所处学习阶段的不同,并尊重学生在不同学习阶段的认知特点,进行有针对性的循序渐进的设计。分布式课程类似于基础课程,主要针对低年级的学生。考虑到低年级学生一般活泼好动,好奇心比较强,兴趣也比较广泛,因此,MIT尽可能在现有的资源条件下提供尽可能多和丰富的课程选择可能性。同时,相对于集中式课程,分布式课程对学生专业能力的要求并不高,并不要求学生此前已经有相关领域的学习基础和条件,学生有时候甚至是零基础的。此类基础课程的作用是在第一个学年将学生的心“抓住”,使其对相关课程产生兴趣,进而自主寻找提高课程进行学习。

由此可见,MIT对新生教育的重视:如果大一新生在进入MIT后,其学习的兴趣和主动性被调动起来,则接下来其学习就是一个自己不断拓宽视野,主动寻找和消化学习资源的过程;相反,如果学生在大学新生阶段,对学校的课程感到厌倦,学生就

---

① 李好:《麻省理工学院HASS课程体系研究》,湖南师范大学2014年。

可能因此产生厌学和逃避的心态，此后3年的学习恐怕就是一种不断被强迫学习的恐怖体验了。

MIT的教育者充分认识到了这一点，分布式课程和集中式课程的设计，就考虑到了学生学习的此种特征。2006年MIT的通识教育报告也高度重视这一点，此报告甚至提出，要专门针对大学新生设计一个全新的“新生课程体验项目”，进一步地引导和激发新生的学习兴趣。① MIT校方也非常重视该建议，2009年全校教职工代表大会最后通过了这个项目。该项目最后发展成为MIT的“探索项目”，并逐渐扩展到不同年级，增添了跨学科学习的元素。②

MIT这种做法给予我们的启示在于：一定要把第一年的通识课程先设计好。以北航为例，虽然目前北航的文科还达不到国内一流，但其是否可以在第一年通识教育课程方面多下些功夫，先让这些新生体会到人文、社会科学以及艺术等方面的通识课程的吸引力呢？相信北航学生愿意主动参与。实际上，目前北航在本科一年级的通识教育体验课程方面，师资力量比较强，体系和结构比较完整。例如：北航文科一年级总共有“中国经典研读”“西方经典研读”“中国文明史”“西方文明史”“艺术史”5门通识教育课程，构成了一个完整的新生通识教育课程体系。但相对于MIT而言，北航通识教育仍然显得很单薄。例如：MIT的分布式课程分布面非常广，量也很大，总共有600个学分，能够比较充分地满足学生的各种通识教育需求，并且鼓励学生向HASS的各个方面进行探索，培养兴趣。而北航的新生体验类通识教育课程，种类和数量甚至还不如MIT的集中式课程多。在集中式课程方面，由于北航文科研究力量的局限性，能够提供具有专业深度和宽度，适合作为通识教育课程的专业课程就更少了。

当然，也不能太悲观。确实，MIT的课程体系是成功的，也是值得借鉴的，但这并不表明MIT在课程体系的设计方面从来都没有走过弯路。刘易斯报告为MIT课程体系的成功打下了坚实的基础。但在20世纪50年代，由于文科力量有限，MIT提供的课程仅限于核心课程，并带有一定的强制性。20世纪50年代，是美国的民权运动时期，各种各样的社会运动蓬勃发展，人们要求更多自由选择的权利，反对各种各样的体制性强制。MIT也受到了民权运动的冲击，许多学生都对MIT的课程体系提出了严厉的批评和强烈的抗议。受到美国整体政治气氛和大环境的影响，MIT试图对课程体系进行修改，增加选修课程的数量，同时增强学生选课的自由度。至20世纪70年代，原来的几十门课程迅速扩充到100多门课程，强制选课的现象也消失了。然而一段时间后，校方发现这种改革并不是很成功。如学生倾向于选择容易通过且能拿高分的课程，要求比较高的课程就没有人选。经过了几次反复和反思，

---

① MIT：*Report of the task force on the undergraduate educational commons*. Cambridge：MIT Press，2006，p. 78.

② 李好：《麻省理工学院HASS课程体系研究》，湖南师范大学2014年。

MIT 的通识教育课程才形成了目前的格局和规模。

通识教育改革的成功，必须要有一个好的课程管理体系的支撑。MIT 课程管理的最高决策机构是全校教职工代表大会(The Faculty)。当然，全校教职工代表大会要全面负责学校的重大事项的决策，通识教育仅仅是其决策内容的一个部分。在全校教职工代表大会下面还分设不同的委员会，负责有关学校治理的各方面内容的咨询、调研等工作。负责通识教育的主要是两个委员会，即课程委员会(Committee of Curricular，COC)和本科项目委员会(Committee of Under-graduate Program，CUP)。课程委员会，顾名思义，其主要任务就是对课程的设置、修改和废止进行监管。而本科项目委员会的主要功能则是对各个项目进行整体监管。2009 年，为了加强学校文科通识教育，MIT 又在本科项目委员会下设 HASS 课程小组委员会(Sub-committee on the HASS Requirement，SHR)，用来支持和鼓励 HASS 课程的创新和发展。[①]

四、对中国理工科大学通识教育的思考

通过对 MIT 通识教育发展历程以及目前 MIT 通识教育课程体系和管理体系的鸟瞰式了解，可见 MIT 在创立之初便具有通识教育的基因，同时又能够在发展过程中不断地进行反思，回应社会的需要，不断地调整和升级通识教育的层次和水准。同时，MIT 目前的通识教育课程体系完整，结构合理，层次分明，内容丰富多彩，师资雄厚，有许多值得北航等中国理工科大学参考和借鉴之处。

第一，MIT 对通识教育的认识比较完整和丰富，既重视对人的全面培养，同时也坚持理工科大学的特色。MIT 虽然从其创立之初便认识到通识教育的重要性，对理工科大学过度专业化的教育体系心存警惕，但始终坚持立校之本，坚持工科特色，强调对工程和技术人才培养的重要性。这一点是很值得北航等中国理工科大学学习的。一方面，确实要强调对 1952 年院系调整所带来的过度专业化教育的纠偏，但另一方面又不能矫枉过正。要认识到，理工科大学乃是现代社会发展到一定阶段的产物，不光苏联和中国有，西方多数发达国家也都有。因此，理工科大学的存在是有高度合理性的。类似北航这样的传统理工科强校，要发展文科，推广通识教育，就必须将其文科发展战略和通识教育改革同自身的理工科大学的基础和特色结合起来。

第二，MIT 坚持自身理工科大学的特色，其对通识教育的认识与理解，相对于一般综合性大学而言，更具深刻性与现实性。如 MIT 一直坚持认为，通识教育并不能简单地与文科教育画等号。对于以工科为特长的理工科大学而言，通识教育同时包含两个方面的内容：一方面是理科教育，也就是自然科学的基础学科对工科的滋养，另一方面是 HASS 教育。两方面缺一不可。因此，MIT 的通识教育最初是从理科教

① 李好：《麻省理工学院 HASS 课程体系研究》，湖南师范大学 2014 年。

育发展起来的，然后再逐步扩大到文科，是有其特殊的深刻的经验的。

第三，MIT 搞通识教育是高度认真的，也是严肃的，每次都下了真功夫，花了大力气。这也是特别值得许多中国理工科院校学习和借鉴的。最近几年，1952 年院系调整的弊端日益显现，也有越来越多的有识之士开出通识教育这一"药方"。几年之内，通识教育似乎变成了中国高等教育改革的一个大趋势和重要内容。然而，不少理工科院校在思想认识层面的偏狭性，很难在一夜之间消除，仍然抱有浓重的"学好数理化，走遍天下都不怕"的优越感。从另外一个角度看，这些人实际上又构成了理工科大学的既得利益阶层，害怕理工科大学的文科建设和通识教育改革威胁到他们的既得利益。对在理工科院校推行通识教育和文科建设来说，这是一个很大的障碍。许多大学虽然表面上不得不顺应潮流，表态要推行通识教育改革，但实际上，他们推行的通识教育改革政策仅仅停留在表面。即便是在北航，即便学校领导层高瞻远瞩，下了很大的力气和决心推行通识教育改革和文科建设，但是在执行层面，仍然遭遇了很多障碍。

与此形成鲜明对比的是，MIT 对通识教育和文科建设的改革，每次都能够形成思想的统一，每次通识教育改革都很彻底，决心都很大。例如：当 MIT 认识到理科基础对工科人才培育的重要性后，就大力扶植理科发展，在院系设置和专业设置等层面将理科和工科放到同等分量和层面上进行决策。第二次世界大战后，MIT 认识到文科教育的重要性，就再次调整院系设置和学科比例，形成工科、理科和文科三大院系平等并列共存的结构。从此，MIT 文科发展脱离了公共选修课教研室的层次，不再是一个纯教学机构，而是一个教学科研并重的领域，是三分天下有其一。不仅如此，MIT 在文科院系和专业建设方面，同样敢想敢干，花巨资引进语言学、经济学等领域的大家，将目光瞄准一流文科建设，成效卓著，从而大大地提升了 MIT 的学生培养质量。

第四，MIT 的文科建设，也颇有值得学习的地方。MIT 清醒地认识到自身的局限性和优势，因此，其文科建设的整体思路是扬长避短，建设"小而精"的精品文科。同时，MIT 强调文科与 MIT 自身的工科优势的跨学科合作，另辟蹊径，走出了一条有特色、不盲从的新路，这也是很值得北航等中国理工科大学学习和借鉴的。例如：北航法学院与北航的航空航天信息等专业合作，在航空航天相关领域的法律研究方面，就具有独特和不可替代的优势。北航的新媒体和艺术学院，则应进一步挖掘北航计算机和信息领域的优势，形成艺术和科技互相启发和互相合作的独特优势。

第五，MIT 的课程体系的设计，也很值得借鉴与学习。一方面，正如前文所述，MIT 的通识教育体系充分考虑到了 MIT 的特色，既有理工科内容，又有文科内容。另一方面，MIT 的文科通识教育体系 HASS，根据学生在不同学习阶段的特点，形成了两大基本区块，即分布式课程和集中式课程，由浅入深，层层递进，取得了良好效果。这对北航设计其通识教育体系也是很有帮助的。实际上，目前北航文科的通识教育体系与 MIT 的此种课程设计有异曲同工之妙。北航通识教育课程体系的设计，同样充分考虑了学生在不同学习阶段的认知特点，强调循序渐进。例如：虽然北航通识教育强调经典阅读，但其同时也认识到，经典名著既可以给博士生和硕士生讲，也可以给本科生讲，给不同程度的学生讲同一本经典名著，对学生的要求不同，对讲课内容的设计安排也不同，讲法也不同。其中，给大学新生讲经典名著，最重要的是带领学生掌握经典名著文本的基本含义、逻辑线索，并且将经典名著与学生日常生活中熟悉的问题联系起来进行理解。因此，北航所设计的通识教育体系中，大一新生的通识课程更强调对学生兴趣的培养，对批判性阅读能力和写作能力的训练，以及对学生独立思考能力的引导和启发。大学本科二年级以后的通识课程，则会加大训练量和难度，带领学生探讨更深入的学术和专业性的问题。当然，北航限于目前的文科发展情况和师资力量，无论是大一的通识课程，还是高年级的通识课程，提供给学生的选择余地还是非常小。这是北航相比 MIT 还有较大差距的地方，只能依靠学校决策层更高层次的改革和调整才能够逐渐缩小这一差距。

总之，MIT 作为世界顶级的理工科名校，桃李满天下，培养了大量的优秀人才，其通识教育的历史和现状，也一直被人津津乐道，其中有许多先进经验，值得北航等中国理工科院校借鉴和参考。本文仅是一个初步的研究和探索，期望能抛砖引玉，以便此后做更深入和全面的比较研究。

第十七章　哈佛大学通识教育的历史与未来——哈佛大学通识教育报告[①]

哈佛大学通识教育委员会
王永茜[②]译

摘　要:本科生应当接受不同领域的博雅教育,这一信念对于21世纪乃至后世的美国教育而言都至关重要。在这份报告中,通识教育委员会肯定了哈佛大学旨在提供一种广泛且多样化学习的通识教育理念,重申了旨在提高学生自身素质和公民素质的自由教育的目标,而这一目标与主要为了学生在特定的专业或者职业领域做好准备的学习理念恰好反其道而行。这份报告将给哈佛大学的本科生教育带来一种更加深入的也更具意义的教学思路,同时也能为学生遵从其自身的特定兴趣提供更加自由的发展空间。

关键词:通识教育　自由教育　学习理念　核心课程　通识教育课程

一、引　言

通识教育委员会(以下简称"委员会")相信:一种负责任的教育,必须帮助学生发展推理能力和决断能力;必须培养学生对艺术和文学具有明达的反应能力和自主的创造能力;必须提供给学生在一个日益全球化并且关联化同时又不失多元化以及破碎化的世界中生活所必需的广泛知识。正如报告所言,本科生应当接受不同领域的博雅教育,这一信念对于21世纪乃至后世的美国教育而言都至关重要。从通识教育的全面启动到今天的讨论,这一信念一直居于通识教育的哲学理念的核心。哈佛大学的学生将以何种具体的方式获得这种博雅教育?这个问题一直是委员会讨论的核心问题——委员会相信,这个问题体现了哈佛大学艺术与科学学院作为一个整体所展现出来的专业、经验和教育哲学的水平。

首先,这份报告的第一部分简要介绍了通识教育的背景,简要陈述了通识教育发展过程中的历史节点:有时,教育家们认为能够找到一个每个学生都应当掌握的通用知识体系;而有时,教育家们又认为没有哪一个特定的知识体系能够优越于其他的知

---

① 文章译自 *Harvard University Faculty of Arts and Sciences*:*Curricular Renewal in Harvard College*,2006,第73-96页。中文译文的正标题为译者所加。

② 北京航空航天大学法学院副教授、硕士生导师。

识体系。因此,对于“认知方式”的关注能否替代对于知识本身的关注,这些不同的观点可谓是你方唱罢我登场。认识到了这些历史上的争论,哈佛大学又将如何建立起一套全新的通识教育体系来要求其学生去完成,并要求其院系去讲授呢?报告的第二部分对这一问题提出了解决方案,委员会的建议是采取一些措施扩大知识体系的广度,以此来对抗根本不考虑广博的知识应该是什么样子的过度专业化的发展趋势。委员会建议将现在正在实施的“核心课程”替换成分布型必修课程。分布型必修课程包含9门课程,其中艺术与人文、社会研究以及科学与技术这3个领域各占3门课程。经过与教师讨论,委员会进一步建议,上述任一分布领域内开设的3门课程均不得由一个系或者一个项目组来一力承担。关于这一要求的深入说理以及院系在实现这些教育目标中的作用,详见下文阐述。

尽管委员会内部就是否在上述课程分类中再包括子类仍存在争论,但委员会决定不要再细分其他的子类了,宁可犯错也要维护这份课程分类的简洁和对院系的信任。一份简洁明确的分布型必修课程,更易于学生及其指导老师去操作和理解。此外,委员会相信各个院系将开设适合通识教育的令人兴奋的全套课程;委员会也相信哈佛大学学生的积极性将会被各个院系为他们开设的全套课程给调动起来。

与此同时,委员会认为,课程设置应该通过为学生提供更多密集的、基础的通识教育课程的选择机会,从而帮助学生量身打造其自身的教育。这些通识教育课程将为学生提供上述知识领域范围内的重要知识、文本以及指导性概念框架的综合性介绍和概要介绍。哈佛大学没有给所有的哈佛学生规定一个通用的知识体系,而是设置了一套通识教育课程,这些课程有助于学生形成一套通用的智识和掌握学术的经验,让大多数选课的学生都能积极参与到关于艺术、文化、政治、科学和技术等领域的重大问题的争论、讨论乃至分歧中去。这些通识教育课程不会出现在任何特定院系的内部课表内,而是会被列在一个独立的名为通识教育课程的课程目录中。完成这些通识教育课程,将被视为完成了分布型必修课程。

委员会建议这些通识教育课程在院系外开设,但委员会并不希望此举暗示着类似的课程或者具有同等价值的课程不能在院系内开设或者从院系内走出来。不过,委员会确实希望创设一种机制去明确地鼓励博雅课程的发展,以压制艺术与科学学院日益增长的学术专业化的发展趋势。同时,委员会也希望为学生提供一个处所,让其能够在此轻松地找到这类课程,从而为其自身知识兴趣的发展提供指引。

分布型必修课程和通识教育课程合二为一,为哈佛大学的学生提供了一种自由与专攻的结合体。分布型必修课程允许学生利用指定课程的完整补充优势,从而鼓励学生进行知识上的探索;通识教育课程则为学生提供了从事基础性研究的机会,从而引导学生在各个领域都能从事更加高等的研究,而又无需使其在大学学业上过早地进入限定的狭隘的专业领域。

为了完善哈佛大学的通识教育,委员会再次重申了哈佛大学的一项长期要求,即学生在大学一年级必须完成一门致力于有效写作的课程。同样,委员会也支持哈佛大学的现行要求，即所有的学生都必须熟练掌握一门外语。然而，为了给一年级学生提供更多的灵活性，哈佛大学将不再期望学生在大学第一年就完成对于语言的掌握要求。相反，委员会建议对于语言的要求在第二学年结束之前完成即可。此外，委员会认为所有的哈佛学生都应该被期待去参加一次有意义的国际活动。

简而言之，委员会肯定了哈佛大学旨在提供一种广泛且多样化学习的通识教育理念。委员会同样重申了旨在提高学生自身素质和公民素质的自由教育的目标，而这一目标与主要为了学生在特定的专业或者职业领域做好准备的学习理念恰好反其道而行。委员会的建议是，希望全体教师都能贡献力量朝着实现这一目标而努力。分布型必修课程给予了院系一种基本的责任，要求其为哈佛大学的学生提供通识教育；此外，在院系外开设课程的可能性也使得各位教师同仁能够在其讲授的课程上充分发挥想象力，设计出跨越学科界限范围的博雅教育之旅。委员会希望，这份报告中所给出的一些建议能够为哈佛大学的本科生教育带来一种更加深入也更具意义的教学思路，同时也能为学生遵从其自身的特定兴趣提供更加自由的发展空间。总之，分布型必修课程和通识教育选修课程旨在为未来的毕业生提供个人的资源储备以及信息和工具，使其能够以必需的知识、责任和自我反思来应对 21 世纪的挑战。最后，委员会提交这些建议，是衷心希望这些建议能够提供一个让教职人员反思哈佛大学的教育目的的机会。

二、报告的第一部分——通识教育的过去和现在

(一) 通识教育的核心作用

通识教育是一个模糊的术语，意义丰富却又很难给其下定义。它与自由教育的概念有些重合，也与以一种特定的训练来传承专业化的学习理念有些重叠。通识教育是一个学习与教学的计划，它追求一种对知识的概述，且坚持认为学习的价值就在于学习一门以上的专业或者特长。而自由教育是一个学习与教学的过程，它假设“不分兴趣地”学习促进自身发展的知识是学习的价值，且认为这种价值可以在特定信息或者使用价值的学习之外获得。这两种教育理念具有诸多共通之处，但并不完全一致。这两种教育理念都假定，一个广泛的基础教育将通过强调基础知识、自省能力、艺术创造力和分析力的重要性以及坚持科学概念和实验的准确性，来改变并且解放学生。自由教育和通识教育都信奉，学生与教师以及学生之间的对话是实现上述有益的教育目标的尤其适当的途径。这两种教育理念都受到了可以回溯到古希腊时期的德育理念的激发，并且都被作为人文主义文学的理念而得以复兴。

纽曼主教(Cardinal Newman)和威廉·冯·洪堡(Wilhelm von Humboldt)都曾发表过雄辩的演讲，捍卫以个人发展为目的的自由教育，而且他们二人都以不同的方

式在大学中坐镇改革。美国的传统向来注重本科生的4年教育,将本科生的教育看作是年轻的成年人获得自由教育的战略性时刻,将大学看作是其接受自由教育的最佳地点,亦即,大学是一处在一定程度上远离世俗纷争的净土,却又是培养学生准备好迎接世俗挑战的所在。

委员会的任务是就大学生如何应对这21世纪之交的挑战而提出建议。为了做到这一点,哈佛大学设身处地将自身置于美国背景下的通识教育的历史发展轨迹,直面当今通识教育结构上的局限性,并在旧的通识教育与新的通识教育之间寻求适当的平衡,以便最好地服务于哈佛大学的学生。

(二) 通识教育的历史简述

通识教育是一个具有很多任意性的概念。在美国,通识教育概念的出现与现代研究型大学的出现是在同一时期,二者都出现在1880—1920年之间,其间,几乎任何高等教育机构的任何团体只要发现其在新体制中需要某种东西就会采用通识教育的概念。从本质上来说,旧有大学的整个课程体系就是一个通识教育课程体系:所有学生都需要学习一套规定的课程,这些课程涵盖了学习的主要领域,并且按照被认为能够对学生进行智力训练和培养道德品质的方式加以讲授。对于这种旧体制的批评者而言,现代研究型大学代表着对这种旧有教育做法的摒弃。这种旧体制是一个兼具集中和选修的制度,对于那些专才而言,他们只对集中学习一门学科感兴趣;而对于那些半吊子庸才而言,他们只对花4年时间做知识上的涉猎感兴趣。[①②](在1900年毕业的所有哈佛学生中,有一半学生在他们4年的学习中除了基础入门课程之外什么都没学。有一位名叫塞缪尔·伊力特·马瑞松的学生写道:"半吊子们与那些过早的、过剩的专才们得到的是同等的嘉奖和信誉,因为基础入门课程的学分和专业科目的学分是一样的。"[③])

通识教育成了院系开设的专业课程和选修课程所不能提供的却又必不可少的补充课程的代名词。但当时对于什么课程缺位了、如何提供这些缺位的课程存在着不同的看法。有时,补充课程被想象成一种"自由的文化",一种与专业化教育不同的,甚至是相对立的价值观教育;有时,补充课程又被想象成一种背景知识或者基础知识的教育,作为专业化学习的知识前提;有时,通识教育被说成是一种永久性的或是全球性的人类文化;有时,通识教育又被用来指代一种对于公共问题和现代社会的意识;通识教育既指被设计用来提高个人和道德发展的课程,也指旨在向学生介绍调查

---

① Julie A R: *The making of the modern university: intellectual transformation and the marginalization of morality*. Chicago: Chicago University Press, 1966: 61 - 87.

② Jon H R, James T: *The Secular and the Sacred*, Princeton University Press, 2000: 83 - 106.

③ Samuel E M: *Three centuries of Harvard*: 1636—1936. Cambridge: Harvard University Press, 1936: 387.

方法的课程。[①] 通识教育的理念具有如此混乱的谱系，这倒有助于解释为什么几乎每次当一所大学试图设计或者执行一套新的通识教育计划时，都会耗上其教职员工几年的时间来达成共识。与通识教育概念相关的所有这些不同的，甚至有时是互不相容的概念，至今仍未消失。

哥伦比亚大学和哈佛大学的通识教育表明：有很多主旨可以用来设立通识教育的要求，也有很多方式可以用来实施这些要求。哥伦比亚大学著名的核心课程——"当代文明"、"人文科学 A"和"人文科学 B"相互独立地出现，但都是对大学以及世界变化所作出的回应。最初，"当代文明"这门课叫作"战争的目的"，由费德里克·乌邓布莱(Frederick Woodbridge)教授讲授。费德里克·乌邓布莱教授是一位哲学家，他是当时的研究生院院长。"战争的目的"这门课是学生军事训练部队项目的一部分，应在该项目中受训的学生的要求而开设，且仅面向受训的学生开设。哥伦比亚大学时任校长尼古拉斯·穆锐·布特尔(Nicolas Murray Butler)，是总统伍德罗·威尔逊(Woodrow Wilson)的战略方针的铁杆支持者——他曾经因参加反对征募运动而开除过两位教授，而"战争的目的"这门课，用哥伦比亚大学的历史学家罗伯特·麦克卡福(Robert McCaughey)的话说："这是一门联盟的护教学课程，在客观性和平衡上没有任何借口"[②]。在停战之后，这门课程曾被考虑更名为"和平的目的"，但最终这门课被重新命名为"当代文明"。"当代文明"是一门所有大一新生都必须学习的课程。这门课程的独特性质——使其成为通识教育，而非院系教育的原因——在于它的侧重点放在当代社会。1919 年这门课程的课程大纲写道："我们生活的世界，是一个在所有重大的、令人困扰的问题上都会产生激烈的分歧意见的世界。现在重要的且不比战争时期重要性更少的，是人们应当理解军队在他们生活的时代中所发挥的作用。"[③]在最初的 10 年，一直到 1871 年以前，这门课程都没有文字资料，学生们在课后也不阅读历史文献。在 1928 年，经济学家雷克斯福德·特格韦尔(Rexford Tugwell)说服校方给二年级全日制本科生增加了一门必修课程，课程名称是"今日问题"。(1933 年，特格韦尔教授离开哥伦比亚大学，为罗斯福政府工作。)额外的一年学习使得这门课程扩展了其涵盖的历史范围，但学生们直到第二次世界大战之后才在"当代文明"的课堂上读到第一手的文本。

哥伦比亚大学为应对第一次世界大战而设置该课程其实一点也不特殊。同一时期的达特茅斯大学和斯坦福大学同时开设了一门叫作"公民问题"的课程。威廉大学开设了一门名为"美国民族问题"的课程。这些课程都是通识教育课程：它们为学生提供的问题指导——要么因为太一般化了，要么因为太现代化了——都超出了学科

---

① *Handbook on undergraduate curriculum*. San Francisco:3－4. Jossey－Bass,1978:3－333.

② Robert A M: *Stand, Columbia: a history of Columbia University in the city of New York*, 1754－2004. New York:Columbia University Press,2003:290.

③ Carnochan W B: *The battleground of the curriculum: liberal education and American experience*. Stanford:Stanford University Press,1993:76.

的范围。密苏里大学的战时课程就是一个典型的没有任何院系支持的教学捆绑案例:课程名称是“美国民族问题”,但这门课程却包括了英国民族问题。斯坦福大学的“公民问题”的课程名称也在使用了10多年之后改为“西方文明”。①

哥伦比亚大学的人文科学课程经常被想象成一个浩大的丛书课程。英语教授约翰·厄斯金(John Erskine)注意到,哥伦比亚大学正在不断吸引大量的本科生,而这些本科生本身就是移民或者是移民的后代。他的评论尤其透露出对于犹太学生的担忧,他建议开设一门叫做“伟大的盎格鲁-撒克逊作家”的课程。该课程的目的是社会化,而不是转化,试图为来自不同背景的年轻人提供一种共同的文化。厄斯金开设这门课程的背景是一段错综复杂的历史。在战前他就提交了开课申请,但直到1920年,他才被允许正式授课,不过在当时这门课程被作为一门荣誉课程,在学生中风靡一时。到了1925年,这门课程划分出了11个板块,大部分由教师团队集体授课。在1928年,厄斯金正式辞职——此时他已出版了一本畅销的文艺作品《海伦在特洛伊的私人生活》,之后便离开了学术界,当然,他与学术界的联系一直也不怎么紧密。他的荣誉课程在1932年复活,改名为“重要书籍研讨会”,而这门课程一举成为哥伦比亚大学历史上最著名的课程之一:它由雅克·巴尔赞(Jacques Barzun)和莱昂内尔·特里林(Lionel Trilling)带领的教师团队讲授了30多年的时间。在此后的3年里,教职人员都一直在争论究竟有无必要为全体学生开设一门与“重要书籍研讨会”相似的课程。直到1937年,2门课程,即讲述西方文学的“人文科学A”和讲述音乐和艺术的“人文科学B”,才被引入,这2门课程于1947年在哥伦比亚大学均被设为必修课程。

哥伦比亚大学的通识教育计划具有悠久的历史,这一点不言而喻。但值得注意的是,通识教育课程在开始设立的时候遭到了很多教师的反对,乃至在1945年以后,尤其是到了20世纪60年代之后,给这些课程配备教师都成了一个问题。② 在早期,执教通识教育的教师,如厄斯金、巴尔赞、特里林、特格韦尔、约瑟夫·伍德·克鲁奇(Joseph Wood Krutch)、马克·范多伦(Mark van Doren)、莫提默·阿德勒(Mortimer Adler)等,都是公共知识分子,而且他们也都把自己看成是公共知识分子。那些自认为是更严格的学者的同事对他们屈尊就驾,而他们也对其投桃报李。后来,阿德勒和理查德·麦基翁(Richard McKeon)离开哥伦比亚大学,去了芝加哥大学执教。在芝加哥大学校长罗伯特·梅纳德·哈钦斯(Robert Maynard Hutchins)的领导下,他们所创立的通识教育课程变得更加规范,与哥伦比亚大学的课程相比,面向更多的“好书”,但尽管如此,在芝加哥大学也有教师反对通识教育。这种反对最终导致斯特林·巴尔(Stringfellow Barr)和斯科特·布坎南(Scott Buchanan)后来离开芝加哥

① Carnochan W B. *The battleground of the curriculum: liberal education and American experience*. Stanford: Stanford University Press, 1993: 71 - 72.

② *Handbook on undergraduate curriculum*, San Francisco: Jossey - Bass, 1978: 333.

大学，去了位于马里兰的圣约翰学院。在那里，他们设立了最纯粹的好书阅读课程。

哈佛大学于1945年出版的《自由社会中的通识教育》一书引起了广泛的关注，这一点直到今天仍在惹恼哥伦比亚大学。① 但是，哈佛大学的通识教育之路（就像哈佛大学的大部分事物一样）在制度上是非常特殊的。它起源于哈佛大学校长查尔斯·威廉·艾略特（Charles William Eliot），艾略特于1869年开始担任校长，连续在位40年。与艾略特联系最为紧密的改革就是自由选修制度——取消本科生所有的必修课。事实上，在被聘任为校长之前，艾略特是反对设置选修课的；显而易见，在得知哈佛理事会喜欢选修课之后，他就改变了自己的初衷。但是，在艾略特就职时，他确实带来了一套原创的改革思路，亦即，他要使获得学士学位成为进入专业学院的前提条件。在此之前，学生们要接受更高等的教育，可以选择进入大学或者进入专业学校。在1869年，也就是艾略特担任校长的第一年，哈佛法学院有一半的学生、哈佛医学院也有四分之三的学生都没有进入过大学，也没有获得过大学本科的学位。相比较而言，这样的数字在美国教育史上是非常可观的。艾略特在《大西洋月刊》上发表了一篇文章讨论这种现状，他认为这样的情况是可耻的，尽管他决心要动手改变这种现状，但这花费了他多年的时间。直到1900年，哈佛医学院才开始要求具有本科学位是获准入学的必要条件。艾略特的改革是要求那些正在崛起的职业阶层先通过大学这一关，再继续前往他们的职业道路，因此，他将自由教育的深层理念加以体制化。他坚持认为，本科生教育应该是不以兴趣为导向的、反功利主义的。"尽管务实精神和文学精神或者学术精神都是好的，但它们是互不兼容的。"他解释道："如果把它们混合在一起，二者都将受损。"②

这一点有助于解释艾略特为何维持选修制度：选修制度维护了自由探究的文化。不过，及至艾略特任期的末期，其负面作用开始出现，其继任者阿·劳伦斯·洛厄尔（A Lawrence Lowell）的任务就是加强课程的严格性。同艾略特一样，洛厄尔并未浪费时间。他建立的课程体系被称为"集中型和分布型"体系，该体系于1910年开始实施。学生必须在自己院系内设置的16门一年制课程中选择至少6门课程作为自己的"集中课程"，并在选择的"集中课程"之外，从自己院系外开设的3组通识教育课程中选择至少6门课程。同样，学生必须通过每一组通识教育课程的考试。③ 为了丰富本科生的学术经验，洛厄尔引进了大学生导师制，导师当时全部由教授，而不是由毕业生或者讲师担任。1939年，一个本科生委员会建议在课程中增设入门导论课程，涵盖主要的知识领域——这是对洛厄尔教育体制的一种升华，而不是抛弃。尽管这一建议并未被采纳，但它推动了院务会在1943年的形成。院务会由院长保罗·巴克（Paul Buck）领导，用校长詹姆斯·柯南特（James Conant）的话来说，院务会的职

---

① *Introduction*，载于 http://www.college.columbia.edu/core/oasis/history0.php。

② Eliot C W，*The New Education*，The Atlantic Monthly，1869：215.

③ Samuel E M，*Three centuries of Harvard*：1636－1936. Cambridge：Harvard University Press，1936：446－447.

责就是设计出一份赋予学生“一种共同的……他们将共同拥有的对于这个社会的理解”的课程表。[①]

巴克领导下的院务会的著名代表作——《自由社会中的通识教育》一书，被称作“红皮书”。该书建议，所有的学生都应该学满 3 门一年制的通识教育课程：1 门人文学科课程，1 门社会科学课程以及科学提供的 2 选 1 课程。[②] 这个建议与本科生委员会于 1939 年所提出的建议相差无几，也与洛厄尔的课程体系相去不远，只可惜，这个建议与后两者在通识教育课程应在院系外设置这一点上并不相同——而这一点恰恰被看作是柯南特改革中的瑕疵。柯南特对于“红皮书”并不十分满意。令他感到失望的是，“红皮书”并未建议设立另一套人马专门主管通识教育，因为他对于仰仗各院系的专业教师来讲授通识教育课程并不抱乐观态度。在这一点上，他被证明是对的。艺术与科学学院以压倒性的多数决议通过了院务会的上述建议（投票结果是 135：10），但是，这个决议限制了通识教育这块魔方可以提供的课程数量，与此同时，这个决议开始摆脱给学生配备导师的责任。“红皮书”是一个巨大的成功，到 1950 年“红皮书”的销量已经超过了 4 万份。它被广泛讨论并争论，直到现在仍是被人景仰和讨论的对象。但是，就哈佛大学而言，“红皮书”在某些方面解除了洛厄尔当年设立的教育体系，他通过适当的通识课程和导师监督来解放各个院系，使其无须承担提供非集中型教育的负担。“红皮书”认可了专业化教育，但它并未从学生的角度提及当时的大学教育的主要薄弱问题：以授课形式为主。学生的反应被哈佛大学学生会的一个委员会出版的一本书所提及，书名为《1948 的哈佛教育：学生的视角》。这本书的作者们抱怨说“红皮书”并未注意到教学方法，“哈佛教育的一个严重不足同样也是通识教育报告中的严重不足，这个不足就是，未关注教育方法、未注意到激发学生积极参与的问题……如何既在课堂上，又在大学社区中实现一种真正的、公共的思想碰撞？这个问题在这本建议书中所论不足，在哈佛大学也实现不足”[③]。

柯南特的眼光超越了哈佛大学。《自由社会中的通识教育》是一份冷战时期出版的文件，这份文件的结论在很多方面都与由乔治・扎克(George Zook)统帅的杜鲁门总统任下的高等教育委员会在 1947 年公布的一份报告所得出的结论如出一辙。[④] 柯南特看到了在战后的美国存在两个危险：一个危险是日益增长的社会-经济的多样性。这种多样性所带来的危险是阶级分化和仇恨——而这是孕育社会颠覆分子的土壤。另一个危险是知识的相对主义。缺乏一套共同的信仰的要求，而这一点又因人

① Morton K, Phyllis K: *Making Harvard modern: the rise of America's university*, New York: Oxford University Press, 2001: 44.

② Committee on the Objectives of a General Education in a Free Society. *General Education in a Free Society: Report of the Harvard committee*, Cambridge: Harvard University Press, 1945.

③ Special Committee on Education of the Harvard Student Council, *Harvard education* 1948: *the Students' view*, Cambridge: Harvard University Press, 1949: 33 - 34.

④ President's Commission on Higher Education. *Higher Education for American Democracy: a Report of the President's Commission on Higher Education*, Washington: U. S. G. P. O, 1947.

口流动性的日益增强而加剧;传统机构(如教会和家庭)的权威不断下滑,而这一点导致美国人特别容易受到灌输教条和狂热主义的影响。柯南特和他领导的委员会曾在大学内部和外部进行过广泛的调查研究,他相信美国所需要的教育体系是能够提供给学生一种共同文化的教育,这种共同文化在一个多元化的社会能够作为一个统一的代表(从马修·阿诺德处继承来的愿望),这种文化在一个不拘泥于意识形态的国家能够作为一个国家的意识形态的开始。他们希望,哈佛大学的学生能够意识到并且认同西方的自由和民主传统,为此,应强调阅读经典文献。哈佛大学在冷战开始时的所作所为与哥伦比亚大学在第一次世界大战时的所作所为一样:大学增设的课程都是为了满足当代的紧急需求而特别开设的。

完整的通识教育计划,亦即"红皮书"建议的实施,从1955级本科生开始执行。该计划要求学生至少选择1门两学期制的人文学科课程和至少1门社会科学课程。这些课程都被设计成基础课程,在上述任一学科领域,学生通常不被允许获得超过1门以上的通识教育课程的学分。另外,学生还必须从物理科学或者生物科学中任选1门课程进行为期一学年的学习,而这2门课程都由自然科学下属的单独机构予以提供。除上述基础课程外,学生要完成通识教育的要求的话,还要从更高级别的通识教育机构所提供的课程中选择3门高级课程,而这些高级课程通常都是一学期制的。同样,对于普通院系开设的半学期课程和整学期课程,学生都有权进行选择。院系开设的课程中有些特别能够满足更高级别的教育需要,委员会列了一个其认为能够满足该等需要的院系课程的清单。

在这类课程中,有些课程的名字就能揭示课程的培养目的:如"人文学科2:史诗和小说";"人文学科3:危机与个人——在戏剧和自传、历史和小说中的体现";"人文学科4:西方文学中的善恶观念";"人文学科5:西方思想中的人与世界的观念";"人文学科6:文学翻译"。"社会科学1:西方文化、社会研究";"社会科学2:西方思想和制度"——这门课或许是最著名的长期课程了,由塞缪尔·比尔(Samuel Beer)教授讲授,课程包含了西方历史上重要事件的主要社会科学文本。自然科学课程中包含了许多不同的分支,如基础物理、物理、化学和生物。这就是当时最终施行的通识教育结构,经过一代人之后,这一结构就变得充满了例外、混乱,以至于一般性地不受控制。

"在1945年之后的25年里,哈佛大学的'红皮书'通识教育计划经历了一种对于其教育目标的几乎讽刺性的偏离。"菲丽丝·凯勒(Phyllis Keller)在她对哈佛课程变化的研究报告中如是写道。[①] 这其中最主要的问题就是课程倍增以满足通识教育的要求。凯勒的报告指出,在1963—1969年,被批准的通识教育课程的数量从55门增

① Phyllis K, *Getting at the core: curricular reform at Harvard*, Cambridge: Harvard University Press, 1982:17.

加到 101 门,包括了"斯堪的纳维亚电影"和"卫生保健危机"等课程。[①] 通识教育委员会的教职人员开始着手调查课程的缺陷,并于 1963 年提出了改革的建议。但是,在美国的高等教育领域,20 世纪 60 年代并不是一个规范主义的新纪元。1966 年,一位名叫丹尼尔·贝尔(Daniel Bell)的社会学家在哥伦比亚大学进行了一次野心勃勃的尝试,试图排斥他称之为"专业化繁衍出的智识上的排外主义",并建议构建一系列教育的要求以反映"作为所有研究基础的哲学预设和价值"。[②] 然而,他提出的请求被 1968 年发生的事件所淹没。在 20 世纪 70 年代初期,一个由金曼·布鲁斯特(Kingman Brewster)直接任命,并由政治科学家罗伯特·达尔(Robert Dahl)领导的耶鲁大学研究小组提出,鉴于耶鲁大学的毕业生只有不到 10%的人继续其学术生涯,因此,应发展非院系的集中型课程项目。但是同样,达尔小组的报告并未被采纳。[③]

随着德里克·博克(Derek Bok)在 1971 年被任命为哈佛大学校长以及亨利·罗夫斯基(Henry Rosovsky)在 1973 年被任命为哈佛大学艺术与科学学院的院长,核心课程开始在哈佛大学蓬勃发展。在担任院长之前,罗夫斯基就以对大学课程的设置不满而著称,他的任务不是仅仅对成为放纵主义受害者的课程制度进行小修小补,而是要明确建立一个焕然一新的自由艺术教育。学院当时的教师团队中有很多有识之士,其中包括著名的詹姆斯·威尔逊(James Wilson)和伯纳德·贝律恩(Bernard Bailyn),他们都积极地阐明通识教育的本质,并制定出一套制度使得哈佛大学的学生能够接受通识教育。达成共识本身就是一个艰巨的过程:直到 1979 年秋季,也就是在罗夫斯基担任院长 6 年之后,本科生才开始注册核心课程。但直到 1984 年,这个项目都未全面到位。

从某个角度来看,核心课程的关键理由——确信学术训练代表着一种完全不同的理解方式,是一种重申机构训练的重要性的方式,而机构训练的卓越之处就在于,并且仍旧在于,以学术成果的高度的精英化观念为基础。与大部分通识教育项目不同的是,核心课程不再在院系课程和非院系课程之间划分出一条明确的界限;与之相反,核心课程已经成为这样一个项目:只要在重心上进行适当的调整,几乎所有的专家都可以讲授核心课程。与此同时,核心课程避免了规范主义的危险,而在 20 世纪 60 年代之后,规范主义已经赫然出现在所有体系要求中。在 1968 年,由斯坦福大学校长华莱士·斯特林(Wallace Stirling)任命的、由副院长赫伯特·帕克尔(Herbert Packer)担任主席的一个斯坦福大学委员会在一篇报告中总结道:"教职员工应该自

---

① Phyllis K, *Getting at the core: curricular reform at Harvard*, Cambridge: Harvard University Press, 1982:19.

② Daniel B, *The reforming of general education: the Columbia College experience in its national setting*, Garden City: Anchor Books, 1968:296.

③ The Great Core Curriculum Debate, *Education as a mirror of Culture*, New Rochelle: Change Magazine Press, 1979:79 - 102.

由地去追求他(她)的智识兴趣,无论该等智识兴趣将他(她)引向何方;而学生,在其他同等条件下,也应该享有此类自由。"[①]这份报告还发现,"在现代大学中,将通识教育的观念作为一种主导的课程模式,是完全不切实际的。"正是在这种学院的文化环境下,博克和罗夫斯基发展出了核心课程。

哈佛大学采取的远离内容、注重方法的举措与一般高等教育的发展趋势相吻合。1969 年,布朗大学引进了选修的"思维方式"课程,引入目的是"将主要精力放在获得对于某一特定研究领域内的具体问题、主题或是问题的理解所必需的方法、概念以及价值体系的学习上"。此外,在 1974 年,密歇根大学作为开展通识教育项目的一部分,开设了"知识方法"这门课程,这门课程具象化了 4 种方法:分析方法、经验方法、道德方法和美学方法。[②] 与"红皮书"一样,哈佛大学的核心课程既是对于哈佛大学现状作出的回应(对于哈佛大学自身于 20 世纪 60 年代开设的通识教育课程的日益不满),也是对于如何理解学习的基础究竟是什么的较大转型作出的回应。

自 20 世纪 70 年代以来,上述关于理解的问题受到了新的压力。

第一,在美国高等教育中,学生和教师的人数均出现了相对快速的、广泛的人口结构转型。在精英阶层,之前以白人、男性教授和男性学生人群为主体的结构已经与整体人口的对应比例呈现出一体化的发展。同样,在美国接受高等教育的人口也越来越国际化。这一发展导致出现了"视角"概念,但"视角"概念并不是一种由"知识方法"或者"思维模式"课程思考或者认可的概念。而使用"共同文化"这一用语,这一对于柯南特那代教育者,甚至是贝尔那代教育者而言易于接受的用语,现在已经成为一种会招致争论的方式了。

第二,在"学识"的价值和词汇上也产生了总体转变。普遍主义和"卓越论"的说法已经被多元性和差异性的用语所取代。在美国的自由艺术教育中,出现了新的侧重点,强调多元文化论(这意味着受到了具体的民族视角和传统的影响)和价值论(强调知识的伦理含义);重燃起对服务的兴趣(表现为实习生和校园外的社会工作项目的出现)和对社区观念的兴趣;关注所谓的"公民教育";以及,复苏了杜威强调的学习与探究相结合的教育理念。[③][④] 这些价值要在一组特定的必修课程中予以实例化,并非易事。

第三,关于学科制度的怀疑论已经成了许多学科训练本身所必须讨论的主题。在查尔斯·斯诺的《两种文化和科学革命》(1959)中所抱怨的那种部门间的紧张关系

---

① Carnochan W B, *The battleground of the curriculum: liberal education and American experience*, Stanford: Stanford University Press, 1993: 97 - 98.

② Carnegie Foundation for the Advancement of Teaching: *Missions of the college curriculum: a contemporary review with suggestions*, San Francisco: Jossey - Bass, 1977: 171 - 172.

③ Ernest B. *Scholarship Reconsidered: Priorities of the Professoriate*, Princeton: Carnegie Foundation for the Advancement of Teaching, 1990.

④ Bruce A K. *The Condition of American Liberal Education: Pragmatism and a Changing Tradition*, New York: College Entrance Examinations Board, 1995.

在高等教育中成了慢性病，因为这种紧张关系是现代性的诸多紧张关系之一。在压力政策和放任政策的正常行政管理混合体制下，人文和科学所受到的竞争的"文化"的影响可能给自由艺术教育带来健康的、创造性的作用，对于同一个部门内的学科制度之间的紧张关系的影响也是如此，如人类学系和经济学系、哲学系和文学系。在现代大学里，很常见的就是强调前提假设和方法的分歧，这使得该等分歧是否确实存在本身就成了研究的主题。同样，本科生所能学到的跨学科课程和集中课程在数量上也逐渐增多。但是，自 20 世纪 80 年代以来，关于院系和学科的这些分类是否应该存在这个问题本身就开始成为许多教授迫切关注的问题，而这个问题已经侵蚀了诸如哈佛大学的核心课程这样的项目的哲学基础。上述所有的发展都对大学产生了不同程度的影响：这些发展对于不同的院系产生了不同的影响，而这又深化了高等教育的长期发展趋势，使其向着多样化和专业化的方向发展，而这一趋势从开始到现在一直是通识教育所要发挥的作用。

(三) 当今的核心课程：需要改革

要替代核心课程，就要先从肯定核心课程的优点开始。当通识教育丧失其智识上的能量时，核心课程重新接入了大学本科生教育，并产生了很多面向非集中受教育者的新的、优秀的课程。任何形式的通识教育都具有的一项利器就是，其有能力聘用顶尖的教授来给本科生开设在其专业领域之外的课程。按照这个标准来衡量的话，核心课程取得了巨大的成功。一方面，它激发起了许多院系教员愿意为其专业领域之外的学生讲授他们的课程的热情，从而使他们完成了这一壮举。另一方面，它创立了一套治理框架，在这个框架内，不同专业领域的教员可以合作来补充、审查和评价新的课程提议。受欢迎的课程提议及其课程大纲要经过核心课程小组委员会及其常务委员会的审查，尽管这一未曾有过的审查制度引起了一些教师的不满，但对于通识教育课程而言，这一核心课程的审查制度代表了一个雄心勃勃的、在很大程度上是成功的同行评价程序。（在早期的核心课程审查制度中，同行评价甚至延伸到了对于课程教学的评价上，因为核心课程的常务委员会成员实际上会去走访核心课程的课堂。但在近些年，常务委员会的作用已经被限定在聘用教师和审查核心课程的提议上。）

几乎没有哪个通识教育项目能够保持其能量和活力超过一代人的时间。知识前景在发生变化，教师和学生也在发生变化。一门新课程充满活力的、清晰的目的会随着时间的推移而受到侵蚀，会随着选择的积累效果而变得陈旧，而那些曾经似乎不证自明的边界不得不在模糊地带加以妥协。核心课程体系的设计使得通识教育尤其容易受到这种趋势的影响。如上所述，核心课程所定义的课程目录并不是建立在课程内容或者主题的基础上，而是建立在"知识方法"和"思维方式"基础上的。这种设计的选择引起了一种怀疑主义的反思：有无可能为了达到实现更好的本科教育的目的，将特定的学术科目、文本和内容置于其他学术科目之上，从而将其作为更加基础的知识？或者，至少应该反思的是：有无可能就这种学术科目的层级划分达成共识？这种设计的选择还反映出，在20世纪70年代，在哈佛大学以及其他大部分高等院校存在着这样一种普遍的信念，即应该将科目的完整性和独特性作为组织课程以备智识探究的基本原则。

注重“知识方法”在实践层面的一个好处就是，它并不排除任何特定的科目作为一门核心课程，最终也不要求教师用很广泛的范围或者内容去堆积课程。核心课程的这一特征减轻了征集课程的压力，增加了潜在的教师参与者。几乎任何科目的课程都可以成为核心课程，只要这门课程面向非专业学生，且在课程的学习上注重“知识方法”或是“思维方式”。结果是，随着时间的推移，核心课程的某些领域累积出现了一套完全不相干的课程系列，而这些课程系列的共同智识目标与其明显的目标大相径庭。核心课程大纲发布的“教学科目”向学生保证，在每个分类中的所有课程都服务于同一个教育任务：“项目中的各个领域或者分支学科课程，尽管在其科目上不尽相同，但在一点上是等效的，那就是它们都重点培养一种特定的思维方式。”但是，以“社会分析”这门核心课程为例，很难说“经济学原理”、“精神创伤”和“城市革命：早期国家的考古与调查”这3个科目都在讲授同一种思维方式。要找出这3个科目如何共同服务于教育方面的目的，从而将它们与社会科学内部的其他课程区分开就更是难上加难了。

近年来，学生对于核心课程的不满不断攀升。对大四学生的一份退出课程调查显示，尽管有学生将某些核心课程列为他们在哈佛最难忘的课程，并且注册了超过核心课程基本要求的更多课程，但学生对于核心课程存在着实质的不满。这种模式让人联想到民意调查，被调查的民众不喜欢议会制度，但却喜欢他们自己选出来的代表或者参议员。这意味着，就核心课程而言，学生们喜欢他们自己选择的大多数核心课程，但却不喜欢甚至憎恨作为一个整体的核心课程的制度要求。在某种程度上，这可能反映出本科生对于此类要求的厌恶是一个悠久的传统，但学生对于核心制度的不满还反映出一种更深层的、合理的抱怨：限制他们对于课程的选择的规则缺乏一个令人信服的教育原理。学生们不断质疑，核心课程给他们的通识教育带来了哪些院系开设的同类课程所不能给他们带来的好处。教师们不能充满自信或是满怀确信地回答这一问题。核心课程和院系课程都旨在培养学生的“知识方法”。所以，为什么要单纯以这一原则为根据，限制学生的选择权？对此，答案并不明确。

有观点认为，与院系课程不同的是，核心课程是为那些非专业本科开设的，因此，那些在这个科目上不具有专业背景的学生容易进行课程的学习。通识教育项目能够提供这些课程非常重要，但这种可进行性并不能为设定一系列学分要求提供充分的根据。如果那些具有专业背景的学生也要学习更加高级的教程，并且他们希望学习到更加高级的教程，那该怎么办呢？对此并没有一个很好的理由来让人坚持认为，这样的学生必须达到通识教育的要求，修满那些为缺乏这方面的专业背景的学生而开设的通识教育课程之后才能学习更加高级的课程。近年来，艺术与科学学院已经通过修改核心课程项目，允许一定数量的高级非核心课程冲抵核心课程的学分解决了这个问题。但是,这种局部做法遗留了一个悬而未决的更大问题:那就是,为什么任何一门传授具有专业领域内的知识方法特点的院系课程都不能用来冲抵核心课程?

解决学生对于过度限制其选择权不满的办法之一,就是用仅以院系提供的分布型必修课程来代替核心课程。但是,仅要求学生选择分布在现存院系之间的课程,而不提供其他选择机会,可能又难以满足通识教育的更高目标。学生真正的教育选择不仅有赖于他们必须修满的规定课程的数量,而且有赖于能够满足通识教育需要的可选课程的数量和种类。值得注意的是,2004—2005 年度委员会的本科生委员是最有力的倡议者,他们主张开设一套全新的、专门用来整合重要知识体系的通识教育课程。

在一所鼓励专业学识的研究型大学中,不能保证的是,院系将基于其自主决定权,设计出本科生为了自身的通识教育而想选、要选的足够数量的综合课程——探讨宏大主题、重要文本和基础问题的、在范围上大胆的、雄心勃勃的课程。确实,当今现存的核心课程的一大缺点就是,它无力抗衡集中课程展现出来的日益专业化的发展趋势。如果说在早期的核心课程中,宽阔的视野是一个隐性的规范,那么在后续的发展中,这一点并未坚持下来。将所有的通识教育课程全部纳入院系之外的计划产生了意想不到的后果,使院系处于一个尴尬的境地。有志于讲授为非专业本科生设计的课程的教师自然会开设核心课程——而这就意味着,院系开设的课程越来越倾向于专业,以满足专业本科生的需要。将通识教育课程与其他课程分立出来会在实际上增加专业化的水平,这一点认识在委员会的思考中发挥了重要的作用。

核心课程的力量、缺点以及学术课程的不断变化,不约而同地指向了以下原则,即应该建立一个新的通识教育体系:① 学生具有更大的自主性,利用哈佛大学丰富的课程资源以完成其通识教育;② 院系具有更大的责任性,提供非专业本科生也可以选择的具有广泛主题意义的课程;③ 设立一组全新的、院系外的课程,以满足通识教育的需求。这些课程不应受到方法或是科目的限制,而应通过课程能力来进行限制,亦即,这些课程应该有能力让学生接触到广泛的主题、基础性的问题和重要的知识体系,从而有助于学生准备好在 21 世纪过上懂得反思的、有目的的生活。

三、报告的第二部分

(一)通识教育的基本要求

委员会认为,尽管核心课程在四分之一世纪前振兴了通识教育,但其基本方法已不再能够为本科生教育提供最大的好处。笔者的建议是,直接采用分布型课程的要求来取代核心课程,因为其打开了学生在院系之内选择丰富多样的课程的新的可能性。委员会建议,学生在下述 3 个领域所提供的课程中,在每一个领域选择 3 门课程:艺术和人类、社会学研究、科学和技术。这 3 门分布型课程不仅在一个院系或者一个项目内选择。这样的分布要求保证哈佛大学的学生在宽泛定义的3大学术领域内都能获得知识、方法和导师指导,且仍能保持智识以及教学上的一贯性。这3个领域的宽度使得学生具有灵活性,得以自主选择是追求自己已有的兴趣,还是去发掘自己的新兴趣。它鼓励学生进行知识上的探险,却又不以规定的方式要求他们如此行事。此外,对课程分布的学术领域有意地留有余地,为的是让相关科目继续以其使得核心课程的总体结构在智识上过时的方式发生转变。

委员会进一步建议设立新的、选择性的课程,这样的课程将扩展机会,让学生得以实现通识教育的目标,让教师得以开设范围广泛、雄心勃勃,但可能无法符合院系规定的课程。在院系外开设课程的可能性使得教师以一种新的方式相互合作,来提供一些全新种类的、不再继续受到院系(甚至是部门)边界限制的综合性和有想象力的课程。同样,他们还将给学生提供全新的、共同的智识体验,从而支持和加强学生之间的联系。

在分布型必修课程和全新的院系外课程之外,委员会还提出了一系列要求来作为支撑通识教育的支柱。在第一学年,学生将被要求去完成一门讲授有效写作的课程的学习。在第二学年末,学生要证明他们已经熟练掌握了一门外语。最后,委员会也十分支持海外教育委员会的建议:所有的学生都被期望参与一次有意义的跨国交流。

(二)分布型必修课程和通识教育部门的角色

1. 分布型必修课程的基本原理

自洛厄尔校长于1910年将集中课程引进哈佛大学的课程体系后,学生们都被要求深入学习一门学科,而不是单纯地在大学里完成一系列抽样课程的学习。集中教育显然是一个巨大的成功。无论学生是否在一个领域继续深造,集中学习都通过其累积性的学习和在推理和分析方面的技巧的逐步发展,丰富了学生的知识。同样,学生也在持续的知识探讨过程中不可避免地体会到了挑战与愉悦。

不过,要受到良好的教育,学生需要的不仅仅是在一门学科上进行集中学习。学生应该在整个大学所代表的虽然不尽相同但有时却相互交织的学习路径中获得不同的知识。学习科学的学生应该经历诗歌翻译的挑战和对于经济的量化分析;学习文学的学生应该理解科学上使用的统计分析和政治制度的理论基础;学习社会学的学生也应该熟悉音乐的文化作用和基因科学。这种跨学科的探索对于接受博雅教育而言是至关重要的。同样,这种教育会带给学生一种在当今知识探索的领域之间,包括在他们自身主修的科目与其他科目之间,存在着内部关联的意识。学生不可能在所有事情上都成为专家,但是,他们能够也应该对大学所讲授的各种广博的思想、著作和理论具有一定的想法。智识上的关联总是以令人出其不意的方式在令人出其不意的地方被打造出来。只有广泛地探索不同的学科,学生才能在先前并未出现过这种关联的地方创造出全新的、创造性的联系。因此,委员会建议设立分布型必修课程,作为保证学生在哈佛大学读书期间接受博雅教育的主要方式；而且，所有的院系课程都列入分布型必修课程，仅教程课、介绍课和中级语言课除外。

实施分布型必修课程的需要可能在哈佛大学尤为突出，因为来到哈佛大学就读的学生往往都准备在日后成为某事或者某方面的佼佼者。哈佛大学应当鼓励学生进行知识上的冒险、尝试新生的事物、调查国外的知识水平。分布型必修课程将有助于鼓励哈佛大学的学生去尝试新事物，因为其并未规定学生必须注册任何特定的课程。这个学生可能从补充课程中获益，因为这类课程就在同一个主题上提供了不同的视角，而另一个学生可能会从提供了广泛多样的主题或是方法的课程中学到东西。辅之以适当的指引和建议，分布型必修课程为通识教育课程提供了根据学生个人的知识需要量体裁衣的良机。同时，分布型必修课程还鼓励学生去发现自身兴趣和能力的最高点，并充分尊重学生自我发现的意愿。因此，分布型必修课程允许学生具有相当程度的灵活性和创造性，而这正是委员会希望促进当前改革的地方。

2. 分布型必修课程目录

委员会花了几周的时间来考虑哈佛大学可能采用的不同类别的分布型必修课程目录。有些建议设想了全新的课程：

- “人：话”“人：声音与图像”“社会：这里”“社会：他处”“物质社会：世界的物质及其他”“物质社会：生活的物质”。
- “道德和政治哲学”“物理科学”“生活和思想”“深度历史”“文化和艺术”。
- “政治哲学”“统计推理”“批判理论”“人类生物学和心理学”“1945 年以来的政治和经济历史”“现代艺术”。

有些建议仿效了核心课程目录：

- “外国文化”“视觉和听觉艺术”“文学研究”“道德推理”“历史与社会分析”“自然科学”。
- “数学与信息科学”“纯应用物理”“纯应用生命科学”“外国语言和文化”“历史、哲学和社会研究”“文学和艺术”。

其余的建议都从传统的人文学科、社会科学和自然科学这 3 大类领域的“三分法”出发，继而在这 3 大类目录中进一步明确了相关课程：

多门自然科学课程，其中至少有一门生物科学课；多门人文学科课程，其中至少有一门非语言艺术课；多门社会科学课程，其中至少有一门历史课。

通过多轮讨论，委员会推荐的是一个简单且熟悉的分布型必修课程目录结构：学生应该在大学的 3 大传统领域，即人文学科、社会科学和自然科学之中的每一个领域，选择 3 门课程。从教学角度讲，这份通识教育课程目录非常可行。这 3 大领域的课程主题与一般方法论仍然存在清晰可辨的区别，而且这 3 个领域全部保持了各自的重要性。这 3 大领域已经超越了院系，在历史长河中一直保持着相对的稳定性，而且这 3 大领域之间具有宽泛的，但却特定的内在关联性。另外，委员会还提议修改这 3 大类课程的名称，以便更好地反映其所包含的学科内容。首先，建议将“人文科学”

这一类别更名为“艺术和人文科学”，以便明确：人类文化的学习不仅包含了人类的文学和哲学，还包括了视觉艺术、音乐和舞蹈等形式的视觉文化。其次，提议将“社会科学”这一类别更名为“社会研究”，这个名称具有足够的扩张性，能够将实验方法或者量化方法、解释方法或者历史方法都纳入学科范围。最后，提议将“自然科学”更名为“科学与技术”，以便明确：21 世纪并不仅仅是纯科学的时代，而是一个技术应用也非常重要的时代。而且，在很多领域，人们越来越难以清晰地划分出纯科学和应用科学之间的界限。

尽管有很多有趣的提议被提出，但委员会颇有几个理由仍采取这个更加简单的课程目录。尽管有许多子目录中的课程值得哈佛大学的学生花时间、精力和注意力去学习——许多课程将增强哈佛大学本科生教育的基础，但委员会经过分析后发现，这些课程的增加将会产生反作用。比如说，有委员会成员建议增加一套子课程，如“外国文化”、“道德推理”或者“生物科学”，但当哈佛大学增加这些子课程时，哈佛大学的课程体系就水涨船高了，也没有什么明确的原则来限制这些子课程或者没有什么明确的标准来使得某些子课程优先于其他子课程。最终委员会得出的结论是，哈佛大学设立的分布型必修课程的种类越少，学生在学校里对课程的选择权就越大。而学生的选择权和灵活性的增加，恰好是 2003—2004 年度通识教育工作小组认为哈佛大学迫切需要实现的，对这一点委员会也予以认同。同样，课程类别越少，就会使得整个分布型必修课程越易于理解，而这对于学生和他们的指导员而言都是一个优点。

这一课程结构的粗略性同样具有智识上的优点。当今学科之间的界限是模糊的，并且是不断移动的。学科之间的界限与 30 年前相比越发地不明确，之前可以说以此为界，这边是化学，而那边是生物学；这边是文学理论，而那边是艺术理论；这边是计算机科学，而那边是语言学；这边是经济学，而那边是管理学；这边是神经学，而那边是心理学；这边是数学，而那边是哲学逻辑。现代的研究不仅仅是多学科的，而且是跨学科的。鉴于当今学科的流动和模糊性质，课程结构越是安排得粗略，就越是能够容纳学科之间的不断变化的关系。当然，即便是在这 3 大传统分类中，有些课程在其中所处的位置仍然比较尴尬：如生物伦理学属于哪一类学科？理论哲学又属于哪一类学科？疾病的经济学呢？遇到这种情况，指导员就可能被应邀登场，来决定这门课程是否更加适合被分到这个类别或是那个类别，或者可能两个类别都行。

科学与技术学科通过观察、实验和定量分析的方法来了解自然世界。科学与技术在 21 世纪将扮演重要的角色，科学上的发现对于人们如何看待自身和生活的世界会产生级联效应，对此鲜有疑问。因此，科学素养对于在当今成为能干的、明智的公民而言是必不可少的。一旦涉及基础的科学知识的运用，这一点就足够清晰了，比如说，用生物燃料代替石油这项技术本身并不能解决能源短缺的问题或是温室气体排放的问题。这一点同样适用于用以得出科学结论的分析工具的使用，科学工具能够有益地解决政策和日常生活问题，如根据统计学原理，异常情况数值不会影响综合平均数。

艺术和人文学科通过解释文本和艺术作品以及音乐与艺术表演的过程来学习人类文化。在21世纪,学生需要获得一种对于国内和国外文化的反思性理解,以便更好地适应越来越方便且快速发展的社会中相互交融有时又相互冲突的文化,这一点毫无疑问。更有甚者,21世纪的科学与技术发展给人们带来的很多挑战本身就是人文主义的挑战:如人格体和人的身份的界定标准是什么?克隆在道德上是可以被接受的吗?理性和信仰之间的关系是什么?智能设计是这个学科的事还是另一个学科的事?

社会学学科检视的是在一个有组织的社会人与人之间的关系。社会学运用实验和定量分析的方法,也使用解释和历史分析的方法来完成这种检视。21世纪的世界是一个日趋全球化的世界,其中社会之间的合作是至关重要的。了解全球市场的经济、社会阶层的不断变化的基础,以及不同政治结构的历史和理论,对于哈佛大学的学生应对他们在将来终将面对的诸多国际和国内问题都至关重要。

3. 院系在分布式通识教育中的重要作用

通过传授知识和发展学科专业技能,院系课程往往被用来设计培养未来的物理学家、文学理论家、心理学家、哲学家、社会学家、音乐家等。在继续将大学的院系作为培养专才的机构的理念基础上,哈佛大学现行的通识教育课程、核心课程几乎将提供通识教育课程的任务全部放在了院系的职责范围之外。这种结构上的分离产生了不良的影响,尽管不是有意为之,即这种分离意味着通识教育主要是哈佛大学的任务,而非院系的工作,委员会希望打破这种想法。毕竟,哈佛大学并未将通识教育的目标看作是一种高于院系之上的神话般的目标。委员会认为,通识教育的目标是所有院系成员都应该对哈佛大学的整体任务有所贡献。这次的分布型必修课程将意味着所有院系,包括整个艺术与科学院,都必须关注通识教育,且对于通识教育有所贡献,不允许大部分同事推卸掉这一责任。哈佛大学所有人都不仅要有志于培养专家人才,而且应该有志于培养本科生,让他们在离开哈佛大学的时候,能积极、聪慧、思想开放地去面对社会生活。

如果哈佛大学要拥有能实现通识教育目标的成功的分布型必修课程,那么至关重要的一点就是,哈佛大学开设的院系课程在课程设计上要特别照顾到那些非专业本科生,当然这样的课程可能会使专业本科生同样受益。目前,院系开设的很多入门课程主要是面向潜在的专业本科生的:课程设立的初衷就是为了激发学生对于院系学科的方法和文化产生兴趣,因此,如果学生作出选择的话,他们就可以成为专业本科生。委员会的建议是:院系应该开设更多面向通才学生的课程,让这样的学生能够在该学科领域仅选择上一门课程,据此了解这个领域的这门课程的主题的重要性,并且理解为什么委员会认为这门课程是重要的。

这样的院系课程无需从院系的整体课程中被裁剪出来。委员会期望,许多自然出现的作为核心课程的课程会被重新纳入院系课程。很多面向通才学生开设的科学类核心课程,可以很容易地在院系内授课。例如:天文学院可以开设“宇宙的物质”作为其通识教育课程中的一门;科学历史学院可以开设“爱因斯坦的革命”作为其通识教育课程中的一门;心理学院可以开设“人类思想”;哲学方面可以开设“演绎逻辑和自我”“自由和存在”等通识教育课程。

不过,委员会想要鼓励院系能为通识教育创设全新的院系课程。要发展这样的院系课程可能首先就要解决以下指导性问题:如果一个学生只能在你的学科领域选一门课,他应该去上什么课?这样的一门课可以有很多种构建的方法。它可以是一门简介课,对这个学科做一个全景式的展现;或者,它可以重点讲述标志性的事物(如西斯廷教堂、《古兰经》或者黑洞),探索这些工作带给人们的知识财富,完成与这些工作相关的理论,解决这些工作提出的无数问题。委员会建议,院系可以为通识教育开设各种思辨类课程,例如:① 柏拉图的《理想国》。哲学系课程,围绕《理想国》展开课程,但同时也结合现代的相关辅助资料,讨论《理想国》提出的伦理、形而上学、认识论、政治和美学等问题。② “欧洲小说:从塞万提斯到卡夫卡”。比较文学类课程,主要通过译文讲授欧洲有影响力的小说家。③《美国宪法》。历史系或者管理系课程,主要阐释美国宪法的内容和上下文。④ “印第安纳文明的起源”。宗教学课程,主要研究已经塑造了从印度河流域到圣雄甘地的复杂文明的思想、道德、故事和宗教运动。⑤ “意大利文艺复兴”。艺术历史和建筑学课程,涵盖了意大利大师的艺术作品和文化背景。⑥ “时间”(现在的 A 类科学核心课程)。物理系课程,主要研究从牛顿力学到量子力学,人们对时间概念的看法。⑦ “视觉和大脑”。心理学课程,探究大脑如何解释视觉世界。

当然,委员会注意到学科之间的界限正在发生变化,教师希望为通识教育开设的课程可能无法巧妙地融入某一个院系。因此,交叉学科的课程被引入,以便向学生介绍跨越学科边界的重要研究主题。例如:关于“人类认知”的课程就表明,人们现在要理解人类的认知就应该努力结合生理学、心理学和哲学,这样的课程肯定会被鼓励开设。这样的跨专业课程将会被交叉开设在不止一个院系或者部门。

4. 院系通识教育课程的管理

委员会建议,每个院系都生成自己的通识教育课程目录。这样的课程目录中可能包括现有的核心课程、现有的院系课程以及全新开设的课程。委员会建议,还要成立一个通识教育常务委员会,艺术与科学学院的成员应该位列其中,与各个院系、院长和校长一起工作,合力确保大学能够开设尤其适合通识教育的充足课程。

委员会还建议,已被审核通过的院系通识课程要受到与现在的核心课程同样慷慨的行政、技术和资金支持。委员会建议,院系的通识教育课程应该在课程目录中被明确地标示出来,说明这类课程是专门针对非专业本科的。委员会并不认为,哈佛大学必须要求学生选择这些课程,而不是选择更加专业化的课程来达到其分布型必修课程的要求。委员会把这些通识教育课程标示出来的目的,只是为了让学生更加容易地找到那些教师认为尤其适合非专业本科生学习的通识课程。

(三)在院系外开设的通识课程

如上所述,分布必修系统提供了一种达成目标的手段,以确保哈佛大学的学生获取一种为他们自身的智识发展所必需的各个不同领域的知识和经验。与此同时,艺术与科学学院始终坚信,对于那些在范围或是宽度上延伸到传统的院系学科界限之外的课程,学生应该有一个容易定位的坐标。出于这个原因,艺术与科学学院在过去的60年里(首先采用"通识教育"体系,随后采用"核心课程"体系)已经在院系外培养和收集了一系列课程(同时还有一个支持部门负责管理这些课程),目标是超越分布型必修课程的要求。

委员会认为,必须突出那些超过单个院系和学科范围的广泛的概要课程的重要性,将这些课程作为一个整体的,但却可选的分布必修体系的组成部分。在这一点上,委员会并不是要声明任何通识教育程序都是必修课,不过一旦大量课程到位,且对这样的课程拥有了集体的经验,则艺术与科学学院希望在这样的一组课程中选定几门作为必修课。在报告的这一部分,委员会将说明在分布必修体系下进一步扩大机遇,向哈佛大学的学生开放一套独特的课程的根本理由,并且说明开设这类课程的特定目的。

在最初的讨论中,委员会就曾认真地考虑建议实施一套非哈佛大学类型的核心课程的可能性,亦即一套规范的或是基础的课程,要求所有的学生必须选修。委员会被委以重任,就是要改革学生们认为减少了他们的自由选择权的通识教育体系。要是用一套让学生们拥有更少选择权的课程体系来替代之前的体系,委员会肯定不好交代。但是,出于以下几个原因,哈佛大学仍然坚持开设这些广泛且综合的课程:第一,有时过度专业化会导致知识的断片化,让学生接触到能够抵制过度专业化的课程是非常重要的。综合性的概述课程能够提供概念框架,从而有助于引导学生的智识努力方向。第二,似乎有相当一部分学生喜欢这样的课程:委员会中的学生代表们大谈特谈这些课程的吸引力和可取性,委员会中的许多委员也报告说,在与本科生的交谈中他们发现了类似的说法。第三,有强有力的证据表明教师们同样喜欢设计和讲授这样的课程。如果哈佛大学的学生们喜欢学习这样的课程,而教师们也愿意讲授这样的课程,那么哈佛大学就应该在通识教育体系中提供这样的课程。

委员会建议由艺术与科学学院负责创设大量为期一年的课程,这些课程在研究方法上应该是概述的并且是综合的,在论题上应该是广泛并且具有相当深度的。这些课程应该是大量领域资料(包括文本、思想、原则和发现等)的导论,跨越院系和大学专业的界限,为进一步的研究和学习提供广阔的概念框架。这些课程将给学生提供满足通识教育要求的替代手段,这些课程将在课程目录中被单独列明,列在"通识教育课程"这样的标题栏下。委员会设想,艺术、人类文化和社会研究领域开设的这类课程,将主要包括经典或是基础资料的阅读,但同时也要关注这些领域内重要的当代议题或者问题。科学与技术领域开设的这类课程,可能讲授医药、信息系统、环境变化或者宇宙学方面的一些重要的且令人兴奋的问题的基本技能和知识。(例如:“生命科学1A”和“生命科学1B”这样的新课程就是完全依照这些要求来设计的,但是,这样的新课程能否作为通识教育课程的成功模型,现在说还为时过早。对是否在物理科学领域开设类似的系列课程,目前正在讨论之中。)

课程的内容将在很大程度上取决于设计和讲授这门课的教师的兴趣和观点,但是,其中应该包括在教师看来属于一般研究领域的最为重要的资料和知识。例如:什么书、电影、画作和音乐作品,什么理论观念和批判观念以及什么问题和议题,对于理解文学、宗教、哲学和艺术而言是最重要的?哪些思想家和哪些事件、什么政治和社会辩论,对于社会研究而言是最重要的?哪些发现和概念、什么技术和实验对于研究自然世界而言是最重要的?委员会希望这样的课程是伴随着这样的观念被设计出来的:它们将向学生介绍相关学科,而学生在听完课程之后将最终选择集中学习这门学科;同样,它们将向非专业本科生作一个相关学科的连贯概述。当然,这些课程也能吸引到一些高年级的学生,他们已经在院系内学习了一系列专业化课程,想要学习一门涵盖了别的领域的主要文本和问题的概述课程。

很多这样的课程自然是跨学科的。与上一时代的学科相比,所有的学科现在都具有更加弹性的边界了。但是,这些课程与核心课程不同,它们无须与学科产生此类关系。许多课程将由来自各个院系的许多教师进行团队授课;这些课程将会为大学内部不同学院的教师提供机会进行富有成果的教学合作。在团队授课的课程中,部分教师在兴趣和方法上的差异将会受到鼓励,但是,这种差异应该不必扎根于学科之中。要鼓励和协助最大多数的教师参与,确保学生参与的灵活性,密切协调的连续两学期课程和适当的一学期课程一样,都将受到欢迎。

委员会进一步建议,这些课程要提供调查、辩论和探索等强化教育。这些课程应该保证每周2～3个小时的授课时间,如果是“艺术与人文”或者“社会学”课程,每周应再辅之以两个小时的讨论会;如果是“科学与技术”的课程,每周应再辅之以3个小时的实验环节。这些强化教育的成功将有赖于得力的师资力量。讨论会和实验室老师只能由训练有素的、有经验的高级教师来担任,或者在必要和适当的时候,可以由刚毕业的博士和博士后研究人员来担任。此外,这些课程还将享受到与核心课程目前所分配到的资源类型相同的额外资源。委员会进一步建议,只要时机适当,这些课程和讨论会都将被附加上“强化写作”训练。

委员会想要澄清的是,哈佛大学引入这些门户课程并不是要偷偷地替代20世纪的通识教育课程所特有的仅强调传统名著和西方文明的课程。现在仍有名著,也有西方文明,而且委员会一直认为,每一个从美国的自由教育大学毕业的学生都应该对这些有所了解。但是,不止一代的学者们都在挑战这些课程曾经赖以存在的许多前提假设,如关于名著列表中包含的书籍的评判标准的假设、关于西方中心论及其价值的假设。即使仅是无意之失,委员会也不希望给人以这样一种印象:这次改革是在试图后退到关于所有的学生应该了解什么这一点更容易达成共识的那个时代。

此外,制度的体系结构也有问题。除了相信并有些半心半意地支持通识教育的要求之外,哈佛大学并非一所必然需要基础教育的学校。哈佛大学是一所致力于在专业领域培养专家精英的学校,其课程设置反映了这一点。哥伦比亚大学和芝加哥大学已经规定基础课程超过 50 年的时间了;这两所学校的其余课程都是围绕着这些基础课程的要求而发展起来的。而要在哈佛大学仿效哥伦比亚大学和芝加哥大学的模式,将意味着要创造出一个可能永远都不会与其余课程产生有机的、可被承认的关系的课程计划。在哈佛大学,学生有时已经对他们的核心课程和其他课程之间的关系感到疑惑了。设立不能明确统合进学生的总体学习计划的非院系课程,看起来是一个错误。

委员会提出通识教育课程的用意在于,要确切地反思自从核心课程创立以来出现的关于知识和调查的新概念。在这些新概念中,主要的概念就是委员会认同这些课程的综合研究方法。当基础知识即经典文本、重要辩论、方法和发现,被用来检验具体的问题时,学得最好的学生也早已认识到了这一点。委员会希望,这些通过哈佛大学的教师合作而开出的新课程,将成为高等教育中的新生事物。

支持开设这些课程还有制度上的考虑。如前所述,尽管许多院系课程能够达到通识教育所要求的博雅目标,很多现行的核心课程也很容易回到其本来的院系,但教师们应该有机会去开设那类不能巧妙地融入院系的综合性和概述性课程。因此,除了通识教育的知识和教学目标之外,委员会希望提供能鼓励大量教师参与到其中的制度结构,共同完成哈佛大学学生的通识教育这一中心任务。

在一个知识共同体不易被界定的年代,哈佛大学的学生渴望接受共同的知识体验。他们想要让食堂充满关于他们所读的书籍、他们发现的想法、他们挑战的假设以及他们解决的问题的讨论。如果没有明确的机会来识别共同的经历,学生会发现要在相互之间建立起知识的桥梁越发地困难。大部分当代的知识、发现和学术都出现在现有的大学学科范围之外。委员会坚信,哈佛大学的学生和教师应该有更多的机会来共同探索那些广阔的和令人兴奋的领域。

(四) 完善通识教育的要求

还有几点额外的要求是委员会视为中心的,因为这些要求提供了通识教育这座大厦赖以栖身的大部分基础。毫无疑问,艺术与科学学院的个别成员会在清单上看到差距,但是,委员会时刻谨记广泛、灵活性、设计的简明性和平衡性等目标,为此提出:① 在第一年要完成一门有效写作的必修课程;② 掌握一门除英语之外的语言。委员会还赞成这样一个期许(尽管不是一个正式要求),即每一个哈佛大学的学生都参加一次有意义的国际交流活动。

首先,委员会在 2005 年春对哈佛大学写作课和口语课进行审查时清楚表明了有效沟通(包括书写和口语)对哈佛大学学生的必要性,并大致勾勒出了在各个水平的班级提高和扩展相关技巧的广泛建议措施。委员会肯定了沟通在学校教育的各个方面的中心地位，因此，重申了所有学生都要在第一年至少学习一门讲授有效写作的课程，以及为学生提供历练其口语表达能力和写作能力的其他课程。有效写作与清晰思考密不可分；不管是在课堂上还是在课堂之外，写作和口语表达都是人们有效地且有说服力地提出自己观点的能力的核心。

其次，委员会肯定了要求学生掌握一门除英语以外的语言的长期传统，但建议不必要求学生必须在第一年就完成这一学习任务，因而为学生在一年级进行知识探索提供了更大的灵活性。不过，委员会认为学生必须在二年级期末达到这一外语要求。第二语言的学习为哈佛大学的学生打开了知识和文化的大门，培养了学生在准确度和严谨度方面的认知能力。至少熟练掌握一门第二语言将有助于学生在一个移民社会生存，为其旅行和跨境交流提供便利，也使学生能够理解并尊重其不熟悉的文化的基本内核。假如不了解一种文化的语言是以何种方式运用并对其所代表的世界缺乏合理的认识，那么要理解另一种文化就几乎是不可能的。甚至，人们对于自身母语的掌握也会随着对第二语言的学习而得到提高：第二语言的学习可能会带来比较和冲突，而这会使学生对于母语的认识提高到结构、语义和语法的高度。委员会坚信，像哈佛大学这样提供第二（或者第三）语言的学习机会将拓宽学生的思维和视野，而仅提供英语单语的哈佛教育将远远达不到哈佛大学的学生在 21 世纪的需要。

再次，委员会支持海外教育委员会的建议，即哈佛大学的所有学生都应该被期待参加一次有意义的国际交流（这种交流包括学习、研究、实习或是服务），这一项的完成情况将计入学生的成绩单。这种国际交流可以是做一个学期的国际交换生、暑假交流，也可以是参与一门具有国际合作背景的哈佛课程。通过将此类国际交流的经验与语言学习和哈佛大学的其他相关课程相结合，哈佛大学的学生会对其他文化有一种更加丰富的理解——委员会期待这种理解将远远超过目前的“外国文化”课程的要求。明智的建议应该是，不仅帮助哈佛大学的学生准备好到国外学习，而且需要在学生返回校园后以不断的工作帮助其他学生学习外语和文化，从而增强出境交流的积极效果。海外教育委员会在其 2005 年 11 月份的报告中详细说明了一次有意义的国际交流将由哪些部分组成。委员会对于海外教育委员会提出的各项建议都十分认同。

最后，委员会充分考虑了在以下两个方面的可能要求：一是定量分析（包含了分析推理形式）；二是道德和伦理推理。委员会讨论的问题是：哈佛大学是否应该将这两个领域的课程要求包含进来，还是不包含任何一个？哈佛大学是应将这两个领域的课程放入“三分法”分布型必修课程，还是将其作为额外要求？委员会的大多数人认为，尽管这些技能和知识领域显然很重要，但他们反对给哈佛大学学生的课程要求体系增加更多的限制。委员会强烈推荐哈佛大学的学生选修分析推理、定量分析和道德推理方面的课程，哈佛大学艺术与科学学院提供这样的课程。但在这个报告中，委员会并不把这些课程作为必要课程。在这一点上，委员会内部存在着实在的分歧，有影响的少数派倾向于将这些课程以某种形式纳入分布型必修课程。考虑到许多同事将对这一事项同样具有有力的不同观点，因此，委员会阐述了这些课程的某些基本原理。

委员会强烈体会到，不仅在科学领域，而且在人文和社会研究领域，哈佛大学的学生都应该能够综合利用各种分析和定量工具来进行批判性思考。委员会认为，理解关于演绎和归纳技巧的知识不仅对学生而且对全体公民都至关重要，无论其学科背景或职业。在许多现有的课程中，定量、逻辑和概率这3个技巧经常会被用到，但因为单靠定量分析的技能并不一定能必然让学生董得逻辑谬误是如何在科学、政治、艺术或是日常生活中产生的，所以委员会鼓励发展那些直接在广泛的领域传授相关技巧的新课程。因此，委员会正在考虑拓宽在分析和定量推理方面的课程要求。

同样重要的是进行理性的道德辩论的能力，关于这方面主题的课程在哈佛大学的课程目录中能够找到。这类课程的开设将推动本科生教育的两个重要目标：一是能够发展道德辩论和思考能力，这种能力是构成有效的市民参与机制的核心；二是能够引导学生的道德和智识发展，给学生提供了一个机会，让学生对其信仰什么、为什么信仰进行自我批判的反思。哈佛大学的学生一辈子都会面临着道德理性问题：如决定支持哪个总统候选人，评价引起激烈道德争议的公共政策，解决在家庭和职业生涯中面临的两难困境，以及（最终）在不同的人生规划和人生目标中作出选择。因此，委员会也曾就是否可能开设关于道德理性的课程展开过争论。

最终，大多数委员会成员认为，尽管在上述具有核心重要性的领域开设更多的课程给艺术与科学学院增加了更多的责任，但委员会的初衷就是列明一个扩展学生的机会（而不是增加对学生的要求）的课程目录，且委员会不改初衷。

四、通识教育的要求——摘要

总的来说，通识教育委员会重申了自由教育的重要性和通识教育在哈佛大学的本科生教育中的中心地位。通过以之前的通识教育为基础并学习以前的经验，委员会坚信，哈佛大学的学生正在享受一个灵活的体系，这个体系给学生提供了学习到最为广泛的有用课程的机会，同时也提供了专门为通识教育课程设计的更加集中的项目。为此，委员会建议推行分布型必修课程，要求学生在艺术与科学学院下属的主要院系中各选3门课程——主要院系指的是科学与技术、社会学、艺术与人文。因为每个学生的集中课程都会涵盖上述这3个领域中的至少一个领域。事实上委员会对学生的要求是，让他们在自己专修的领域之外再选择6门课程。学生不得为了达到分布型必修课程的要求而在单独一个院系或者项目中选择3门课程，除非这些课程是其专修课程的一部分。

尽管除指导课程、入门课程和中级语言课程外，所有的院系课程都可以被用来填补以达到分布型必修课程的要求，但委员会希望每个院系都负责确定现有的课程，并发展尤为适合通识教育的目标的新课程。通识教育课程应该适合非专业本科生，同时也可以使专业本科生获益。这类课程应该在指导大纲中被特别指定，以帮助学生确定适当的方式来完成通识教育课程的学习。

委员会的提议在整体上说就是创设新的通识教育课程，这些课程在内容上是拓展的，在方式上是一体化的，而且将会在课程目录中被单独列明。这些课程应该被具体设计为将重要的文献、概念和发现置于更大的问题和主题背景下，向学生提供广阔的知识和所探索的领域的知识介绍。这些课程提供了一种重要的但可选择的方式来达到分布型必修课程的要求，而且，这些课程将向学生提供新的机遇并使其获得共同的智识体验。

哈佛大学的通识教育还要求学生具备额外的技能、知识和经验，一直以来这都是大学课程的一部分，并且也是21世纪全面的本科教育的核心。根据哈佛大学写作与口语教学评审委员会的建议，学生在一年级时至少要选择一门讲授有效写作的课程。此外，学生还要证明自己基本上熟练掌握了一门外语。委员会的建议是，学生无需在一年级就完成这项任务，但在二年级期末应达到这一外语要求。

除此之外，海外教育委员会在其最新发布的报告中直接提出，委员会希望但不硬性要求每个哈佛大学的学生都能参加一次有意义的国际活动，其中包括学习、研究、实习或者服务。这项活动的完成情况将会被记录在学生的成绩单上。委员会建议学生将其国际活动与哈佛的相关课程学习联系起来，这样一来，国际活动就会为学生提供至少一种外国文化的全面基础信息。

为了监督并支持这种通识教育课程的发展，委员会认为有必要成立一个新的通识教育常委会，常委会将与各个院系和院长合作，确定并帮助发展适合通识教育的院系课程，审核并批准通识教育的课程开设提议。专门为通识教育开设的院系课程将和现在的核心课程一样，得到额外的行政管理支持，通识教育课程也是如此。

五、结 论

委员会认识到，伴随一个为学生提供了如此大的选择权的通识教育项目而来的是院系持久不懈的责任，即设立和维持最适合纳入通识教育的课程（既包括院系课程，也包括院系外课程）的责任。例如：提高和深化科学与国际研究方面的教学，将（借用2004年4月发布的《哈佛大学课程审查报告》的话）越来越少地依赖于学生必修课的数量，而越来越多地依赖于院系所承诺的用最高的水平、最大的努力来讲授的必修课和通识教育课程的数量和质量。这个挑战只不过是对于艺术与科学学院的一个考验，考验其是否忠实于自由教育。“为什么所有关于自由教育的创造性和解放性的思想，都留给这些小地方的自由教育院校了呢？”彼得·戈梅斯（Peter Gomes）问道，他又补充说：“凭借哈佛大学的资源和机遇，我们完全可以既是哈佛大学又是威廉姆斯学院。”对此，委员会深表赞同，兹以此报告作为建设性讨论和创造性构建的基础，与诸位同事展开讨论。